新时代新理念职业教育教材·城市轨道交通系列

城市轨道交通客运组织

主　编　马广辉　冯　颖　张　浩
副主编　金月娥
主　审　陈如柏

北京交通大学出版社
·北京·

内 容 简 介

本书是为深化职业教育“三教改革”，结合“1+X”职业技能等级证书的考核要求而探索开发的，采用以项目导向、任务驱动的职业教育理念形式，以岗位作业为基础设计教学内容。

本书是城市轨道交通运营管理专业核心教材，可供高职、中职院校选用，也可作为城市轨道交通行业岗位培训自学用书，同时还可供城市轨道交通行业工程技术人员学习参考。

图书在版编目（CIP）数据

城市轨道交通客运组织 / 马广辉，冯颖，张浩主编；金月娥副主编. —北京：北京交通大学出版社，2024.4

新时代新理念职业教育教材. 城市轨道交通系列

ISBN 978-7-5121-5203-8

Ⅰ. ① 城… Ⅱ. ① 马… ② 冯… ③ 张… ④ 金… Ⅲ. ① 城市铁路－轨道交通－客运组织－职业教育－教材 Ⅳ. ① U239.5

中国国家版本馆 CIP 数据核字（2024）第 072216 号

城市轨道交通客运组织

CHENGSHI GUIDAO JIAOTONG KEYUN ZUZHI

策划编辑：张　亮　　责任编辑：陈可亮

出版发行：北京交通大学出版社　　电话：010-51686414　　http://www.bjtup.com.cn

地　　址：北京市海淀区高梁桥斜街 44 号　　邮编：100044

印 刷 者：艺堂印刷（天津）有限公司

经　　销：全国新华书店

开　　本：185 mm×260 mm　　印张：16　　字数：364 千字

版 印 次：2024 年 4 月第 1 版　　2024 年 4 月第 1 次印刷

印　　数：1～1 500 册　　定价：46.00 元

本书如有质量问题，请向北京交通大学出版社质监组反映。对您的意见和批评，我们表示欢迎和感谢。

投诉电话：010-51686043，51686008；传真：010-62225406；E-mail：press@bjtu.edu.cn。

前 言

截至2023年，城市轨道交通已经成为我国各大城市的主要交通工具，多数城市轨道交通企业需要大量的城市轨道交通行业第一线的技能型人才，而职业院校缺乏较系统、细致的、与专业岗位所需理论知识及操作技能联系紧密的专业培训系列教材。

城市轨道交通客运组织工作是车站值班站长、客运值班员和站务员必备的工作能力。城市轨道交通客运组织课程是城市轨道交通运营管理专业的核心课程之一，旨在培养在城市轨道交通运营管理过程中，具备实现车站管理和乘客服务工作的高素质技术技能人才。

本书基于此课程培养目标并结合教学改革要求，采用以项目导向、任务驱动的职业教育理念形式，以岗位作业为基础设计教学内容；将本专业职业项目分解成若干典型活动，结合“1+X”职业技能等级证书的考核要求组织教学内容；以案例分析导入学习任务，提高学生的学习兴趣。编写时充分考虑培养学生的认知特点，力求知识点简单，避免过多的理论阐述。编写全程体现“工学结合，校企合作”的理念，由院校骨干教师和哈尔滨地铁专家全面参与编审。技能训练以服务企业为宗旨，紧密连接运营实际现场，将企业已不再使用或过时的知识删除，做到传授技术与时俱进。理论结合实际，使学生真正掌握相关知识、技能。为便于教师和学生自主学习，本书配有省级在线开放课程资源，同时可为企业员工职业技能培训提供帮助。

本书由哈尔滨铁道职业技术学院马广辉、哈尔滨职业技术学院冯颖、哈尔滨铁道职业技术学院张浩任主编，江苏安全技术职业学院金月娥任副主编，哈尔滨铁道职业技术学院陈如柏任主审。具体编写分工如下：马广辉编写项目1、项目2、项目8，冯颖编写文前、项目7，张浩编写项目5、项目6、综合技能工作页，金月娥编写项目3、项目4。

由于编者水平、经验有限，书中疏漏和不当之处难免存在，敬请读者给予批评指正，以便修订完善。

编 者

2024年1月

目　录

项目 1　城市轨道交通客运组织概述

知识目标

- 掌握城市轨道交通客运组织的概念；
- 了解城市轨道交通客运组织工作的特点、基本要求及客运组织架构。

能力目标

- 掌握城市轨道交通岗位需求和城市轨道交通客运组织工作内容。

思政目标

- 树立安全意识与流程意识；
- 强化岗位责任意识；
- 培养严谨、认真的工作态度。

典型案例

东京地铁的布局特色

“在东京，你知道每天早上醒来我最怕的事情是什么？不是失业，不是房东来收租，而是没有地铁坐。”在银座一家写字楼里做高级文秘的关口明爱这样说。和东京大部分的上班族一样，明爱从一夜的美梦中迷迷糊糊地醒来，拾掇片刻便要迅速投入另一场在人们看来很“噩梦”的地铁大军当中去。但这对东京所有人来说已经习以为常，大家摩肩接踵像沙丁鱼一般穿梭在地铁站里。和其他城市不同，东京地铁虽然异常拥挤，但气氛冷漠，每一个人都唇齿紧闭，面色凝重，心事重重，很少有人互相交谈，打手机的声音也是轻而又轻。

东京地铁高峰时段的拥挤程度可以用“望而生畏”来形容，在东京的不少地铁站还有一项肩负特殊工种的制服大军——他们专门负责在列车开动前，将堵在各个门口

图 1-1 努力塞人的地铁工作人员

的乘客硬生生地塞进车厢，看着车门安全关闭，然后目送人头攒动的列车缓缓驶离（见图 1-1）。虽然拥堵不堪，但在车厢里几乎没有相互推搡、发生口角争端的场景存在。即使有时被挤得动弹不得，但下车时，只要说声“不好意思，请让一下”，其他乘客都会自觉让路，秩序井然。

东京地铁的售票服务非常便捷。每个车站都有一排自动售票机，乘客可以临时买票，也可以买月票。日本地铁虽然纵横交错，但因为标识清楚，只要顺着标识走，保准不会迷路。地铁站内设有升降机，可以将坐轮椅的乘客直接从地上送到地铁站。一些重要线路上行驶的列车车厢内，还为盲人提供盲人指示图标。列车每节车厢都设有空调，冬天时座椅会自动加温，夏天时车厢内冷气充足。车厢内设有老年人、残疾人和孕妇优先座位，乘客会自觉给他们让座。

东京地铁的入口处颇有都市情趣。例如，品川站上面是一幢很大的商务楼，下面是各种商店，乘客恍若去商社洽谈业务。原宿站前面是最时尚的竹下通市场，后面是林木葱郁的明治神宫，而车站本身是欧式古典建筑，至今已有一百多年，乘客恍若身处英国偏远的小镇。银座的地铁入口处，是豪华气派的顶级大商厦，乘客恍若去逛商场大采购。由此便形成了东京地铁生活场和经济圈。东京地铁的功能早已不是单纯的交通通道，而是在车站内打造了一个可供娱乐、休闲、用餐、购物，乃至通信、旅游、观光的空间。只要一出地铁的站厅，便是环境整洁、装潢美观的中小型商铺或餐饮店，有卖生活用品的便利店、服装店、药品店、电器店、书店、文具店等，也有咖啡店、乌冬面店、咖喱饭店、料理店、快餐店、西餐店、面包房、冷饮店等，价格也较便宜，以大众化为特征。这一切设施，能使工作了一天的上班族途经这里时，有一种松弛感。特别是在一些大的车站内还设有信息中心、旅游推介处及观光咨询房，使乘客真实地感受到东京地铁就是一处风情万千的都市风景线。

任务 1.1 城市轨道交通客运组织基础

1.1.1 城市轨道交通客运组织的概述

城市轨道交通主要通过合理的客运组织来完成其大容量的客运任务。城市轨道交通客运组织是指通过合理布置客运有关设施设备，对客流采取有效的分流或引导措施来组织客流运送的过程。

1.1.2　城市轨道交通客运组织的特点

（1）客运组织服务的对象是市内交通乘客，不办理行李包裹托运服务。

（2）全日客流分布在时间上有较为明显的高峰（一般为早晚高峰）和低谷之分。

（3）全年客流分布在时间上按季、月、周、节假日有较大起伏。

1.1.3　城市轨道交通客运组织的宗旨

（1）安全。为保证乘客安全乘车，要制定并严格执行各项安全制度，采用先进的安全控制系统，所有的运营设备定期进行检查，保证处于良好状态。

（2）准时。运营生产各部门相互配合，严格按列车运行图组织工作，确保列车按运行图规定的时间运行。

（3）迅速便利。运营生产各部门相互配合，提高列车运行速度，缩短列车间隔时间，减少设备故障。车站内外导向标识明显，与其他交通工具衔接紧密，确保乘客快捷便利地到达目的地。

（4）优质服务。客运服务人员应严格遵守职业道德，礼貌待客，耐心正确地解答乘客询问，主动热情地为乘客服务。

1.1.4　城市轨道交通客运组织工作的基本要求

客运组织工作主要在车站完成，车站客运作业包括售检票作业、乘客问讯、客流疏导等。车站是城市轨道交通对乘客服务的窗口，车站客运作业直接面对乘客，客运服务的质量，直接关系到乘客对城市轨道交通的满意度，也反映了城市轨道交通的运营管理水平。

车站客运组织工作要求如下：站容整洁，导向标识清晰、完备，工作人员提供优质服务、遵章守纪、掌握客流规律、与其他部门紧密配合。

1.1.5　城市轨道交通客运组织工作的原则

（1）将进站客流与出站客流分开，进出站客流与换乘客流分开进行设计组织。

（2）最大限度缩短乘客走行距离。

1.1.6　城市轨道交通客运组织工作应考虑的因素

（1）车站站式和站型（包括通过能力）。

（2）车站周边情况及客流类型。

（3）客流特点，主要是时间及空间上的分布。

（4）车站内设施设备布置情况。

（5）天气情况。

（6）突发事件。

任务 1.2　城市轨道交通客运组织结构

1.2.1　城市轨道交通客运组织管理模式

1. 运行控制中心组织结构

运行控制中心（operation control center，OCC）是城市轨道交通系统的核心（见图 1–2），负责全线路的调度指挥工作。客运组织及设施保障部门的生产运营工作，必须以调度指挥机构的组织计划与组织命令为依据而进行。

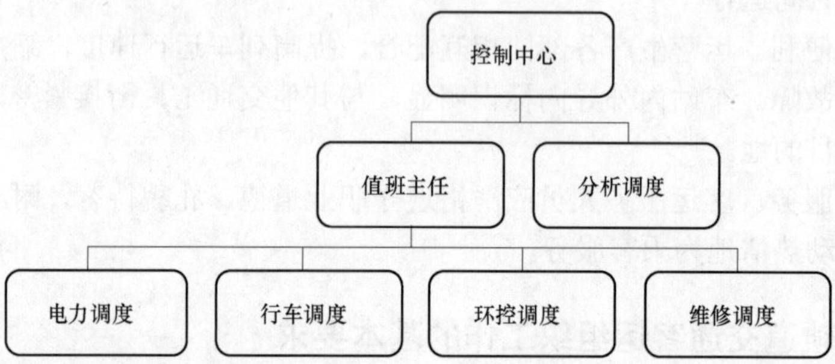

图 1–2　运行控制中心（OCC）组织结构

2. 车站管理模式及组织结构

车站是城市轨道交通系统的重要组成部分，是企业与服务对象的主要连接环节。车站管理的核心任务是安全、迅速、方便地组织客流集散，并做好行车组织工作。车站日常运作以车站运输组织为核心，维修人员、商铺人员、安保人员等以服务于车站运输组织为前提开展工作。

车站管理模式采用值班站长负责制，负责当班期间车站的行车安全、客运服务、票务、环境清洁、事件处理、人员管理等工作。在值班站长的指挥下，各岗位工作人员按照岗位职责和工作流程开展工作。

1）香港地铁车站管理模式

香港地铁车站设有站厅、站台两层，采用了先进的自动售检票系统及各种人性化服务设施，日均载客量达 560 万人次。香港地铁车站管理模式见图 1–3。车站除设置有行车监控、运行监护人员外，还在站厅层设置了客服中心（见图 1–4），提供对乘客的服务咨询。

2）上海地铁车站管理模式

上海地铁 1 号线采用中心站长负责制，除了中心站长对所属车站（一般负责 2～3 个车站）各项工作全面负责外，每站还设 3 名值班站长跟班管理，负责当班期间车站的行车、客运、票务、卫生等所有车站工作。上海地铁车站管理模式见图 1–5。

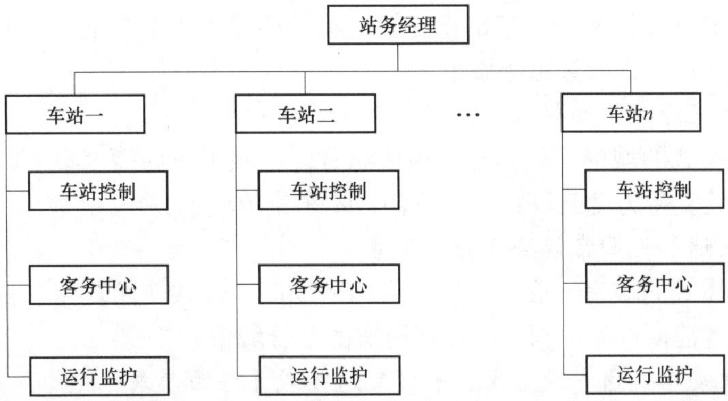

图 1-3　香港地铁车站管理模式

图 1-4　香港地铁客服中心

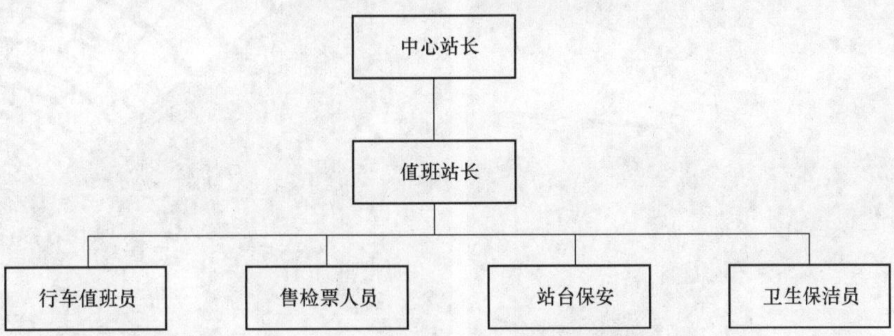

图 1-5　上海地铁车站管理模式

1.2.2　城市轨道交通客运系统模式的选择

合理的城市轨道交通客运系统模式是使城市地区客运系统供需平衡的一种模式，不同交通方式在其适用范围内的运行效率受城市用地规划的协调程度、交通服务质量、城市发展阶段、经济水平、城市环境等方面因素的影响。

1）以小汽车为主的模式

主要是由于小汽车具有快速、灵活、便捷、舒适等特点，采用这种模式的城市一般具有较高的经济发展水平、基础设施较完善、供需矛盾不突出、城市布局分散等特征，例如美国芝加哥、旧金山等城市。

2）以轨道交通为主的模式

采用这种模式的城市一般具有土地资源贫乏、城市布局高度集中、经济发展水平高、政府的政策支持力度强等特征，例如日本东京等城市。

3）轨道交通和地面常规公交并重模式

采用这种模式的城市一般具有城市人口密度高、公共交通发达、私人交通工具使用空间有限等特征，例如中国、欧洲等国家的部分城市。

4）以非机动车交通方式为主、多种交通方式并存的模式

采用这种模式的城市一般具有经济发展水平低、城市用地集中、服务水平质量不高等特征，例如中国、印度等国家的发展水平较低的城市。

拓展阅读

世界上最著名的 11 条地铁

1. 英国伦敦地铁

伦敦地铁是欧洲最大的地铁系统，同时也是世界上最古老的地铁系统，始建于 1863 年（见图 1–6）。伦敦地铁线路总长超过 400 km，每年运送 9.76 亿人次。伦敦地铁还和很多的地铁系统相连，能够使乘客方便地换乘以抵达伦敦周边地区。另外，伦敦还有一条无人驾驶的轻轨。

图 1–6 最富欧洲特色的伦敦地铁站台

亮点：具有带衬垫的座位；吊在天花板上的 LED 显示屏能够提示乘客距离下一趟列车还有多长时间。

2. 法国巴黎地铁

始建于 1900 年的巴黎地铁是世界上第二古老的地铁系统，每年运送 15.06 亿人次（见图 1–7、图 1–8）。巴黎地铁线路总长超过 215 km，设有 380 个站点，覆盖了城市的大部分地区。

图 1-7　巴黎地铁出入口

图 1-8　巴黎地铁地下通道

亮点：覆盖面积广，大约每隔 500 m 就有一个地铁站，而且很多车站的设计都具有独特的艺术气息。

3. 俄罗斯莫斯科地铁

莫斯科地铁是世界上规模最大的地铁系统之一，每年在其 15 条线路 287 个站点上，大约有 32 亿人次乘客匆匆往来（见图 1-9）。莫斯科地铁线路总长超过 400 km，在平日里，莫斯科地铁可运送多达 900 万乘客。

图 1-9　富丽堂皇的莫斯科地铁

亮点：华丽的建筑风格（至少 44 座车站非常华丽）；列车停车非常频繁（高峰时期每 90 s 停靠一站）。

4. 西班牙马德里地铁

马德里地铁是欧洲第二大、世界第六大的地铁系统，线路总长 284 km（见图 1-10）。马德里地铁是世界上最密集的地铁网络。

亮点：环境非常干净，并且装备了电子清洁系统；车票便宜；车站设计很现代。

5. 日本东京地铁

每年在东京地铁 285 个站点之间上下的乘客有 28 亿人次，另外东京地铁还有都电荒川线和上野动物园线两条轻轨（见图 1-11）。

图 1-10 简约现代的马德里地铁

图 1-11 快速便捷的东京地铁

亮点：环境极为干净；列车几乎不误点；座位能加热；每一站都用日语和英语双语报站。

6. 韩国首尔地铁

首尔地铁是世界上最繁忙的地铁系统之一，每天运送乘客超过 800 万人次，线路总长超过 1 000 km。首尔地铁大部分在地下运行，但是有 30%的地铁是在地上行驶的（见图 1-12）。

图 1-12 漂亮的首尔地铁

亮点：漂亮的地铁站建筑外形；在过去的几年里发展迅速；乘客可使用 T-Money 卡搭乘地铁。

7. 美国纽约地铁

纽约地铁是世界上最庞大的地铁系统之一。目前，已经从 1904 年 10 月启用时的 28 个站点，发展为 472 个站点的庞大网络（见图 1-13）。纽约地铁每天运送的乘客大约有 490 万人次。

图 1-13　纽约地铁第二大道线的车站站台

亮点：纽约地铁 24 h 运行；整个地铁系统中有很多独特的艺术作品；另外显示列车到站时间的 LED 屏幕也已经投入试用。

8. 加拿大蒙特利尔地铁

蒙特利尔地铁是始建于 1966 年的现代地铁系统，其设计灵感来源于巴黎地铁。蒙特利尔地铁线路总长超过 60 km，拥有 68 个站点（见图 1-14）。

图 1-14　蒙特利尔地铁与周边建筑或地下商场相连接

亮点：站点风格各异，非常漂亮；乘客乘坐感受非常好。

9. 中国北京地铁

北京地铁是一个相对比较新的地铁系统，于 1969 年开放，服务北京和周边郊区。截至 2023 年底，运营 27 条线路，运营里程 836 km，运营车站 490 座，其中换乘车站 83 座（见图 1-15、图 1-16）。

亮点：非常便捷的导航；票价便宜；长远的扩建计划。

图 1-15 北京地铁 1 号线站台

图 1-16 北京地铁首都机场线站台

10. 中国香港地铁

香港地铁的历史要从 1979 年开始算起。香港地铁线路总长超过 260 km，每天运送乘客 560 万人次。香港地铁延续使用了英国风格（见图 1-17）。

图 1-17 香港地铁的车站与出入口

亮点：高效的系统；票价也非常便宜；大容量的空调车厢。

11. 巴西圣保罗地铁

圣保罗地铁是巴西第一条地铁系统，与 CPTM 系统共同运作。圣保罗地铁线路总长超过 100 km，每天运送乘客 500 万人次（见图 1-18）。

图 1-18 人潮拥挤的圣保罗地铁

亮点：世界上最清洁、最安全的地铁系统之一。

相关规范、规程与标准

城市轨道交通客运组织与服务管理办法

第一章　总　　则

第一条　为进一步规范城市轨道交通客运组织与服务工作，推动城市轨道交通服务质量提升，更好地保障人民群众安全、便捷出行，根据《国务院办公厅关于保障城市轨道交通安全运行的意见》（国办发〔2018〕13 号）、《城市轨道交通运营管理规定》（交通运输部令 2018 年第 8 号）等有关要求，制定本办法。

第二条　地铁、轻轨等城市轨道交通的客运组织与服务及其监督管理工作适用本办法。

第三条　城市轨道交通客运组织与服务工作坚持以人民为中心，遵循安全第一、乘客为先、需求导向、持续改进的原则。

第四条　城市轨道交通所在地城市交通运输主管部门或者城市人民政府指定的城市轨道交通运营主管部门（以下统称城市轨道交通运营主管部门）负责本行政区域内城市轨道交通客运组织与服务的监督管理工作。

城市轨道交通运营单位（以下简称运营单位）负责城市轨道交通客运组织与服务工作。

第二章　基 础 管 理

第五条　运营单位应建立客运组织与服务质量管理体系，制定车站岗位职责与人员培训、应急预案和演练、客运设施设备管理、票务管理、环境卫生管理、信息发布、乘客遗失物保管和招领等制度。

第六条　运营单位应根据车站规模、客流情况、设施设备布局、设备系统自动化程度、服务标准、公众需求等，科学设置客运人员岗位，相应配备符合要求的客运人员。人员上岗前应经过岗位培训，掌握本岗位知识和技能。

第七条　运营单位应与出入口属地，连通的物业、商铺，客运枢纽等相关单位明确车站管辖界线和安全管理责任。车站管辖范围一般以出入口建筑垂直投影线、楼梯台阶、进出口闸机围栏等为界。

第八条　城市轨道交通线网应统一标志标识。

车站醒目位置应张贴本站首末班车时间、周边公交换乘信息、无障碍设施指引、车站疏散示意图，以及禁止、限制携带物品目录等。出入口、站内指示和导向标志应清晰、醒目、连续、规范。车站控制室、设备房、轨行区等区域应设置醒目的禁行标志，应急装置应设置醒目的警示标志。

第九条　运营单位应根据车站规模、客流特点、设施设备布局、岗位设置等，制定工作日、节假日、重要活动以及突发事件的车站客运组织方案与应急预案，换乘站还应制定共管换乘站协同客运组织方案与应急预案，做到“一站一方案”，并根据车站实际客流变化情况及时修订完善。

第十条 运营单位应以服务乘客安全出行为导向建立客运、行车、维保等业务工作协调机制，根据客流变化优化客运、行车、维保方案，不断满足客流需要。

第三章 客运组织

第十一条 车站应根据本站客流流线组织乘客进出站、换乘。因新线开通、车站客流变化、车站设施设备布局改变、枢纽站衔接等，需要对客流流线进行调整的，应对车站整体客流流线、人员疏散进行统筹论证，必要时可组织专家进行风险评估。车站客流流线设置、设施设备布局等应综合考虑反恐防范、安检、治安防范和消防安全需要。与火车站、长途客运站、机场等相衔接的车站，提供的安检场地应为安检互认提供便利，以减少重复安检，提高通行效率和服务水平。

第十二条 车站工作人员应在每日运营前，对车站客运设施设备进行检查，应在首班车到站前完成准备工作，开启所有出入口、换乘通道和自动扶梯、电梯。末班车前一列车驶离车站后，应通过广播等方式告知乘客末班车信息。换乘站应根据列车运行计划、乘客换乘所需时间，及时关闭换乘通道，防止乘客误入。

列车退出运营前，应对车内进行巡视，确认无乘客滞留后退出运营。车站关闭前，应对车站进行巡视，播放关站广播，确认无乘客滞留与物品遗留后关闭车站。

第十三条 车站工作人员应对车站出入口、站厅、站台、通道等公共区域进行巡视，检查应急设施、乘客信息系统、自动售检票设备、标志标识、照明设施、电扶梯、站台门、站台候车椅状态，巡视频率不应低于每 3 小时一次，发现异常情况及时进行处理；遇客流高峰、恶劣天气、重大活动等情况，应根据需要增加巡视次数。

第十四条 车站站台服务人员应维护站台候车及上下车秩序，查看车门和站台门的开闭状态，防止夹人夹物动车。遇紧急关闭按钮触发或消防报警装置启动，要立即查明原因，妥善处置。发生信号故障等突发情况时，车站站台服务人员应按规定协助行车人员做好接发列车引导。

第十五条 运营单位应当持续监测客流情况，科学编制列车运行计划，在线路设计能力范围内合理安排运力，不断满足客流需求。

发生突发大客流时，客运人员应当协调行车调度人员及时增加运力进行疏导。预判站台客流聚集超过预警值、可能危及安全时，应当实施单站级客流控制。无法缓解客流压力的，应当在本线多个车站实施单线级客流控制；预判断面客流满载率超过预警值时，应当在本线及与之换乘的线路车站实施线网级客流控制。预警值由运营单位客运人员根据站台设计容纳能力、设施设备配置、客流规律等确定。

客流控制措施包括关停部分自动检票机、关闭自动扶梯、关闭换乘通道、单向开放或关闭出入口等。临时采取客流控制措施的，车站应通过乘客信息系统、广播等形式及时告知乘客。常态化采取客流控制措施的，车站应公布采取客流控制措施的日期、时段等信息，并对客流控制措施的实施效果持续进行评估，可以取消的，应及时取消。

第十六条 车站公共区域施工作业一般应安排在非运营时间进行。确需在运营时间进行的，运营单位应采取划定隔离区域、围蔽、工作人员现场盯控等安全防护措施，加强客流疏导，对乘客做好解释说明。对于涉及关闭车站出入口或换乘通道、暂停车站使用、缩短运营时间的施工改造，运营单位应提前报告城市轨道交通运营主管部门并向社会公告。

第十七条　非突发情况的列车越站，驾驶员应至少提前一站告知车内乘客，车站工作人员应通过站内广播告知车站乘客。列车因故在车站停留时，列车车门、站台门应处于开启状态，列车和车站通过广播告知车内、车站乘客。

第十八条　出现雨雪等恶劣天气时，运营单位应采取铺设防滑垫、设置防滑、防拥堵提示等必要措施，加强广播提示和现场疏导；站内或出入口乘客聚集可能造成客流对冲等情况时，可调整自动扶梯运行方向或暂时关闭自动扶梯，危及乘客安全时，可暂时关闭出入口。

第十九条　车站发生火灾、淹水倒灌、公共安全、公共卫生等突发事件时，车站工作人员应当报告行车调度部门，按照应急预案进行现场处置，必要时采取关闭出入口、疏散站内乘客、封站等措施。

第四章　客 运 服 务

第二十条　城市轨道交通线路全天运营时间不应少于 15 小时。运营单位应当根据客流需求，制定列车运行计划，高峰时段按照设计的最小运行间隔安排运力，不断提高乘客服务体验。

遇节假日、大型活动、恶劣天气以及衔接火车站或者机场的线路有火车、飞机大面积晚点的，城市轨道交通运营主管部门可要求运营单位在保障安全的前提下，适当延长运营时间。

第二十一条　车站乘客信息系统应当准确发布当前列车到达时间、后续一班列车到达时间、开行方向等信息，发生突发事件时，及时提供紧急信息。车站乘客信息系统出现故障或信息发布错误等情况时，应及时处置。

第二十二条　车站站台应广播排队候车、安全乘车等提示信息，列车进站时站台应广播列车到站和开行方向。列车应广播到达车站和换乘信息，需要开启另一侧车门时，应通过广播提前告知乘客。

第二十三条　自动扶梯和电梯运行时间应当与车站运营时间同步。自动扶梯发生故障时，应立即停止使用，在自动扶梯出入口放置安全护栏、警示标志等，引导乘客使用其他自动扶梯或者楼梯。电梯发生故障时，应立即停止使用，在电梯口放置安全护栏、警示标志等。有乘客被困时，应安抚乘客并及时采取救援措施。

第二十四条　每个售票点正常运行的自动售票机不应少于 2 台，每组进、出站自动检票机群正常使用的通道均不应少于 2 个。自动售票机、自动检票机发生故障时，应设置故障提示。自动售票机大面积故障时，应增加人工售票窗口。自动检票机大面积故障时，应采取人工检票、免检等方式，引导乘客有序进出站。紧急疏散时，自动检票机阻挡装置应全部处于释放状态。

第二十五条　站台门发生故障无法关闭时，应安排专人值守，做好安全防护；无法打开时，应通过列车广播、标识或其他方式告知乘客，引导乘客从其他站台门下车。站台门发生大面积故障的，驾驶员应及时报告行车调度人员采取越站等应急措施，车站服务人员通过广播及时告知乘客，维护候车秩序。车站客运人员应将站台门故障情况及时报告设施设备维保人员进行处理。

第二十六条 列车临时清客时，应通过广播或者其他方式告知车内和站内乘客，车站工作人员应上车引导乘客下车，清客完毕后报告驾驶员关闭车门。

列车区间疏散时，应通过车内广播准确、清晰告知乘客疏散方向，车站工作人员应进入轨行区引导客流快速疏散；车站可采取暂停进入车站等措施防止乘客进站，并及时告知乘客。

第二十七条 车站客运人员应按规定统一着装，正确佩戴服务标志，答复乘客咨询时应坚持首问负责、礼貌热情、用语规范，使用普通话（乘客提问时使用方言或外语的除外）。

第二十八条 车站和列车温度、湿度、空气质量、噪声等应符合有关规定。车站公共卫生间应能正常使用、环境整洁、通风良好。

第二十九条 车站内应配备急救箱，乘客受伤或者身体不适时，客运服务人员应及时拨打救助电话并等待至救护人员到场，可视需要对现场进行隔离。

第三十条 车站和列车内配备的无障碍设施应保持功能完好，车站工作人员应为有需要的乘客提供无障碍乘车服务。

第三十一条 具备条件的车站应设置无障碍卫生间、婴儿护理台、儿童洗手盆等服务设施，宜开辟母婴室，设置自动取款机（ATM）、自动售货机等便民服务设备。

第三十二条 运营单位应每年向社会公布运营服务质量承诺及履行情况，服务质量承诺应至少包括以下内容：

（一）列车正点率、列车运行图兑现率等列车运行指标；

（二）自动售票机可靠度、自动检票机可靠度、乘客信息系统可靠度等客运服务设施设备运行指标；

（三）乘客投诉、意见、建议受理渠道和处理时限；

（四）服务改进的举措和计划。

第三十三条 运营单位应建立乘客投诉受理处理制度，设置服务监督机构，公布服务监督电话，及时受理乘客投诉。对受理的乘客投诉，运营单位应在 7 个工作日内处理完毕，并将处理结果告知乘客。

运营单位应对乘客反映的问题进行核实整改，设施设备类投诉应核实设施设备信息，组织相关单位进行处理；服务类投诉应及时查找原因，改进相关服务；规章制度类投诉应进行分析，根据需要修改完善制度。运营单位无法解决的，应定期汇总后报有关部门协调处理。

城市轨道交通运营主管部门应建立乘客投诉受理处理制度，公布服务监督电话，及时受理乘客投诉。对乘客投诉自受理之日起 15 个工作日内，应将处理结果告知乘客。

第五章 乘客行为规范

第三十四条 乘客应遵守票务管理规定，持有效乘车凭证乘车，不得采取尾随、强行冲撞自动检票机等方式逃票。城市轨道交通因故中断运营时，乘客有权持有效车票要求运营单位按照票价退还票款。按照有关规定享受票价优待的乘客，运营单位应执行票价优待规定。

第三十五条　禁止乘客有下列影响城市轨道交通运营安全的行为：

（一）拦截列车，在列车车门或站台门提示警铃鸣响时强行上下列车，车门或站台门关闭后扒门；

（二）擅自操作有警示标志的按钮和开关装置，在非紧急状态下动用紧急或者安全装置；

（三）携带有毒、有害、易燃、易爆、放射性、腐蚀性以及其他可能危及人身和财产安全的危险物品进站、乘车；

（四）攀爬或者跨越围栏、护栏、护网、站台门等，擅自进入驾驶室、轨道、隧道或者其他有警示标志的区域；

（五）向轨道交通线路、列车以及其他设施投掷物品；

（六）损坏车辆、站台门、自动售检票等设备，干扰通信信号、视频监控设备等系统；

（七）损坏、移动、遮盖安全标志、监测设施以及安全防护设备；

（八）在车站、列车内吸烟，点燃明火；

（九）在运行的自动扶梯上逆行、推挤、嬉戏打闹；

（十）影响运营安全的其他行为。

第三十六条　乘客不得有下列影响城市轨道交通运营秩序的行为：

（一）在车站或者列车内涂写、刻画或者私自张贴、悬挂物品；

（二）携带动物（导盲犬、军警犬除外）进站乘车，携带有严重异味、刺激性气味的物品进站乘车；

（三）推销产品或从事营销活动，乞讨、卖艺及歌舞表演，大声喧哗、吵闹，使用电子设备时外放声音；

（四）骑行平衡车、电动车（不包括残疾人助力车）、自行车，使用滑板、溜冰鞋；

（五）在列车内进食（婴儿、病人除外）；

（六）随地吐痰、便溺、乱吐口香糖，乱扔果皮、纸屑等废弃物，躺卧或踩踏座席；

（七）在车站和列车内滋扰乘客的其他行为。

第三十七条　发生突发事件需要疏散时，乘客应服从工作人员指挥和引导有序疏散。

第三十八条　提倡尊老爱幼、文明乘车的美德，提倡主动给老、弱、病、残、孕、怀抱婴儿的乘客让座和提供方便。

第三十九条　城市轨道交通运营主管部门应按照本章上述条款要求，结合实际制定本地城市轨道交通乘客乘车规范。乘客应遵守乘车规范，听从车站工作人员的合理指示和要求，文明有序进站、乘车，自觉维护车站和列车整洁，爱护城市轨道交通设施设备，维护良好公共秩序。拒不遵守乘车规范的，运营单位有权予以制止，制止无效的，应报有关部门依法处理。

第六章　服务监督与提升

第四十条　运营单位应当制定本单位客运服务质量标准，建立内部服务质量监督、检查、考核机制，不断改进服务质量，提升乘客出行体验。

第四十一条 城市轨道交通运营主管部门和运营单位应当建立健全乘客沟通机制，通过公众开放日、接待日、“两微一端”等形式开展乘客交流活动，向乘客介绍客运组织和服务举措，了解公众诉求和意见建议，及时回应乘客关切。鼓励邀请“常乘客”或者乘客督导员参与服务质量监督工作。

第四十二条 城市轨道交通运营主管部门应当对运营单位客运组织与服务工作进行监督检查，每年组织开展服务质量评价，向社会公布服务质量评价结果，督促运营单位不断改进服务。

第七章 附 则

第四十三条 本办法自2020年4月1日起实施，有效期5年。

城市轨道交通运营管理规定

（中华人民共和国交通运输部令2018年第8号）

第一章 总 则

第一条 为规范城市轨道交通运营管理，保障运营安全，提高服务质量，促进城市轨道交通行业健康发展，根据国家有关法律、行政法规和国务院有关文件要求，制定本规定。

第二条 地铁、轻轨等城市轨道交通的运营及相关管理活动，适用本规定。

第三条 城市轨道交通运营管理应当遵循以人民为中心、安全可靠、便捷高效、经济舒适的原则。

第四条 交通运输部负责指导全国城市轨道交通运营管理工作。

省、自治区交通运输主管部门负责指导本行政区域内的城市轨道交通运营管理工作。

城市轨道交通所在地城市交通运输主管部门或者城市人民政府指定的城市轨道交通运营主管部门（以下统称城市轨道交通运营主管部门）在本级人民政府的领导下负责组织实施本行政区域内的城市轨道交通运营监督管理工作。

第二章 运营基础要求

第五条 城市轨道交通运营主管部门在城市轨道交通线网规划及建设规划征求意见阶段，应当综合考虑与城市规划的衔接、城市轨道交通客流需求、运营安全保障等因素，对线网布局和规模、换乘枢纽规划、建设时序、资源共享、线网综合应急指挥系统建设、线路功能定位、线路制式、系统规模、交通接驳等提出意见。

城市轨道交通运营主管部门在城市轨道交通工程项目可行性研究报告和初步设计文件编制审批征求意见阶段，应当对客流预测、系统设计运输能力、行车组织、运营管理、运营服务、运营安全等提出意见。

第六条 城市轨道交通工程项目可行性研究报告和初步设计文件中应当设置运营服务专篇，内容应当至少包括：

（一）车站开通运营的出入口数量、站台面积、通道宽度、换乘条件、站厅容纳能力等设施、设备能力与服务需求和安全要求的符合情况；

（二）车辆、通信、信号、供电、自动售检票等设施设备选型与线网中其他线路设施设备的兼容情况；

（三）安全应急设施规划布局、规模等与运营安全的适应性，与主体工程的同步规划和设计情况；

（四）与城市轨道交通线网运力衔接配套情况；

（五）其他交通方式的配套衔接情况；

（六）无障碍环境建设情况。

第七条　城市轨道交通车辆、通信、信号、供电、机电、自动售检票、站台门等设施设备和综合监控系统应当符合国家规定的运营准入技术条件，并实现系统互联互通、兼容共享，满足网络化运营需要。

第八条　城市轨道交通工程项目原则上应当在可行性研究报告编制前，按照有关规定选择确定运营单位。运营单位应当满足以下条件：

（一）具有企业法人资格，经营范围包括城市轨道交通运营管理；

（二）具有健全的行车管理、客运管理、设施设备管理、人员管理等安全生产管理体系和服务质量保障制度；

（三）具有车辆、通信、信号、供电、机电、轨道、土建结构、运营管理等专业管理人员，以及与运营安全相适应的专业技术人员。

第九条　运营单位应当全程参与城市轨道交通工程项目按照规定开展的不载客试运行，熟悉工程设备和标准，察看系统运行的安全可靠性，发现存在质量问题和安全隐患的，应当督促城市轨道交通建设单位（以下简称建设单位）及时处理。

运营单位应当在运营接管协议中明确相关土建工程、设施设备、系统集成的保修范围、保修期限和保修责任，并督促建设单位将上述内容纳入建设工程质量保修书。

第十条　城市轨道交通工程项目验收合格后，由城市轨道交通运营主管部门组织初期运营前安全评估。通过初期运营前安全评估的，方可依法办理初期运营手续。

初期运营期间，运营单位应当按照设计标准和技术规范，对土建工程、设施设备、系统集成的运行状况和质量进行监控，发现存在问题或者安全隐患的，应当要求相关责任单位按照有关规定或者合同约定及时处理。

第十一条　城市轨道交通线路初期运营期满一年，运营单位应当向城市轨道交通运营主管部门报送初期运营报告，并由城市轨道交通运营主管部门组织正式运营前安全评估。通过安全评估的，方可依法办理正式运营手续。对安全评估中发现的问题，城市轨道交通运营主管部门应当报告城市人民政府，同时通告有关责任单位要求限期整改。

开通初期运营的城市轨道交通线路有甩项工程的，甩项工程完工并验收合格后，应当通过城市轨道交通运营主管部门组织的安全评估，方可投入使用。受客观条件限制难以完成甩项工程的，运营单位应当督促建设单位与设计单位履行设计变更手续。全部甩项工程投入使用或者履行设计变更手续后，城市轨道交通工程项目方可依法办理正式运营手续。

第十二条 运营单位承担运营安全生产主体责任，应当建立安全生产责任制，设置安全生产管理机构，配备专职安全管理人员，保障安全运营所必需的资金投入。

第十三条 运营单位应当配置满足运营需求的从业人员，按相关标准进行安全和技能培训教育，并对城市轨道交通列车驾驶员、行车调度员、行车值班员、信号工、通信工等重点岗位人员进行考核，考核不合格的，不得从事岗位工作。运营单位应当对重点岗位人员进行安全背景审查。

城市轨道交通列车驾驶员应当按照法律法规的规定取得驾驶员职业准入资格。

运营单位应当对列车驾驶员定期开展心理测试，对不符合要求的及时调整工作岗位。

第十四条 运营单位应当按照有关规定，完善风险分级管控和隐患排查治理双重预防制度，建立风险数据库和隐患排查手册，对于可能影响安全运营的风险隐患及时整改，并向城市轨道交通运营主管部门报告。

城市轨道交通运营主管部门应当建立运营重大隐患治理督办制度，督促运营单位采取安全防护措施，尽快消除重大隐患；对非运营单位原因不能及时消除的，应当报告城市人民政府依法处理。

第十五条 运营单位应当建立健全本单位的城市轨道交通运营设施设备定期检查、检测评估、养护维修、更新改造制度和技术管理体系，并报城市轨道交通运营主管部门备案。

运营单位应当对设施设备进行定期检查、检测评估，及时养护维修和更新改造，并保存记录。

第十六条 城市轨道交通运营主管部门和运营单位应当建立城市轨道交通智能管理系统，对所有运营过程、区域和关键设施设备进行监管，具备运行控制、关键设施和关键部位监测、风险管控和隐患排查、应急处置、安全监控等功能，并实现运营单位和各级交通运输主管部门之间的信息共享，提高运营安全管理水平。

运营单位应当建立网络安全管理制度，严格落实网络安全有关规定和等级保护要求，加强列车运行控制等关键系统信息安全保护，提升网络安全水平。

第十七条 城市轨道交通运营主管部门应当对运营单位运营安全管理工作进行监督检查，定期委托第三方机构组织专家开展运营期间安全评估工作。

初期运营前、正式运营前以及运营期间的安全评估工作管理办法由交通运输部另行制定。

第十八条 城市轨道交通运营主管部门和运营单位应当建立城市轨道交通运营信息统计分析制度，并按照有关规定及时报送相关信息。

第三章 运营服务

第十九条 运营单位应当按照有关标准为乘客提供安全、可靠、便捷、高效、经济的服务，保证服务质量。

运营单位应当向社会公布运营服务质量承诺并报城市轨道交通运营主管部门备案，定期报告履行情况。

第二十条 运营单位应当根据城市轨道交通沿线乘客出行规律及网络化运输组织

要求，合理编制运行图，并报城市轨道交通运营主管部门备案。

运营单位调整运行图严重影响服务质量的，应当向城市轨道交通运营主管部门说明理由。

第二十一条　运营单位应当通过标识、广播、视频设备、网络等多种方式按照下列要求向乘客提供运营服务和安全应急等信息：

（一）在车站醒目位置公布首末班车时间、城市轨道交通线网示意图、进出站指示、换乘指示和票价信息；

（二）在站厅或者站台提供列车到达、间隔时间、方向提示、周边交通方式换乘、安全提示、无障碍出行等信息；

（三）在车厢提供城市轨道交通线网示意图、列车运行方向、到站、换乘、开关车门提示等信息；

（四）首末班车时间调整、车站出入口封闭、设施设备故障、限流、封站、甩站、暂停运营等非正常运营信息。

第二十二条　城市轨道交通票价制定和调整按照国家有关规定执行。

城市轨道交通运营主管部门应当按照有关标准组织实施交通一卡通在轨道交通的建设与推广应用，推动跨区域、跨交通方式的互联互通。

第二十三条　城市轨道交通运营主管部门应当制定城市轨道交通乘客乘车规范，乘客应当遵守。拒不遵守的，运营单位有权劝阻和制止，制止无效的，报告公安机关依法处理。

第二十四条　城市轨道交通运营主管部门应当通过乘客满意度调查等多种形式，定期对运营单位服务质量进行监督和考评，考评结果向社会公布。

第二十五条　城市轨道交通运营主管部门和运营单位应当分别建立投诉受理制度。接到乘客投诉后，应当及时处理，并将处理结果告知乘客。

第二十六条　乘客应当持有效乘车凭证乘车，不得使用无效、伪造、变造的乘车凭证。运营单位有权查验乘客的乘车凭证。

第二十七条　乘客及其他人员因违法违规行为对城市轨道交通运营造成严重影响的，应当依法追究责任。

第二十八条　鼓励运营单位采用大数据分析、移动互联网等先进技术及有关设施设备，提升服务品质。运营单位应当保证乘客个人信息的采集和使用符合国家网络和信息安全有关规定。

第四章　安全支持保障

第二十九条　城市轨道交通工程项目应当按照规定划定保护区。

开通初期运营前，建设单位应当向运营单位提供保护区平面图，并在具备条件的保护区设置提示或者警示标志。

第三十条　在城市轨道交通保护区内进行下列作业的，作业单位应当按照有关规定制定安全防护方案，经运营单位同意后，依法办理相关手续并对作业影响区域进行动态监测：

（一）新建、改建、扩建或者拆除建（构）筑物；

（二）挖掘、爆破、地基加固、打井、基坑施工、桩基础施工、钻探、灌浆、喷锚、地下顶进作业；

（三）敷设或者搭架管线、吊装等架空作业；

（四）取土、采石、采砂、疏浚河道；

（五）大面积增加或者减少建（构）筑物载荷的活动；

（六）电焊、气焊和使用明火等具有火灾危险作业。

第三十一条 运营单位有权进入作业现场进行巡查，发现危及或者可能危及城市轨道交通运营安全的情形，运营单位有权予以制止，并要求相关责任单位或者个人采取措施消除妨害；逾期未改正的，及时报告有关部门依法处理。

第三十二条 使用高架线路桥下空间不得危害城市轨道交通运营安全，并预留高架线路桥梁设施日常检查、检测和养护维修条件。

地面、高架线路沿线建（构）筑物或者植物不得妨碍行车瞭望，不得侵入城市轨道交通线路的限界。沿线建（构）筑物、植物可能妨碍行车瞭望或者侵入线路限界的，责任单位应当及时采取措施消除影响。责任单位不能消除影响，危及城市轨道交通运营安全、情况紧急的，运营单位可以先行处置，并及时报告有关部门依法处理。

第三十三条 禁止下列危害城市轨道交通运营设施设备安全的行为：

（一）损坏隧道、轨道、路基、高架、车站、通风亭、冷却塔、变电站、管线、护栏护网等设施；

（二）损坏车辆、机电、电缆、自动售检票等设备，干扰通信信号、视频监控设备等系统；

（三）擅自在高架桥梁及附属结构上钻孔打眼，搭设电线或者其他承力绳索，设置附着物；

（四）损坏、移动、遮盖安全标志、监测设施以及安全防护设备。

第三十四条 禁止下列危害或者可能危害城市轨道交通运营安全的行为：

（一）拦截列车；

（二）强行上下车；

（三）擅自进入隧道、轨道或者其他禁入区域；

（四）攀爬或者跨越围栏、护栏、护网、站台门等；

（五）擅自操作有警示标志的按钮和开关装置，在非紧急状态下动用紧急或者安全装置；

（六）在城市轨道交通车站出入口 5 米范围内停放车辆、乱设摊点等，妨碍乘客通行和救援疏散；

（七）在通风口、车站出入口 50 米范围内存放有毒、有害、易燃、易爆、放射性和腐蚀性等物品；

（八）在出入口、通风亭、变电站、冷却塔周边躺卧、留宿、堆放和晾晒物品；

（九）在地面或者高架线路两侧各 100 米范围内升放风筝、气球等低空飘浮物体和无人机等低空飞行器。

第三十五条 在城市轨道交通车站、车厢、隧道、站前广场等范围内设置广告、商业设施的，不得影响正常运营，不得影响导向、提示、警示、运营服务等标识识别、设施设备使用和检修，不得挤占出入口、通道、应急疏散设施空间和防火间距。

城市轨道交通车站站台、站厅层不应设置妨碍安全疏散的非运营设施。

第三十六条　禁止乘客携带有毒、有害、易燃、易爆、放射性、腐蚀性以及其他可能危及人身和财产安全的危险物品进站、乘车。运营单位应当按规定在车站醒目位置公示城市轨道交通禁止、限制携带物品目录。

第三十七条　各级城市轨道交通运营主管部门应当按照职责监督指导运营单位开展反恐防范、安检、治安防范和消防安全管理相关工作。

鼓励推广应用安检新技术、新产品，推动实行安检新模式，提高安检质量和效率。

第三十八条　交通运输部应当建立城市轨道交通重点岗位从业人员不良记录和乘客违法违规行为信息库，并按照规定将有关信用信息及时纳入交通运输和相关统一信用信息共享平台。

第三十九条　鼓励经常乘坐城市轨道交通的乘客担任志愿者，及时报告城市轨道交通运营安全问题和隐患，检举揭发危害城市轨道交通运营安全的违法违规行为。运营单位应当对志愿者开展培训。

第五章　应 急 处 置

第四十条　城市轨道交通所在地城市及以上地方各级人民政府应当建立运营突发事件处置工作机制，明确相关部门和单位的职责分工、工作机制和处置要求，制定完善运营突发事件应急预案。

运营单位应当按照有关法规要求建立运营突发事件应急预案体系，制定综合应急预案、专项应急预案和现场处置方案。运营单位应当组织专家对专项应急预案进行评审。

因地震、洪涝、气象灾害等自然灾害和恐怖袭击、刑事案件等社会安全事件以及其他因素影响或者可能影响城市轨道交通正常运营时，参照运营突发事件应急预案做好监测预警、信息报告、应急响应、后期处置等相关应对工作。

第四十一条　运营单位应当储备必要的应急物资，配备专业应急救援装备，建立应急救援队伍，配齐应急人员，完善应急值守和报告制度，加强应急培训，提高应急救援能力。

第四十二条　城市轨道交通运营主管部门应当按照有关法规要求，在城市人民政府领导下会同有关部门定期组织开展联动应急演练。

运营单位应当定期组织运营突发事件应急演练，其中综合应急预案演练和专项应急预案演练每半年至少组织一次。现场处置方案演练应当纳入日常工作，开展常态化演练。运营单位应当组织社会公众参与应急演练，引导社会公众正确应对突发事件。

第四十三条　运营单位应当在城市轨道交通车站、车辆、地面和高架线路等区域的醒目位置设置安全警示标志，按照规定在车站、车辆配备灭火器、报警装置和必要的救生器材，并确保能够正常使用。

第四十四条　城市轨道交通运营突发事件发生后，运营单位应当按照有关规定及时启动相应应急预案。运营单位应当充分发挥志愿者在突发事件应急处置中的作用，提高乘客自救互救能力。

现场工作人员应当按照各自岗位职责要求开展现场处置，通过广播系统、乘客信息系统和人工指引等方式，引导乘客快速疏散。

第四十五条 运营单位应当加强城市轨道交通客流监测。可能发生大客流时，应当按照预案要求及时增加运力进行疏导；大客流可能影响运营安全时，运营单位可以采取限流、封站、甩站等措施。

因运营突发事件、自然灾害、社会安全事件以及其他原因危及运营安全时，运营单位可以暂停部分区段或者全线网的运营，根据需要及时启动相应应急保障预案，做好客流疏导和现场秩序维护，并报告城市轨道交通运营主管部门。

运营单位采取限流、甩站、封站、暂停运营措施应当及时告知公众，其中封站、暂停运营措施还应当向城市轨道交通运营主管部门报告。

第四十六条 城市轨道交通运营主管部门和运营单位应当建立城市轨道交通运营安全重大故障和事故报送制度。

城市轨道交通运营主管部门和运营单位应当定期组织对重大故障和事故原因进行分析，不断完善城市轨道交通运营安全管理制度以及安全防范和应急处置措施。

第四十七条 城市轨道交通运营主管部门和运营单位应当加强舆论引导，宣传文明出行、安全乘车理念和突发事件应对知识，培养公众安全防范意识，引导理性应对突发事件。

第六章 法律责任

第四十八条 违反本规定第十条、第十一条，城市轨道交通工程项目（含甩项工程）未经安全评估投入运营的，由城市轨道交通运营主管部门责令限期整改，并对运营单位处以 2 万元以上 3 万元以下的罚款，同时对其主要负责人处以 1 万元以下的罚款；有严重安全隐患的，城市轨道交通运营主管部门应当责令暂停运营。

第四十九条 违反本规定，运营单位有下列行为之一的，由城市轨道交通运营主管部门责令限期改正；逾期未改正的，处以 5 000 元以上 3 万元以下的罚款，并可对其主要负责人处以 1 万元以下的罚款：

（一）未全程参与试运行；

（二）未按照相关标准对从业人员进行技能培训教育；

（三）列车驾驶员未按照法律法规的规定取得职业准入资格；

（四）列车驾驶员、行车调度员、行车值班员、信号工、通信工等重点岗位从业人员未经考核上岗；

（五）未按照有关规定完善风险分级管控和隐患排查治理双重预防制度；

（六）未建立风险数据库和隐患排查手册；

（七）未按要求报告运营安全风险隐患整改情况；

（八）未建立设施设备检查、检测评估、养护维修、更新改造制度和技术管理体系；

（九）未对设施设备定期检查、检测评估和及时养护维修、更新改造；

（十）未按照有关规定建立运营突发事件应急预案体系；

（十一）储备的应急物资不满足需要，未配备专业应急救援装备，或者未建立应急救援队伍、配齐应急人员；

（十二）未按时组织运营突发事件应急演练。

第五十条　违反本规定第十八条、第四十六条，运营单位未按照规定上报城市轨道交通运营相关信息或者运营安全重大故障和事故的，由城市轨道交通运营主管部门责令限期改正；逾期未改正的，处以 5 000 元以上 3 万元以下的罚款。

第五十一条　违反本规定，运营单位有下列行为之一，由城市轨道交通运营主管部门责令限期改正；逾期未改正的，处以 1 万元以下的罚款：

（一）未向社会公布运营服务质量承诺或者定期报告履行情况；

（二）运行图未报城市轨道交通运营主管部门备案或者调整运行图严重影响服务质量的，未向城市轨道交通运营主管部门说明理由；

（三）未按规定向乘客提供运营服务和安全应急等信息；

（四）未建立投诉受理制度，或者未及时处理乘客投诉并将处理结果告知乘客；

（五）采取的限流、甩站、封站、暂停运营等措施，未及时告知公众或者封站、暂停运营等措施未向城市轨道交通运营主管部门报告。

第五十二条　违反本规定第三十二条，有下列行为之一，由城市轨道交通运营主管部门责令相关责任人和单位限期改正、消除影响；逾期未改正的，可以对个人处以 5 000 元以下的罚款，对单位处以 3 万元以下的罚款；造成损失的，依法承担赔偿责任；情节严重构成犯罪的，依法追究刑事责任：

（一）高架线路桥下的空间使用可能危害运营安全的；

（二）地面、高架线路沿线建（构）筑物或者植物妨碍行车瞭望、侵入限界的。

第五十三条　违反本规定第三十三条、第三十四条，运营单位有权予以制止，并由城市轨道交通运营主管部门责令改正，可以对个人处以 5 000 元以下的罚款，对单位处以 3 万元以下的罚款；违反治安管理规定的，由公安机关依法处理；构成犯罪的，依法追究刑事责任。

第五十四条　城市轨道交通运营主管部门不履行本规定职责造成严重后果的，或者有其他滥用职权、玩忽职守、徇私舞弊行为的，对负有责任的领导人员和直接责任人员依法给予处分；构成犯罪的，依法追究刑事责任。

第五十五条　地方性法规、地方政府规章对城市轨道交通运营违法行为需要承担的法律责任与本规定有不同规定的，从其规定。

第七章　附　　则

第五十六条　本规定自 2018 年 7 月 1 日起施行。

复习思考题

1. 简述城市轨道交通客运组织的概念。
2. 简述城市轨道交通客运组织的特点。
3. 简述城市轨道交通客运组织的工作原则。
4. 简述城市轨道交通客运组织的管理模式。

项目 2　城市轨道交通车站

知识目标

- 掌握车站定义；
- 掌握车站分类。

能力目标

- 掌握车站组成和功能；
- 掌握车站设计原则。

思政目标

- 树立安全意识与流程意识；
- 强化岗位责任意识；
- 培养严谨、认真的工作态度。

典型案例

莫斯科地铁共青团站

莫斯科地铁共青团站是世界最具吸引力的十大地铁站之一。共青团站在科尔特瑟瓦雅地铁线乃至莫斯科整个地铁系统中最有名气，也是莫斯科的标志，部分原因是该站处于莫斯科最繁忙的交通枢纽——共青团广场，该站是到莫斯科和俄罗斯其他地区的入口及枢纽，设计主题是展示爱国史，激发民族的荣誉感，使人们对俄罗斯的未来充满向往。共青团站于 1952 年 1 月 30 日开放。

共青团站在设计风格上也是别具一格，精美的大理石柱面、典雅的吊灯、大量的社会主义风格绘画，以及站台顶部那些代表着建筑者精湛技艺的马赛克镶嵌画，让人们仿佛回到苏维埃时期。古典与现代风格结合的车站，给人们以富丽堂皇的感觉（见

图 2-1）。

图 2-1　共青团站

任务 2.1　城市轨道交通车站概述

城市轨道交通车站是城市轨道交通系统最重要的组成部分，是乘客上下车、换乘的场所，也是列车到发、通过、折返、临时停车的地点，还具有购物、休闲，以及作为城市景观等一系列功能。

车站是城市轨道交通线路电气设备、信号设备、控制设备等集中的场所，也是运营、管理人员工作的场所。

任务 2.2　城市轨道交通车站分类与设计

2.2.1　城市轨道交通车站的分类

1. 按在线路担负的运营功能不同分类

（1）中间站。

（2）区域站。

（3）换乘站。

（4）枢纽站。

（5）联运站。

（6）终端站（始发站、终点站）。

见图 2-2。

2. 按车站修建位置不同分类

（1）高架车站。这是主体建筑和设施设备设置在立体高架建筑上的车站，大部分城市轻轨车站为高架车站（见图 2-3）。

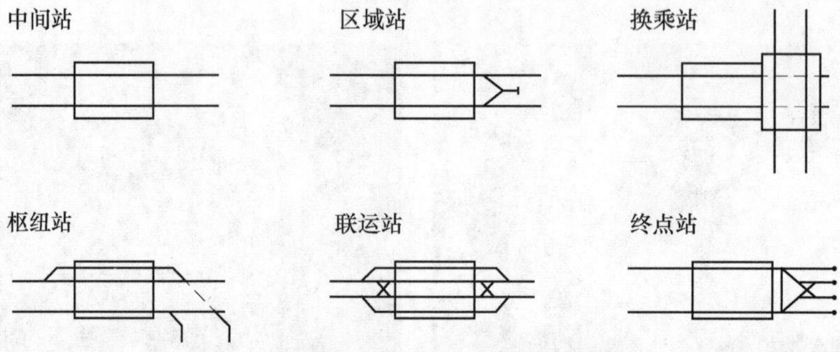

图 2-2 车站按在线路担负的运营功能不同分类

（2）地面车站。这是主体建筑和设施设备设置在地面上的车站（见图 2-4）。

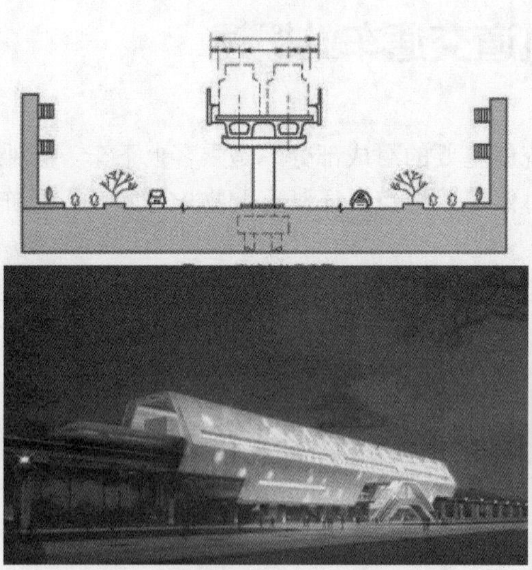

图 2-3 高架车站模型

图 2-4 地面车站模型

（3）地下车站。这是主体建筑和设施设备设置在地下的车站，大部分地铁车站为地下车站（见图 2-5）。

3. 按车站规模的大小不同分类

地铁车站规模主要根据车站远期预测客流及所处位置确定，可分为以下三类：

（1）大型车站。高峰小时客流量达 3 万人次以上。

（2）中等车站。高峰小时客流量在 2 万～3 万人次。

（3）小型车站。高峰小时客流量在 2 万人次以下。

4. 按车站站台形式不同分类

（1）岛式站台。站台位于上、下行行车线路之间，这种站台布置形式称为岛式站台。具有岛式站台的车站称为岛式站台车站（简称岛式车站，见图 2-6）。

图 2–5　地下车站模型

图 2–6　岛式站台

（2）侧式站台。站台位于上、下行行车线路的两侧，这种站台布置形式称为侧式站台。具有侧式站台的车站称为侧式站台车站（简称侧式车站，见图 2–7）。

图 2–7　侧式站台

（3）岛、侧混合式站台。这是将岛式站台及侧式站台同设在一个车站内。具有这种站台形式的车站称为岛、侧混合式站台车站（简称岛、侧混合式车站，见图 2–8）。

图 2–8　岛、侧混合式站台

2.2.2　城市轨道交通车站的设计

1. 城市轨道交通车站的组成

车站由车站主体（站台、站厅、设备用房、管理用房等），出入口及通道，通风道及地面通风亭（仅地下车站）等三大部分组成。车站主体是列车在线路上的停车点，其作用是供乘客集散、换乘，同时它又是地铁运营设施设备的中心和办理运营业务的场所。出入口及通道是供乘客进、出车站的建筑设施。地下车站还需要考虑通风道及地面通风亭，其作用是保证车站具有一个舒适的地下环境。

2. 城市轨道交通车站主体的组成和功能

车站主体根据功能的不同，可分为以下两大部分。

1）乘客使用空间

乘客使用空间又可分为非付费区和付费区。

非付费区是乘客未正式进入站台前的流动区域，一般应有一定的空间供设置售检票设施（见图 2–9），根据需要还可设置 ATM、公用电话、小卖部等设施。非付费区的最小面积一般可以参照能容纳高峰小时 5 min 内可能聚集的客流量的水平来推算。

图 2–9 车站非付费区

付费区包括部分站厅、站台、楼梯和自动扶梯等，是为停车和乘客乘降提供服务的设施。

乘客使用空间是车站设计的重点，对车站类型、总平面布局、车站平面、结构横断面形式、功能合理性、面积利用率、客流路线组织等设计有较大的影响，设计时要注意客流流线的合理性，以保证乘客方便、快捷地出入车站。

2）车站用房

车站用房包括运营管理用房、设备用房和辅助用房三部分。

运营管理用房是为保证车站具有正常运营条件和营业秩序而设置的用房，由进行日常工作和管理的部门及人员使用，是直接或间接为列车运行和乘客服务的，主要包括调度室（见图 2–10）、站长室、行车值班室、业务室、广播室、会议室、安保人员室、清扫员室等。

设备用房是保证列车正常运行、车站内具有良好环境条件及在事故灾害情况下能够及时排除灾情不可缺少的，是直接或间接为列车运行和乘客服务的，主要包括环控机室、变电所、控制室、通信机械室、信号机械室、泵房、票务室、工区用房、附属用房及设施等。设备用房是整个车站的心脏所在地，由于这些用房与乘客没有直接联系，因此一般设在离乘客较远的地方。

辅助用房是为保证车站内部工作人员正常工作生活而设置的用房，是直接供站内工作人员使用的，主要包括厕所、盥洗室、更衣室、休息室、茶水间、储藏室等。这些用房均设在站内工作人员使用的区域内。

图 2-10　地铁车站调度室

3. 城市轨道交通车站平面布局的设计原则

（1）一致性原则。车站选址要满足城市规划、城市交通规划、城市轨道交通路网规划及远期规划的要求。

（2）协调性原则。车站总体设计要注意与周围环境的协调，应体现现代交通建筑的特点，同时还应与周围的城市景观相协调。

（3）识别性原则。车站的设计应简洁、明快、大方，易于识别，同时车站及车辆线路都要有明显的特征和标志。

（4）适用性原则。车站的选址要综合考虑该地区的地下管线、工程地质、水文地质条件、地面建筑物的拆迁及改造的可能性等情况合理选定。设计应具备能满足远期客流集散量和运营管理的需要，应具备良好的外部条件，最大限度地吸引乘客；满足高峰小时客流所需的各种面积及楼梯通道等宽度要求，以及设备用房和运营管理用房的要求。

（5）便利性原则。车站公共区域应按客流需要设置足够宽度的、直达地面的人行通道，出入口的布置应积极配合城市道路、周围建筑、公交的规划等因素综合考虑，通道和出入口不应有影响乘客紧急疏散的障碍物。车站站位应尽可能地靠近人口密集区和商业区，最大限度地方便乘客出行，车站设计要尽量兼顾过街人行通道的要求。

（6）舒适性原则。贯彻以人为本的思想，车站需解决好通风、照明、卫生等问题，以提供给乘客安全、快捷和舒适的乘降环境。在经济条件允许的前提下，也应尽量从以人为本的出发点来考虑设计标准。

（7）安全性原则。车站要有足够明亮的照明设施、足够宽的楼梯和疏散通道，并具有指示牌及防火设施等。

（8）经济性原则。车站设计要考虑经济性，应在满足使用功能的前提下，尽量缩小建筑空间，使其规模、投资达到最合理。

4. 城市轨道交通车站平面布局设计

车站建筑布置应能满足乘客在乘车过程中对其活动区域内各部位使用上的需要。乘客流线是地铁车站的主要流线，也是决定车站建筑布置的主要依据。站内除乘客流线外，还有站内工作人员流线、设备工艺流线等。这些流线具体、集中地反映出乘客乘车与站内房间布设之间的功能关系。为了能够合理地进行车站平面布局，设计人员必须了解和掌握这些功能关系，将地铁车站各部位的使用要求进行功能分析。

1）车站平面布局

（1）站厅层布局。站厅的作用是将从车站出入口进入的乘客迅速、安全、方便地引导到站台乘车，或将下车的乘客同样引导至车站出入口而离开车站。对乘客来说，站厅是上、下车的过渡空间，乘客一般要在站厅内办理上、下车手续。因此，站厅内需要设置售票、检票、问询等为乘客服务的各种设施；同时，站厅内还需要设置地铁运营设备、管理用房和升降设备，起到组织和分配客流的作用。

（2）站台层布局。站台是供乘客上、下车及候车的场所。站台层一般设置有楼梯、自动扶梯及站内用房。目前国内外地铁车站所采用的站台形式绝大多数为岛式站台与侧式站台两种。

① 站台长度。站台长度分为站台总长度及站台计算长度两种。站台总长度根据站台层房间布置的位置，以及需要由站台进入房门的位置而定，是指每侧站台的总长度。站台计算长度是指远期列车编组总长度加上列车停站时允许的停车不准确距离，该停车不准确距离一般为1～2 m。站台计算长度用公式表达为：

$$L=l \cdot n+d$$

式中：l 为列车车辆长度（钩中心至钩中心距离）；n 为车辆连挂节数；d 为列车停站不准确距离。

② 站台宽度。站台宽度主要根据车站远期预测高峰小时客流量大小、列车对数、结构横断面形式、站台形式、站房布置、楼梯及自动扶梯位置等因素综合考虑确定。

岛式站台，楼梯及自动扶梯沿站台中间纵向布置，两侧布置侧站台。站台是乘客上、下车及候车的场所，在站台计算长度范围内，其面积应不小于远期预测上行及下行高峰小时客流人数所需的面积。

侧式站台，楼梯及自动扶梯、车站用房均可布置在站台计算长度范围以外，在此情况下，站台宽度应满足乘客上、下车，候车及进、出站通路所需的面积。

（3）车站出入口布置。车站出入口通道是乘客进出车站的咽喉，其位置的选择、规模大小，应满足城市规划和交通的要求，并应方便乘客进出站（见图2-11、图2-12）。

图2-11 北京地铁4号线某站出入口

图2-12 北京地铁5号线某站出入口设计

地铁车站出入口平面一般有“一”字形、“L”形、“T”形三种基本形式，以及由基本形式变化而成的其他形式。

①“一”字形出入口。指出入口、通道按“一”字形布置。这种出入口占地面积小，人员进出方便。由于口部宽度的要求，不宜修建在路面狭窄地区。

②“L”形出入口。指出入口与通道呈一次转折布置。由于口部较宽，不宜修建在路面狭窄地区。

③“T”形出入口。指出入口与通道呈“T”形布置，这种形式下人员进出方便。由于口部比较窄，适用于路面狭窄地区。

④ 其他形式。一般由出入口位置要求、地面交通换乘要求具体确定，常用的有“N”形和“Y”形出入口。“N”形出入口指出入口与通道呈两次转折布置，由于环境条件所限，出入口长度按一般情况设置有困难时，可采用这种形式的出入口，但是人员要走回头路。“Y”形出入口常用于一个主出入口通道有两个及两个以上出入口的情况，这种形式布置起来比较灵活，适应性强。

2）车站内部环境设计

内部环境设计要保证运营安全、适用、通达、快捷；要考虑视觉范围内的造型因素及装饰材料的应用，以尽可能改善地下空间封闭沉闷和压抑的感觉；装修设计既要考虑全线车站的统一性，还要考虑每个车站独特的个性。

3）车站通道设计

（1）楼梯。在地铁车站中，楼梯是最常用的一种竖向升降设备。在客流不大的车站，当升降高差在 8 m 以内时，一般采用楼梯；升降高差大于 8 m 时，考虑乘客因高差较大，行走费力，上升宜增设自动扶梯。乘客使用的楼梯踏步高度宜为 135～150 mm，宽度宜为 300～340 mm。每个梯段不应超过 18 步，不得少于 3 步。休息平台宽度一般为 1 200～1 800 mm。楼梯净宽度不应小于 2 000 mm；当楼梯净宽度大于 3 000 mm 时，中间应设栏杆扶手。踏步至吊顶的净高不应小于 2 400 mm。楼梯栏杆的高度不宜小于 1 100 mm。车站用房区内，上下层之间至少一处应设楼梯。除设在出入口内的楼梯外，站厅层至站台层供乘客使用的楼梯应设在付费区内。地铁车站中的楼梯应坚固、安全、耐久，并采用非可燃材料制成。踏步须采取防滑措施（见图 2-13、图 2-14）。

图 2-13　南京地铁 2 号线的音乐楼梯

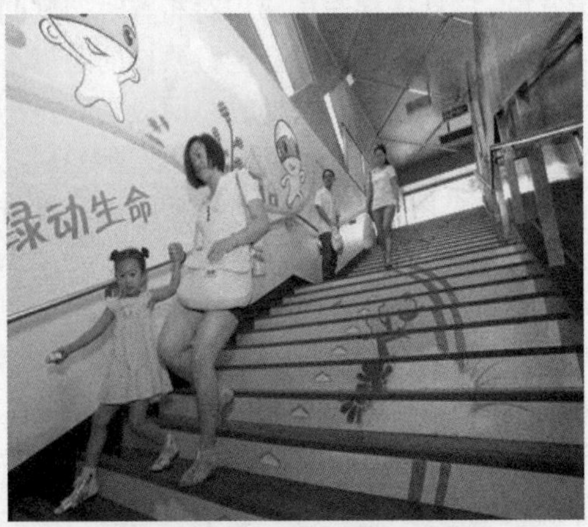

图 2-14　北京地铁 4 号线倡导绿色生活的绿色楼梯

布置楼梯时，应参考下列规定：楼梯与检票口在同一方向布置时，楼梯进口距检票口的净距宜不小于 6 m；楼梯与自动扶梯并列布置时，相互之间的位置没有规定，一般采取将楼梯下踏步最后一级与自动扶梯下工作点取平。

（2）自动扶梯。在客流量较大的地铁车站中，自动扶梯是最便利、最迅速的升降设备（见图 2–15）。其优点是运送效率高，可以减轻乘客疲劳，出故障停运时仍可作为楼梯使用；缺点是造价较高。各国地铁车站中普遍采用了自动扶梯。我国地铁车站根据具体情况，自动扶梯采取一次或分期安装。《地铁设计规范》（GB 50157—2013）中规定，车站出入口的提升高度超过 8 m 时，宜设上行自动扶梯；超过 12 m 时，除设上行自动扶梯外，并宜设下行自动扶梯。站厅与站台层的高差在 5 m 以内时，宜设上行自动扶梯；高差超过 5 m 时，除设上行自动扶梯外，并宜设下行自动扶梯。站厅层供乘客至站台层使用的自动扶梯应设在付费区内。

图 2–15 北京地铁变频自动扶梯

布置自动扶梯时，应参考下列规定：

① 自动扶梯相对布置时，两自动扶梯工作点间距离不小于 20 m。

② 自动扶梯工作点至墙的距离，在站台层处不小于 8.5 m，在出入口处不小于 6 m。

③ 自动扶梯与楼梯相对布置时，其间的距离不宜小于 15 m。

④ 自动扶梯工作点至检票口的距离不宜小于 10 m。

⑤ 分段设自动扶梯时，两段之间距离不应小于 8.5 m。

（3）电梯。有无障碍设计要求及在车站站房区内，站厅层至站台层之间宜设无障碍电梯（见图 2–16），以方便残疾人及携带大件行李的乘客。电梯应封闭前室并符合防火规范规定。

5. 城市轨道交通车站的其他布局

城市轨道交通车站由于四周封闭、客流量大、机电设备多、站内湿度大、空气污浊，为了及时排出车站内的污浊空气，给乘客创造一个舒适的环境，需在车站内设置环控系统，即通风与空调系统。早期国内外修建的地铁工程，大多采用自然通风方式，即利用地面风、列车活塞风、站内外温差等来与地面空气进行交换。这种通风方式效率比较有限，通风效果不好。随着社会的发展和科学技术的进步，近期国内外修建的城市轨道交通车站中，逐步采用了以机械通风为主的通风方式，普遍采用了环控设

图 2-16　沈阳地铁无障碍电梯

备，车站内温度、湿度得到了控制，地下环境得到了很大的改善。但环控设备的增加，势必会导致增大车站规模。

为了控制车站规模、缩短车站的总长度、节约投资，部分环控设备可设在通风道内。车站通风道的数量取决于当地条件、车站规模、温湿度标准等因素，按环控要求计算确定。城市轨道交通车站一般设 2 个通风道，如车站附设有地下商场等公用设施，应根据具体情况增设通风道。车站通风道的平面形式及断面尺寸应根据环控要求、车站所在地的环境条件、道路及建筑物设置情况等因素综合考虑确定。站内通风管道位置一般设在车站吊顶内或站台层站台板下的空间内。

地面通风亭是通风道在地面的建筑物，作用是新鲜空气采集及排风（见图 2-17）。地面通风亭一般均设有顶盖及围护墙体，墙上设一道门，供运送设备使用。地面通风亭上部设通风口，通风口外面设金属百叶窗。通风口下缘距地面的高度一般不小于 2 m，特殊情况下通风口可酌情降低，但不宜小于 0.5 m。位于低洼及临近水面的地面通风亭还应考虑防水淹设施。地面通风亭的大小主要根据通风量及通风口数量决定。地面通

图 2-17　西安地铁 4 号线地面通风亭设计方案

风亭位置应选在空气良好、无污染的地方，可设计成独建式或合建式，并尽量与周围环境相协调。城市道路旁边的地面通风亭，一般应设在建筑红线以内。地面通风亭与周围建筑物的距离应符合防火间距的规定，其间距不应小于 6 m。进风口和排风口之间应保持一定距离，如果进风口和排风口之间的水平距离小于 5 m，其高差不应小于 3 m；如果进风口和排风口之间的水平距离大于 5 m，高差可不作规定。

复习思考题

1. 简述城市轨道交通车站的种类。
2. 简述城市轨道交通车站的组成与功能。
3. 简述城市轨道交通车站的设计原则。
4. 举例说明几座著名的城市轨道交通车站的设计。

项目 3　城市轨道交通车站技术设备

知识目标

- 认识城市轨道交通车站的行车技术设备；
- 了解线路的分类；
- 掌握安全门的构造；
- 掌握电梯与自动扶梯的构造；
- 掌握火灾报警系统的组成；
- 掌握乘客导向标志分类及设置原则；
- 了解城市轨道交通广播系统、乘客信息系统、电话系统和闭路电视监控系统的组成功能和优先级别的划分。

能力目标

➢ 掌握安全门系统的组成、日常操作和简单故障处理程序；
➢ 掌握电梯系统的组成、日常操作和简单故障处理程序；
➢ 掌握火灾报警系统的组成、工作过程及火灾确认方式。

思政目标

❖ 树立安全意识与流程意识；
❖ 强化岗位责任意识；
❖ 培养严谨、认真的工作态度。

典型案例

南京地铁 2 号线 BAS 系统设计方案

南京不是国内第一个修建地铁的城市，却是率先在地铁建设中引入智能化环境与设备监控系统的城市之一。南京地铁的 BAS 系统（环境与设备监控系统）是清华同方继伊朗德黑兰地铁 1 号线和 2 号线之后承接的又一个 BAS 系统工程。基于对地下热环境研究的丰富成果及德黑兰地铁的成功经验，清华同方为南京地铁量身定做，提供了功能全面的 BAS（也称 EMCS）系统解决方案，其应用效果主要体现在以下几个方面。

1. 智能管理，可靠运行

BAS 系统通过对地铁车站及区间隧道内的空调通风、给排水、照明、电梯、自动扶梯等机电设备进行全面的运行管理与控制，以保证地铁运营环境达到国家规定的舒适标准。同时，在发生火灾事故或列车阻塞情况时，系统能够及时迅速地进入防灾运行模式，根据火灾报警系统发送的着火点信息或列车自动控制系统发送的阻塞点信息，自动调度送风和排风，进行通风排烟，引导人员疏散，极大地提高地铁运营的智能化和安全性。

地铁列车与大量客流所产生的热量是影响地铁站台与隧道空间热环境的主要因素，使得地铁温度逐年升高，如不加以控制则会形成公害，这是世界性的难题。采用空调设备排热降温，耗资巨大，运行费用高昂，能源浪费严重。清华同方的设计人员通过复杂的系统计算机，采用建筑窖蓄冷技术，合理配置通风设备（风机等）并加以微机控制，以通风系统代替空调系统，不仅投资少、效果好，还能很好地解决温升难题。

2. 有效防灾，防患未然

与地面公共交通相比，地铁通常运营线路更长、设备众多，对运行模式和运行管理有很高的要求；同时，地铁内部与外界通风口少、出入口少、客流量大、人员疏散不易，一旦发生火灾，如果不能及时有效地通风排烟并控制火情，恐将酿成巨大的灾难。因此，智能化环境与设备监控系统应具备防灾功能。

南京地铁的 BAS 系统在接到火灾报警信号后，可以自动将机电设备的运行状态切换到灾害状态，启动灾害模式；在列车因事故暂时停在隧道无法驶入站台时，系统也可以通过启动紧急状态，确保隧道内空气流通，以保证车厢内被困的乘客有充足的氧气呼吸。另外，该解决方案还包括设备自动化管理和故障诊断，可以建立车站各类机电设备档案数据库，自动累计设备运行时间，安排设备维护检修计划，记录各次维修状况；对于关键设备还能进行实时故障诊断，防患于未然。

3. 节能并重，增加效益

节能是南京地铁 BAS 系统的另一大特色，即综合考虑了车流、客流、车站设备、新风等影响空调通风系统负荷的各个因素，根据地铁热环境变化的规律，对空调通风系统的全年运行方式自动进行调整，根据实时负荷的变化，采用变频方式调节风机的通风量，可以达到显著的节能效果。

我国地铁行业起步较晚，经验不足，降低地铁造价和运行费用的问题已受到普遍的关注。智能化环境与设备监控系统对于提高地铁运营经济性的作用，越来越受到业内的普遍重视。

任务 3.1　城市轨道交通车站行车设备

3.1.1　线路

城市轨道交通线路通常由路基、桥隧建筑物和轨道三部分组成，线路既可以铺设在隧道里，也可以铺设在地面和高架桥上，以供列车运行（见图 3–1）。

图 3–1　高架及隧道线路

1. 线路分类

城市轨道交通线路是保障列车运行的重要设备，按其在运营中的作用，可以分为正线、辅助线和车场线。

1）正线

正线是连接车站并贯穿或直股伸入车站的线路，包括车站正线和区间正线。其中，车站两端墙间内方的线路称为车站正线，连接两相邻车站的线路称为区间正线。城市轨道交通正线一般按照双线设置，多数为全封闭线路，与其他线路相交处，一般采用立体交叉。

2）辅助线

辅助线是指为列车折返、停放、检查、转线及出入段作业所提供的线路，包括渡线、折返线、停车线、车辆段出入线、联络线等。

（1）渡线。渡线是由两个单开道岔组成的连接两条平行线路的连接设备（见图 3–2），通过一组联动道岔的转动来达到转线目的。进行手摇道岔时，需要逐个确认、逐个摇动。渡线单独设置时，用来临时折返列车，增加运营列车调度的灵活性；在与其他辅助线配合使用时，能完成或加强其他辅助线的功能。

（2）折返线。折返线是指在线路两端终点站或中间站设置的专供改变列车运行方向的线路（见图 3–3）。

图 3-2 渡线

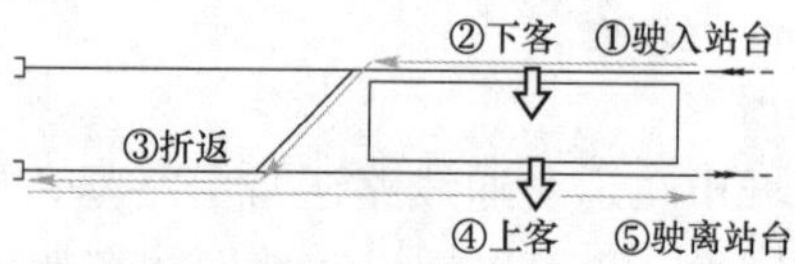

图 3-3 折返线

（3）停车线。停车线一般设置在终点站，主要用于列车的停放。城市轨道交通线路由于运输量大，列车间隔一般较密。在运营过程中列车可能发生故障，为了不影响后续列车运行，应使故障列车及时退出运营正线，因此每隔 3～5 个车站加设渡线或停车线。另外，在有些车站，停车线也是加快终点站列车折返的重要线路之一。

（4）车辆段出入线。车辆段出入线是从车辆段到运营正线之间的连接线，可设计成双线或单线、平交或立体交叉。

（5）联络线。联络线是指连接两条独立运营的线路。合理地确定联络线，能够在线网建成后机动灵活地调用线网中各线的车辆，使线网形成有机整体。

3）车场线

车场线是指车辆基地（车辆段）内的各种作业线，具体包括以下几种。

（1）检修线。检修线是设置在车辆基地检修库内，专门用于检修车辆的作业线，配有地沟和架车设备。

（2）试验线。试验线是设置在车辆基地内，用于对检修完毕的车辆进行运行状态检测的线路。

（3）洗车线。洗车线是用于清洗车辆的作业线。

2. 线路标志

线路标志是根据列车运行和线路养护的需要，在地铁线路上设置的表示线路设备位置及线路状况的标志。

（1）百米标和公里标。百米标和公里标表示该位置距线路起点的长度，即从地铁线路起点开始计算的连续里程，每一百米或一公里设一个，固定在洞内的墙壁上。例如，百米标 27+60 表示该位置距线路起点的距离是 27 百米+60 米；公里标 K10+20 则表示该位置距线路起点的距离是 10 公里+20 米。

图 3-4 坡度标

（2）曲线标。曲线标设在曲线中点处右侧墙上，表明曲线中心里程、曲线半径、曲线及缓和曲线长度。

（3）坡度标。坡度标设在线路坡度和变坡点处列车运行方向右侧，标明其所向方向的上、下坡度值。箭头表示坡度类型，上面的数字表示坡度，下面的数字表示坡道长度。图 3-4 的坡度标，42 表示坡度为 4.2‰；↘表示下坡道；765 表示坡道长度为 765 m。

3.1.2　轨道

轨道是城市轨道交通系统的重要组成部分，作为一个整体结构铺设在路基之上，起到引导列车运行和承受列车荷载的作用。轨道主要由钢轨、扣件、轨枕、道床、道岔及其他附属设备组成。

（1）钢轨。钢轨直接承受地铁列车荷载并通过扣件、轨枕、道床传递至路基。由于地铁运量大，钢轨磨耗快，地铁正线一般都采用 60 kg/m 重轨，车辆段（车场）一般采用 50 kg/m 重轨。

（2）扣件。扣件是用于连接钢轨与轨枕的零件，主要是将钢轨固定在轨枕上保持轨距并阻止钢轨的横、纵向移动，并且能够起到减振作用。扣件的种类很多，可以根据不同的轨道线路状况选择不同类型的扣件，以适应线路的减振需求。

（3）轨枕。轨枕是承垫于钢轨之下，用来支承、固定钢轨，并且将钢轨承受的压力和应力传递到道床之上的部件。目前，城市轨道交通系统主要采用木枕和钢筋混凝土轨枕。

（4）道床。道床是指轨枕之下、路基之上的部分。道床主要起支承轨枕，将轨枕上部的巨大荷载均匀分布到路基上的作用。在隧道内一般采用长轨枕式钢筋混凝土整体道床，在地面则一般用国铁定型的预应力混凝土轨枕碎石道床。

（5）道岔。道岔是一种使列车车辆由一股道转入另一股道的线路连接设备，通常在重点车站、车辆段（车场）、停车场大量使用。道岔的种类很多，一般有单开道岔、双开道岔、三开道岔、复式交分道岔等。

（6）其他附属设备。除了上述的轨道主要部件外，还有一些在轨道系统中起着加固、连接和防护作用的设备，例如防爬设备、轨距拉杆、轨撑、防脱护轨和车挡等（见图 3-5）。

图 3-5　地铁缓冲挡车器

任务 3.2 安全门系统

安全门（又称月台幕门或屏蔽门，简称 PSD）是指安装在站台边缘，将列车运行区域与站台候车区域隔离的门体系统。安全门作为城市轨道交通的新型设备，由于其良好的节能效果和对乘客的安全舒适保障，越来越得到相关建设部门的认同。

3.2.1 安全门系统概述

1. 安全门的发展历史

1983 年，法国的自动捷运系统 VAL 的里尔地铁（Lille Metro），其生产商马特拉公司（Matra）通过瑞士的玻璃门生产商 Kaba Gilgen AG 为列车站台特别订做了自动滑门。里尔地铁也是世界上最早安装玻璃安全门的地铁线路。

后来，于 1987 年启用的重型铁路系统新加坡地铁同样采用玻璃安全门。其后，欧洲及亚洲多个地区的铁路系统相继采用安全门，成为当时铁路系统的安全标准之一。

值得一提的是，早在 1960 年代，列宁格勒（现俄罗斯圣彼德堡）的地铁系统就已采用类似现在安全门的钢门。

国内方面，广州地铁 2 号线是国内最早使用安全门的地铁线路。

2. 安全门的分类

从目前各国设置的安全门类型来看，主要有封闭型和半封闭型两种。

1）封闭型

封闭型安全门是一道自上而下的玻璃隔墙和活动门，沿着车站站台边缘和两端头设置，将站台候车区与列车进站停靠区分隔开，是具有密封性能的安全门（见图 3–6）。这种类型的安全门多用于地下车站，主要功能是增加车站站台的安全性、降低能耗及加强环境保护。

图 3–6 封闭型安全门

2）半封闭型

半封闭型安全门是一道不封顶的玻璃隔墙和活动门，有全高和半高两种形式。

（1）全高安全门。全高安全门的门体高度超过人体高度，门体顶部距离站厅顶部之间有一段不封闭空间，不具有密封性能，一般用于地下车站（见图 3–7）。与封闭型安全门相比，两者的结构形式基本相同，只是全高安全门的上部不封闭。

图 3–7　全高安全门

（2）半高安全门。半高安全门的门体高度不超过人体高度，不具有密封性能，一般用于地面车站和高架车站。图 3–8 为香港地铁迪士尼线半高安全门，为了不遮挡米老鼠车窗，安全门高 1.1 m，亦退后安装了 30 cm。

图 3–8　香港地铁迪士尼线半高安全门

3. 安全门的作用

安全门作为站台公共区域与列车之间的可控通道，能够在列车进站时配合列车车门动作打开和关闭，为乘客提供上、下车的通道。其主要作用包括：

（1）防止乘客或物品因车站客流拥挤或其他原因落入轨道，从而杜绝因此引发的事故、延迟运营与额外成本，保证列车的正常运营，为城市轨道交通实现无人驾驶创造条件。

（2）减少列车运行噪声及活塞风对站台候车乘客的影响，改善乘客候车环境。

（3）更好地管理乘客，避免非工作人员进入隧道。

（4）减少站台区与轨行区之间气流的交换，降低空调系统的运营能耗。

（5）对车站整体空间布置进行简化，减少设备容量、数量、土建工程量等投资建设成本，具有良好的社会效益和经济效益。

3.2.2 安全门系统构造

安全门系统由机械部分和电气部分构成。机械部分主要包括门体结构和门机系统，电气部分主要包括控制系统和电源系统。

1. 门体结构

门体结构主要由顶箱、门状态指示灯、立柱、踢脚板、门槛、门本体等部分组成。

（1）顶箱。顶箱的主要功能是对内部零件进行密封保护，并采取防电磁干扰措施。从材料选择和密封设计上来说，顶箱既能减振，又能有效地屏蔽外界的电磁干扰。顶箱上一般还会设置一些导向标志。

温馨小贴士

站务人员如发现顶箱没有完全关闭，应立即汇报，并采取必要措施，否则安全门系统可能会因其他设备的电磁干扰而无法正常工作。

（2）门状态指示灯。门状态指示灯通过显示颜色、显示方式（常亮、闪烁等）来表示安全门所处的状态。

（3）立柱。立柱及其下面的底座是主要承重结构，底座通过绝缘件与站台板进行螺栓连接，既能保证牢固可靠，又能保证安全门系统与站台板地面绝缘隔离。

（4）踢脚板。踢脚板采用的是不锈钢材料，主要是用来防止乘客有意或无意地踢脏或踢碎门体玻璃。

（5）门槛。门槛一般采用铝合金材料，并在表面上用一种凸凹结构做防滑处理，位于所有滑动门的下端，因为这些地方是乘客最有可能踏过的区域，其主要作用是保护乘客经过时不发生摔倒，同时防止乘客触电。

（6）门本体。门本体结构（见图 3-9）是机械结构中最重要的部分，一般可分为四类，即滑动门、应急门、端门、固定门。

① 滑动门。滑动门是指在列车进站时可以和车门同时开/关的门。其数量应与列车客室车门数量一致，并具有障碍物探测功能。正常情况下，滑动门的开/关应由门机驱动机构操作，由门控单元 DCU（door control unit）控制。滑动门上设有手动开门扳手，紧急情况下，轨道侧的乘客可从轨道侧手动开门，工作人员可从站台侧使用专门钥匙解锁开门。

② 应急门。应急门是在紧急情况下供乘客逃生的门。一般来说，每节列车车厢都对应有一道应急门，在紧急情况下，乘客可从轨道侧手动打开逃生。应急门上设有推杆，可以将门扇推向站台方向旋转 90° 平开。

③ 端门。端门位于站台的两个端头，将乘客区与设备区分开。正常情况下，由列车司机或车站工作人员手动打开端门，在轨道侧设有手动开门推杆，在站台侧设有门锁和隐蔽的开门机构。

④ 固定门。固定门设在双扇滑动门之间。根据滑动门的间距，在满足门本体结构强度、刚度的前提下，一般采用整体固定门。

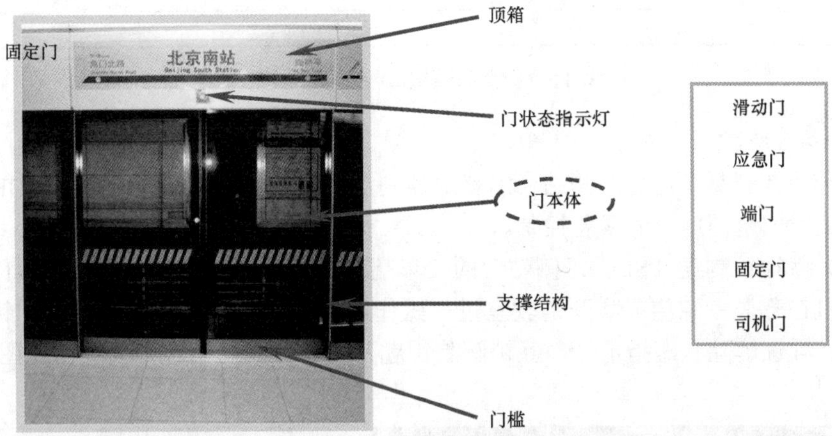

图 3-9　门本体结构

2. 门机系统

门机系统主要由驱动电动机、传动装置和锁紧装置组成。

3. 控制系统

安全门的控制系统主要由中央接口盘 PSC、就地控制盘 PSL、就地控制盒 LCB、远程监视设备 PSA、门控单元 DCU、通信介质及通信接口等设备组成。一般来说，除线路两端车站外，其余车站均设有中央接口盘，用来控制站台两侧所有的安全门。每侧安全门都由一套独立的逻辑控制子系统组成，确保一侧安全门的故障不影响另一侧安全门的正常运行。

控制系统具有系统级控制、站台级控制和手动级控制三种形式，其中以手动级控制为最高优先级，系统级控制为最低优先级。

1）系统级控制

系统级控制是指信号系统通过中央接口盘来控制安全门。中央接口盘由单元控制器和监视系统构成。每个单元控制器控制一侧站台，各单元控制器都配备有与相应侧信号系统进行接口的设备。监控主机监视安全门系统，接收和发送安全门的信息。中央接口盘一般设在车站设备房内，其控制开/关门过程见图 3-10、图 3-11。

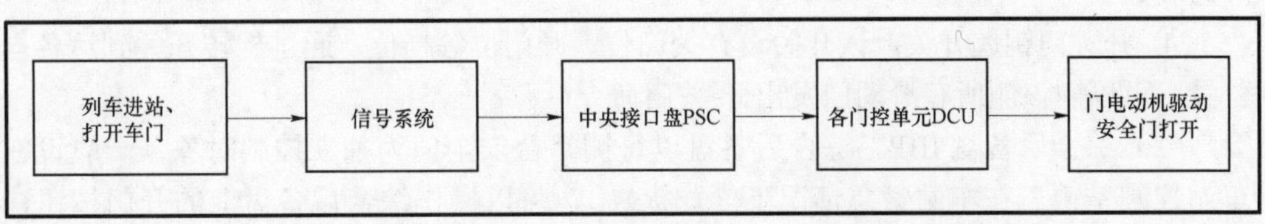

图 3-10　安全门系统级控制——开门过程

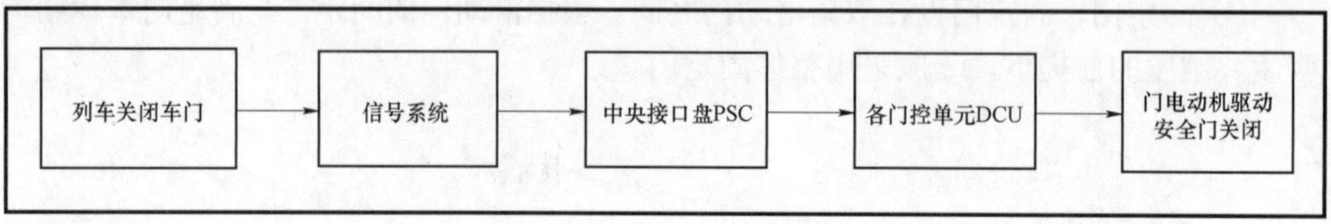

图 3-11 安全门系统级控制——关门过程

2）站台级控制

站台级控制是指通过两侧站台的就地控制盘 PSL 或者通过综合后备盘 IBP 上的安全门开关对安全门施行的紧急控制。

（1）就地控制盘 PSL。每侧站台的发车端均设置就地控制盘，安装在端门内，供列车司机在驾驶室瞭望或离开驾驶室进行操作。就地控制盘上一般设有关闭锁紧状态指示灯、互锁解除状态指示灯、互锁解除钥匙开关和开关门钥匙开关等（见图 3-12）。

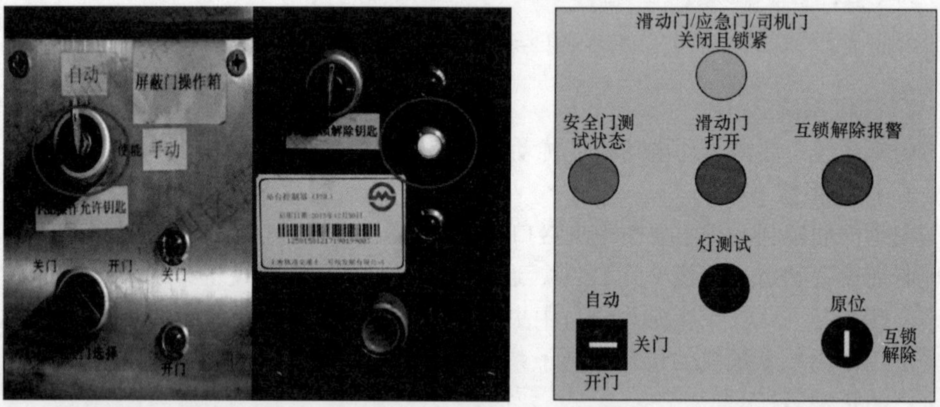

图 3-12 安全门就地控制盘

① 关闭锁紧状态指示灯。该指示灯用来提醒司机所有安全门是否关闭且锁紧。一般来说，当所有门单元关闭并锁紧后，指示灯亮；否则，指示灯将熄灭。

② 互锁解除状态指示灯。当强制执行互锁解除钥匙开关时，该指示灯被点亮。

③ 互锁解除钥匙开关。此开关为自动复位的钥匙开关，即当转动的力释放后，钥匙通过自动复位功能自动回到正常位置。操作互锁解除钥匙开关，可将“互锁解除”信号送到信号系统，发送“强制发车”信号，允许列车离站，一般在安全门故障时使用。

④ 开关门钥匙开关。该开关设有关门位、开门位等档位，通过旋转开关到达各自位置，可以向该侧所有滑动门发出开/关门命令。

（2）综合后备盘 IBP。综合后备盘以每侧站台安全门为独立控制对象，一般设在车站控制室内。在车站紧急情况下（如火灾），可以操作综合后备盘上的开门按钮，打开滑动门，该命令属于紧急状态下的紧急开门命令，优先级高于就地控制盘控制和系统级控制。综合后备盘安全门控制盘面见图 3-13，正常情况下，安全门打在“自动”位。

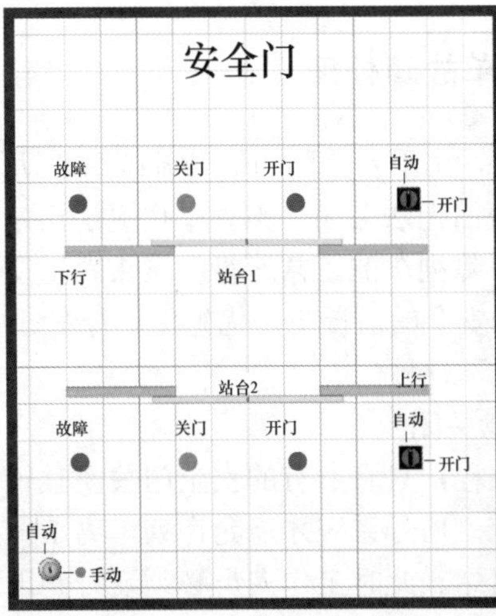

图 3-13　综合后备盘安全门控制盘面

3）手动级控制

手动级控制也称就地控制，是通过每个门单元的就地控制盒来进行开关门操作或者由工作人员通过钥匙进行开关门操作。

每个滑动门都配有一个就地控制盒，便于工作人员就地操作。就地控制盒一般设“隔离、自动、手动”三位钥匙或设“隔离、自动、关门、开门”四位钥匙（见图 3-14）。以三位钥匙为例，当转换开关处于“手动”位置时，维修人员可操作安全门顶箱内的开关门按钮进行手动操作；当转换开关处于“自动”位置时，允许门控单元接收中央控制盘的“开门”命令与“关门”命令；当转换开关处于“隔离”位置时，单个滑动门单元与系统隔离，隔断本单元的电力供应，不影响整个系统的正常工作，便于维修。如果是四位钥匙，当转换开关处于“开门”或“关门”位置时，不执行来自中央控制盘的命令。

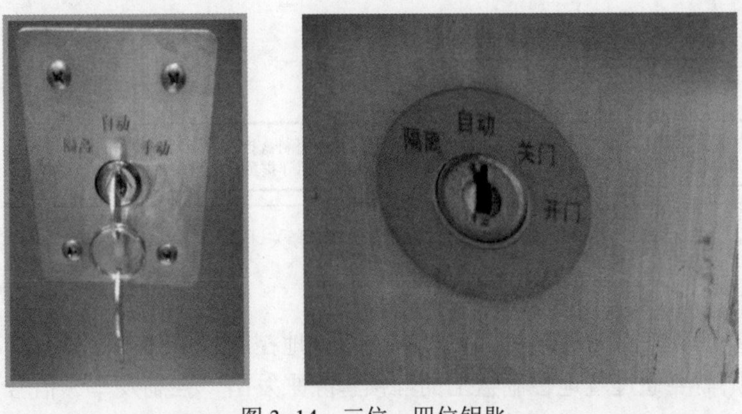

图 3-14　三位、四位钥匙

4. 电源系统

电源系统主要由驱动电源、控制电源、系统配电柜等组成。

3.2.3　安全门系统的简单故障处理

在信号系统正常工作时，由于安全门和信号系统的联动性，如果安全门意外打开，则列车无法进站；如果安全门无法关闭，则列车也无法出站。因此，车站工作人员必须及时处理安全门故障，保障列车的正常运行。城市轨道交通运营企业有关安全门故障处理的总体原则是在确保安全的前提下，优先保证行车。

常见的安全门故障有以下几种。

1. 单对滑动门无法正常关闭

根据信号系统的工作过程，只有所有的安全门关闭且锁紧后，中央接口盘才会发送门全关闭信号到信号系统，信号系统才能允许列车离站。因此，当单对滑动门无法正常关闭时，列车将无法出站。此时工作人员必须及时到现场查看原因，如不能立即解决，应将该对滑动门断电后再送电；如还未成功，则需要切断该对滑动门与信号系统的联动性，保证列车出站并留守提醒乘客不要靠近故障安全门，从而保证乘客安全和减少列车延误。具体处理流程见图 3–15。

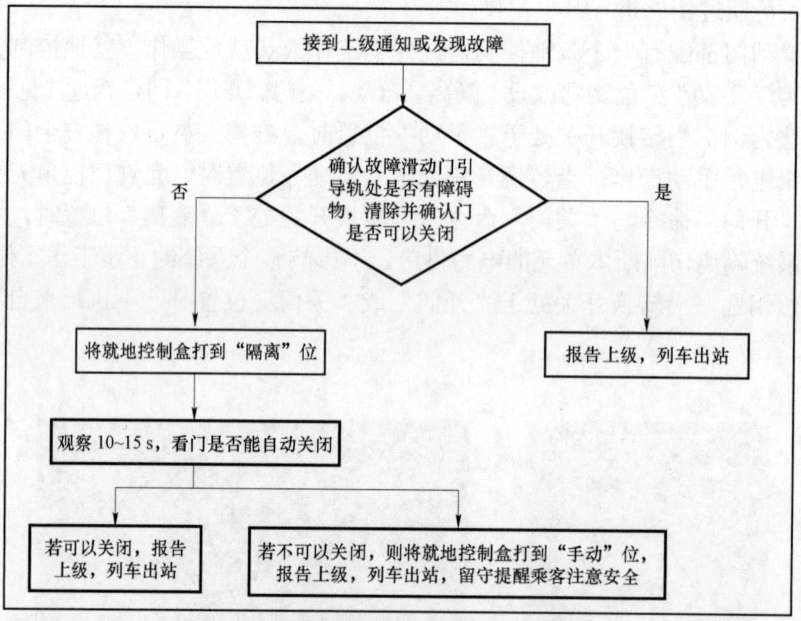

图 3–15　单对滑动门无法正常关闭处理流程

2. 多对滑动门无法正常关闭

多对滑动门无法正常关闭时，可以先使用就地控制盘关闭该侧所有滑动门；如未关闭成功，则需要通过就地控制盘上的互锁解除来发出“强制发车”信号。具体处理流程见图 3–16。

3. 单对滑动门无法正常开启

单对滑动门无法正常开启时，会影响乘客下车，给乘客带来不便。此外，该故障门有可能会出现意外打开的情况，存在一定的安全隐患。具体处理流程见图 3–17。

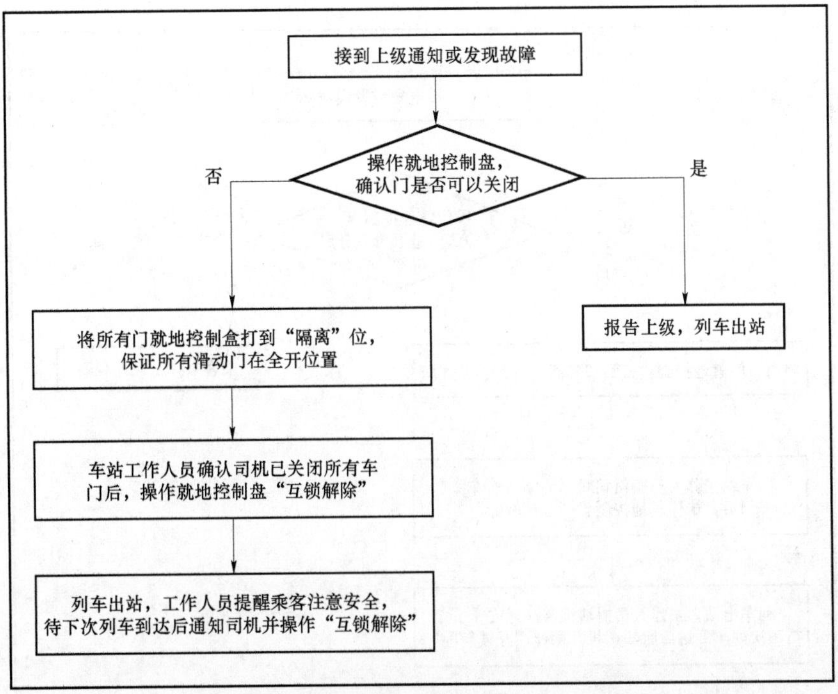

图 3-16　多对滑动门无法正常关闭处理流程

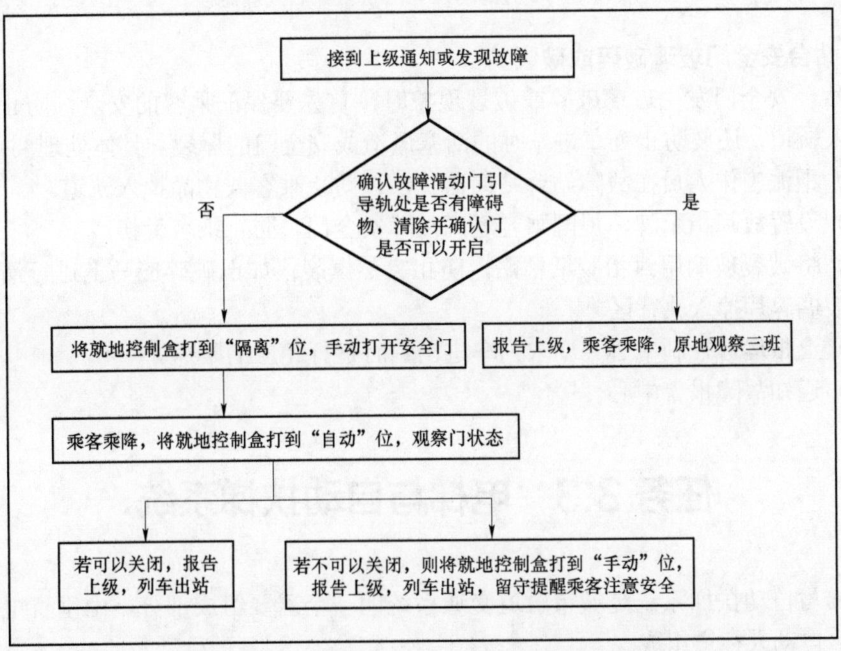

图 3-17　单对滑动门无法正常开启处理流程

4. 多对滑动门无法正常开启

多对滑动门无法正常开启时，对乘客下车速度有很大的影响，容易造成上、下车时间过长，站台乘客秩序混乱等突发状况。具体处理流程见图 3-18。

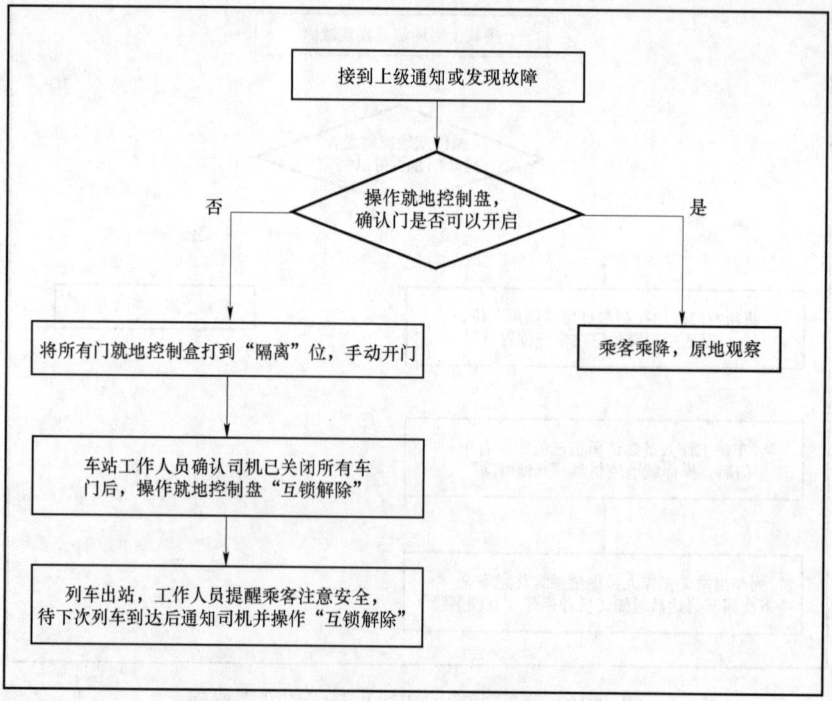

图 3-18　多对滑动门无法正常开启处理流程

5. 站台安全门玻璃破碎或破裂

当站台安全门发生玻璃破碎或破裂现象时，首先要保证乘客的安全，防止乘客或物品掉入轨道，还要防止列车进站时的活塞风造成安全门的爆裂。具体处理要点如下：

（1）指派工作人员在故障站台站岗监护，以防止乘客或物品掉入轨道。

（2）设置故障指示牌，提醒乘客远离故障安全门，防止乘客受伤。

（3）将破裂玻璃用封箱胶纸粘贴，防止突然爆裂；如已破碎应马上进行清理，同时防止玻璃碎片掉入轨行区。

（4）上报运营控制中心并要求列车进出站时进行相应的限速。

（5）通知故障报警中心。

任务 3.3　电梯与自动扶梯系统

电梯与自动扶梯系统是城市轨道交通系统的一个重要组成部分，由垂直电梯、自动扶梯、自动人行道组成。

3.3.1　垂直电梯

垂直电梯（升降机）是一种垂直运送人或物的起重机械。在城市轨道交通车站，垂直电梯主要为携带大、重行李的乘客和残疾人提供服务。

1. 垂直电梯的基本结构

垂直电梯的基本结构见图 3-19。

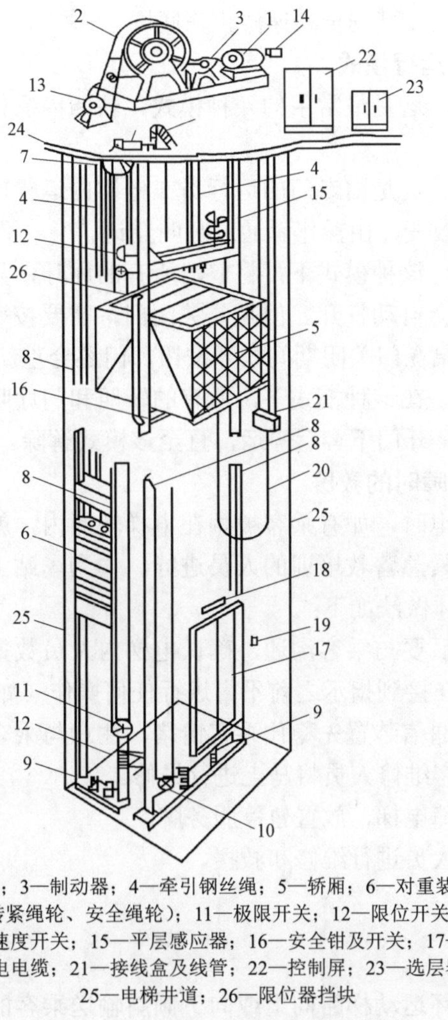

1—主传动电动机；2—曳引机；3—制动器；4—牵引钢丝绳；5—轿厢；6—对重装置；7—导向轮；8—导轨；9—缓冲器；10—限速器（包括转紧绳轮、安全绳轮）；11—极限开关；12—限位开关（包括向上限位、向下限位）；13—楼层指示器；14—球形速度开关；15—平层感应器；16—安全钳及开关；17—厅门；18—厅外指层灯；19—召唤灯；20—供电电缆；21—接线盒及线管；22—控制屏；23—选层器；24—顶层地坪；25—电梯井道；26—限位器挡块

图 3-19　垂直电梯的基本结构

2. 垂直电梯的安全保护装置

（1）安全回路。在电梯运行前必须关紧轿门；如果厅门锁或轿门锁的任何安全开关被打开，轿厢会自动停止运行。

（2）紧急通信装置。紧急通信装置安装在轿厢内部，按下按钮，可以和控制室工作人员取得联系。

（3）安全靴和照片传感器。电梯有门接触回动装置，如果碰到障碍物，门会重新打开。同时有照片传感器，即使没有碰到任何东西但是检测到有障碍物，门也会自动打开。

（4）称载装置。该装置是为了防止电梯超载而设置的。当电梯超载时，会发出警报声，提示电梯超载，以保障乘客安全。

（5）安全钳。当轿厢向上、向下运行出现断绳、打滑、超速、失控情况时，限速器会断开安全钳开关，切断曳引机电源使之制动，并拉起安全钳拉杆使安全钳钳头卡住导轨，不使轿厢下坠。

（6）缓冲器。缓冲器是电梯最后一道安全保护装置，当电梯失控撞向底坑时，能吸收和消耗电梯的能量，使其安全减速停止在底坑。

3. 垂直电梯常用的运行模式

（1）自动运行模式。这是最常用的一种模式，轿厢内操作板和厅呼按钮都可以控制电梯。

（2）司机操作模式。这是由专门的运行员在电梯内运行电梯的模式，在该种模式下，电梯运行方向可以改变，由操作者通过呼叫登记。

（3）独立运行模式。该种模式下，将取消所有的厅呼，只有在轿厢内可以控制。当电梯到达的时候，门会自动打开。但是要关闭门，需要按操作板上的“关闭”按钮直到轿门完全关闭。如果在门关闭期间松开按钮，门还会重新打开。

（4）消防运行模式。在该种模式下，所有的轿厢和门厅呼叫都会被取消，电梯将自动行驶到车站疏散层，开门下客后停运，直至该模式解除。

4. 垂直电梯发生故障时的救援

当系统错误或者断电时，如有乘客被困在电梯轿厢内，就需要进行紧急营救。紧急营救必须由受过电梯紧急营救培训的人员进行。作为车站工作人员，主要任务是安抚乘客和配合救援。具体做法如下：

（1）接到求救信息后要与乘客沟通，确认电梯内人员数量和人员情况，上报故障报警中心，并提醒乘客在接到指示之前不得进行任何操作（如扒开轿门等）。

（2）通过电梯内的通信装置先稳住乘客情绪，注意与乘客沟通，安抚乘客，让乘客保持镇静，并告知乘客维修人员将马上进行维修。

（3）应立即停用故障电梯，放置暂停服务牌。

（4）等待专业救援人员进行维修和救援。

3.3.2 自动扶梯

自动扶梯是带有循环运动梯路向上或向下倾斜输送乘客的固定电力驱动设备。城市轨道交通车站多设在地下或高架，基本上每座车站至少有一个出入口通道设置自动扶梯。自动扶梯设置参数见表 3-1。

表 3-1 自动扶梯设置参数

提升高度/m	上行	下行	备用
$H \leqslant 6$	自动扶梯	—	—
$6 < H \leqslant 12$	自动扶梯	△	—
$12 < H \leqslant 19$	自动扶梯	自动扶梯	△
$H > 19$	自动扶梯	自动扶梯	自动扶梯

注：—表示不设置；

△表示可以设置，也可以不设置。

温馨小贴士

如果自动扶梯发生了机械故障，则不能作为普通楼梯使用。

1. 自动扶梯的结构

自动扶梯的外部结构主要包括扶手带、玻璃栏板、围裙板（也称保护裙板）、梯级、梳齿板和踏板；内部结构主要包括桁架、驱动链、梯级链、减速机、电动机、主驱动轴、梯级链张紧装置、导轨、扶手带驱动装置、控制系统、安全装置等。自动扶梯的结构见图 3-20。

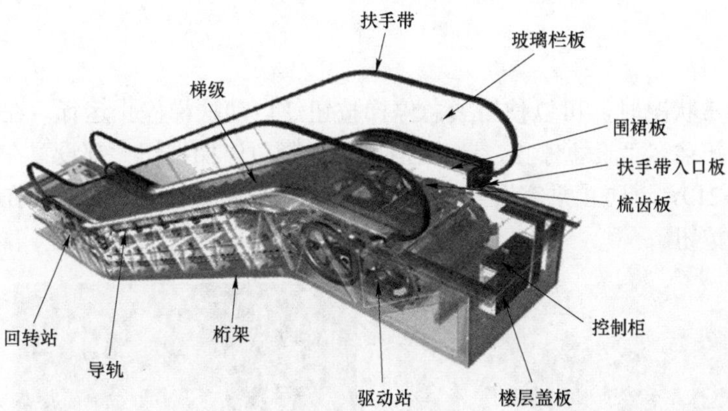

图 3-20　自动扶梯的结构

2. 自动扶梯的日常操作

1）日常起动

（1）起动前的检查。

检查自动扶梯踏板、扶手、梳齿或保护裙板部分，除去夹在里面的碎纸、小石子、口香糖等。检查自动扶梯周围的安全设施（三角区护板、围挡、防止进入的栅栏、安全提示标等）有无破损等异状。

（2）起动时的要点。

① 确认自动扶梯梯级或踏板上没有乘客。

② 鸣响警笛，提醒周围乘客自动扶梯即将运转，不要靠近。

③ 用钥匙起动自动扶梯，自动扶梯运行。

④ 确认有无异常声响和振动，确认正常后，乘坐一次。

2）日常停止

每天运营结束后都需要停止自动扶梯的运行，具体要点如下：

① 在停止自动扶梯前，需确认有无异常声响或振动。

② 用通知自动扶梯停止的警报开关鸣响警笛，禁止乘客进入自动扶梯的乘梯口。

③ 在确认自动扶梯附近或踏板上无人后，再用钥匙停止自动扶梯。

④ 一天的运行结束后，要认真检查踏板、扶手、梳齿或保护裙板并清扫。为防止将停止中的自动扶梯当楼梯使用，应采取措施，用栅栏等挡住以防止人员进入。

3）日常检查

根据城市轨道交通运营企业的相关规定，车站工作人员需要对自动扶梯进行定期检查和日常巡查。检查项目主要包括以下几类：

① 急停按钮。按下按钮，自动扶梯停止（定期测试）。

② 梯级。检查是否有异物，螺钉是否松动，梳齿及梯级面板是否有断裂或者损伤（日常巡查）。

③ 乘客舒适感。乘搭时，感觉自动扶梯顺畅平稳且宁静，检查扶手带和梯级是否同步（日常巡查）。

④ 扶手带。检查是否有异常膨胀或者老化，是否附有口香糖等污垢，如有则除去或擦去。

4）紧急停梯

在出现异常状况时，可以使用紧急停梯按钮使自动扶梯停止运行。在按下按钮之前，应大声通知乘客“紧急停止，请抓住扶手”。紧急停梯按钮大都设置在自动扶梯的下方（见图 3-21），以防止乘客误操作。如果自动扶梯距离较长，有时会在其中间设置一个紧急停梯按钮。

图 3-21 紧急停梯按钮

3. 自动扶梯常见故障的处理

自动扶梯常见故障有卡异物、异常停梯、反转、异响、漏油等。无论发生何种故障，都需要专业维护人员到现场进行维护和处理。作为车站的站务人员，只需要进行必要的配合即可，主要包括：

① 当发现扶梯异响、运行异常后，应及时关闭。

② 若出现扶梯急停，要立即到现场查看是否有乘客受伤，是否有异物。确认符合开放条件后，方可重新起动。

③ 当故障发生时，必须保证及时停梯并疏散扶梯上的乘客。

④ 若扶梯无法起动，可用钥匙多试几次；若仍无法起动，应报机电人员维修，报告故障扶梯编号和故障现象。

⑤ 当扶梯停止使用后，要在扶梯出入位置设置相应的提示牌和安全围栏（上、下方都需要设置），并向乘客做好宣传解释工作。

⑥ 扶梯不能使用，将会导致步梯或通道的压力增加，在重点时段，要在通道、站厅等位置提前对客流进行控制。

⑦ 当客流压力很大时，可将扶梯临时作为步梯使用，但由于扶梯梯阶较高，需提示乘客注意。客流压力减缓后，重新开放使用。

典型案例

2022 年 8 月 29 日 17:35，杭州地铁打铁关站。张女士下班回家，乘坐扶梯下行时，头顶后方传来“砰砰”声，回头一看，一个大行李箱正滚下来，她吓得赶紧往下跑，可跑动的速度远不及行李箱滚落的速度。就在快到达地面的那一刻，滚落的行李箱还是撞倒了她，人都撞飞了，重重地摔在了地上，无法动弹。在扶梯上方的徐女士和女儿也吓坏了，行李箱是她们的。徐女士大女儿今年刚考上大学，要去学校报到，一家四口大包小包送她来杭州。到了打铁关站，在乘下行扶梯时，大女儿把大行李箱放到扶梯上，转头就去接后面一个行李箱。这个时候，大行李箱没拉住，一下就掉下来了。打铁关站巡逻队员和辅警发现后，边打 120 边救护。张女士说自己腰痛死了，大家让她别动，不断安抚她。看到张女士这样，徐女士一家也慌了神，感到很抱歉。后来，救护车到了，队员们把张女士抬出地铁站，送上救护车，徐女士一家也陪同前往。队员们做了劝导工作，徐女士表示愿意承担全部医疗费。张女士做完检查，没什么大碍，医生本来建议让她住院再检查下，但因为家里有小孩，张女士先行回家了。

温馨提示：带着大件行李或者婴儿车乘坐扶梯是不安全的，而应乘坐垂直电梯。

查询《杭州市地铁乘车规则》，其中对于乘坐扶梯的要求是这样规定的：

第七条　乘客搭乘自动扶梯时，应紧握扶手带，照顾好同行的儿童和老人，不得倚靠扶梯，不得多人挤站在同一阶扶梯，不得在扶梯上奔跑、打闹，不得在运行的扶梯上逆行，不在出入口滞留。

第八条　乘客使用垂直电梯时，应先下后上。使用轮椅、手推车、婴儿车或携带大件行李以及行动不便的乘客应乘坐垂直电梯。学龄前儿童应在成年人陪同下搭乘垂直电梯、自动扶梯、自动人行道。

第二十二条　乘客违反本规则规定的，运营单位有权予以制止、劝离。乘客违反《城市轨道交通运营管理规定》（交通运输部令 2018 年第 8 号）和《杭州市城市轨道交通管理条例》的，按照有关规定予以处罚。

讨论：

（1）试总结上述案例中地铁自动扶梯发生事故的原因。

（2）针对事故发生的原因，作为车站工作人员可以采取哪些措施来减少事故的发生。

4. 自动扶梯的关键级

1）超关键级

（1）超关键级自动扶梯是指乘客唯一通行路线的自动扶梯，在运营时间内任何时候均不能停止运行。

（2）该类自动扶梯的常规维护作业只能在非运营时间内进行。

（3）如果超关键级自动扶梯出现机械或电气故障，车站工作人员必须立即采取措施进行修复。

2）关键级

（1）关键级自动扶梯并非乘客唯一的通行路线，因此不如超关键级自动扶梯重要。然而，关键级自动扶梯对于车站交通流动和拥塞仍然十分重要。

（2）该类自动扶梯的常规维护作业一般在非运营时段进行。

3）非关键级

（1）非关键级自动扶梯是指便于乘客分流至其他出口路线的自动扶梯，不是乘客唯一的通行路线。

（2）该类自动扶梯的常规维护作业可在运营时段内进行。

3.3.3 自动人行道

自动人行道是一种带有循环运行的（板式或胶带式）走道，是用于水平或倾斜角不大于 12° 的输送乘客的固定电力驱动设备，具有连续工作、运输量大、水平运输距离长等特点。在城市轨道交通车站中常有采用，例如客流量比较大的换乘站的换乘通道中，往往会安装自动人行道来迅速疏散乘客。自动人行道没有像自动扶梯那样阶梯式梯级的构造，结构上相当于将梯级拉成水平（或倾斜角不大于 12°）的自动扶梯，且较自动扶梯结构更简单。

城市轨道交通车站在安装自动人行道时，应注意以下问题。

1. 出入口的通行区域

在自动人行道的出入口，应有充分畅通的区域，以容纳进（出）自动人行道的乘客。该区域的宽度应大于或等于扶手带中心线之间的距离（中心距）；在深度方向，从扶手带端部起，向外延伸至少 2.5 m。若该通行区域的宽度达到扶手带中心距的两倍以上，则其深度方向尺寸可减至 2 m。

2. 梯级、踏板或胶带上方的安全高度

自动人行道的踏板或胶带的上方，应有不小于 2.3 m 的垂直净通过高度。该高度应沿整个踏板或胶带的运动全行程，能保证自动人行道的乘客安全无阻碍地通过。

3. 扶手带外缘与建筑物或障碍物之间的安全距离

扶手带中心线与相邻建筑物墙壁或障碍物之间的水平距离，在任何情况下均不得小于 0.5 m，该距离应保持到自动人行道踏板上方或胶带上方至少 2.1 m 的高度处。如果采取适当措施可避免伤害的危险，则此 2.1 m 的高度可适当减少。

4. 与楼板交叉处以及交叉布置的自动人行道之间的防护

自动人行道与楼板交叉处以及各交叉布置的自动人行道相交叉的三角形区域，除了应满足上述安全距离的要求外，还应在外盖板上方设置一个无锐利边缘的垂直防碰保护板，其高度不应小于 0.3 m，例如用一个无孔的三角形保护板作为防碰保护板。如果扶手带中心线与任何障碍物之间的距离大于或等于 0.5 m 时，则不需要采用防碰保护板。

5. 自动人行道上端部楼板边缘的保护

倾斜式自动人行道上端部与上层楼板相交处，为了满足上述踏板或胶带上方的安全高度，在上层楼板上应开一定尺寸的孔。为了防止乘客有坠落或挤刮伤害的危险，在开口的边缘应设有规定高度的护栏。

6. 自动人行道的照明

自动人行道及其周边，特别是在梳齿板的附近，应有足够的照明。室内或室外自动人行道出入口处地面的照度分别至少为 50 lx 或 15 lx。

任务 3.4　火灾报警系统

火灾报警系统（FAS）是城市轨道交通重要的安全设施之一，对消防安全起到至关重要的作用。

3.4.1　火灾报警系统概述

1. 火灾分类及地铁火灾特性

1）燃烧三要素

物体燃烧需要具备一定的条件，在地铁消防中，只要控制好燃烧条件，就可以限制火灾发展或预防火灾事故发生。燃烧必须同时具备三个条件：可燃物、助燃物和点火源。

（1）可燃物。即可燃物质，不论固体、液体或气体，凡是能与空气中的氧或其他氧化剂发生剧烈反应的物质，均可称为可燃物，如碳、氢、硫、钾、木材、纸张、汽油、酒精、乙炔、丙酮、苯等。

（2）助燃物。通俗地说是指帮助可燃物燃烧的物质，确切地说是指能与可燃物发生燃烧反应的物质，例如空气、氧气、氯气、氯酸钾及高锰酸钾等。

（3）点火源。即能引起可燃物燃烧的能源，例如明火焰、烟头、电（气）焊火花、炽热物体、自燃发热物等。

2）火灾分类

（1）根据物质燃烧特性，火灾一共分为六类。

A 类火灾：指固体物质火灾。这种物质通常具有有机物质性质，一般在燃烧时能产生灼热的余烬。例如木材、棉、毛、麻、纸张等火灾。

B 类火灾：指液体或可熔化的固体物质火灾。例如汽油、煤油、原油、甲醇、乙醇、沥青、石蜡等火灾。

C 类火灾：指气体火灾。例如煤气、天然气、甲烷、乙烷、乙炔、氢气等火灾。

D 类火灾：指金属火灾。例如钾、钠、镁、钛、锆、锂等火灾。

E 类火灾：指带电火灾。物体带电燃烧的火灾。例如变压器等设备的电气火灾。

F 类火灾：指烹饪器具内的烹饪物（如动植物油脂）火灾。

（2）根据一次火灾事故所造成的人员伤亡、受灾用户数和财产直接损失金额，火灾又可以分为特别重大、重大、较大、一般四类。

特别重大火灾是指造成 30 人以上死亡，或者 100 人以上重伤，或者 1 亿元以上直接财产损失的火灾。

重大火灾是指造成 10 人以上 30 人以下死亡，或者 50 人以上 100 人以下重伤，或者 5 000 万元以上 1 亿元以下直接财产损失的火灾。

较大火灾是指造成 3 人以上 10 人以下死亡，或者 10 人以上 50 人以下重伤，或者 1 000 万元以上 5 000 万元以下直接财产损失的火灾。

一般火灾是指造成 3 人以下死亡，或者 10 人以下重伤，或者 1 000 万元以下直接财产损失的火灾。

3）地铁火灾特性

火灾会产生大量的烟、有毒气体、有毒物质和热辐射。地铁客流量大、设备集中，车站大都采用地下车站，这给火灾的扑救带来了很大的难度。地铁火灾具有以下三个方面的特性。

（1）排烟困难，散热慢。

根据国内外资料统计，因地铁火灾造成的人员伤亡，绝大多数是因烟雾中的有毒气体熏倒、中毒或窒息所致，因此有效地排烟已成为地铁火灾救援的重要措施。地铁大都采用地下车站，无法通过开启门窗进行散热和排烟，导致烟迅速聚集，有限的人员出入口会变成“烟囱”，烟的运动方向与人员疏散方向一致，且通常烟的扩散速度比人员疏散速度快得多，致使乘客无法逃脱烟气流危害。

（2）安全疏散困难。

发生火灾时，各种可燃物质燃烧时会产生大量烟气和有毒气体（如一氧化碳、二氧化碳及其他有毒气体），不仅严重遮挡视线，使能见度大大降低，还会使人中毒、窒息。由于车站内结构复杂多样、乘客疏散距离长、路径复杂，再加上乘客逃生意识差、人员拥挤等，使得地铁内火灾疏散变得更加困难。

（3）扑救困难，危害大。

如果在地下车站发生火灾，只能看见浓烟从出口冒出，无法确切知道火灾究竟发生在哪一个区域，消防人员对火灾大小程度无法判断，再加上车站结构复杂，不易接近着火点，因此造成扑救困难。

2. 火灾报警系统的组成

火灾报警系统主要由火灾探测设备、手动报警设备、火灾报警控制器、消防及控制设备、气灭系统组成。

1）火灾探测设备

火灾探测设备是指可以根据火灾参数触发火灾报警信号的设备，主要包括智能感温探测器、智能光电感烟探测器、红外火焰探测器、线形感温电缆等（见图 3-22）。火灾探测设备分布在站厅、站台、一般设备用房和管理用房等处所，对保护区域进行火灾监视。

2）手动报警设备

手动报警设备主要包括手动报警按钮、消火栓报警按钮和消防电话插孔等（见图 3–23）。在站厅层、站台层、出入口通道和设备区等区域均设有手动报警按钮。报警区域内每个防火分区，至少设有一个手动报警按钮。从一个防火分区内的任何位置到最邻近的一个手动报警按钮的步行距离不大于 30 m。在上述区域中，若设有消火栓箱，则手动报警按钮一般安装在靠近消火栓箱处，要明显可见。

(a) 智能感温探测器　(b) 智能光电感烟探测器　(c) 红外火焰探测器　(d) 线形感温电缆

图 3–22　火灾探测设备

(a) 手动报警按钮　(b) 消火栓报警按钮　(c) 消防电话插孔

图 3–23　手动报警设备

知识链接

防火分区是指采用具有一定耐火能力的分隔设施划分出的、能在一定时间内防止火灾向同一建筑的其余部分蔓延的局部区域。常用的防火分隔物有内外墙体、楼梯、防火墙、防火门、防火卷帘和防火水幕等。

3）火灾报警控制器

火灾报警控制器是火灾报警系统的指挥中心，可以接收火灾探测器、手动报警按钮的报警信号，并将其转换为声光报警信号，提示报警部位，记录报警信息。火灾报警控制器设在车站控制室内（见图 3–24），一般有“手动”和“联动”两个档位。

4）消防及控制设备

（1）消防设备。主要包括消火栓系统、灭火器、防火卷帘、防火门、防烟排烟系统和空调通风系统等（见图 3–25）。其中，消火栓是消防供水设施的终端，在灭火时提供较高压力的水源供直接灭火或为消防车供水；灭火器是在火灾初期用来灭火的设备；防火卷帘、防火门等是用来划分防火分区的设备。

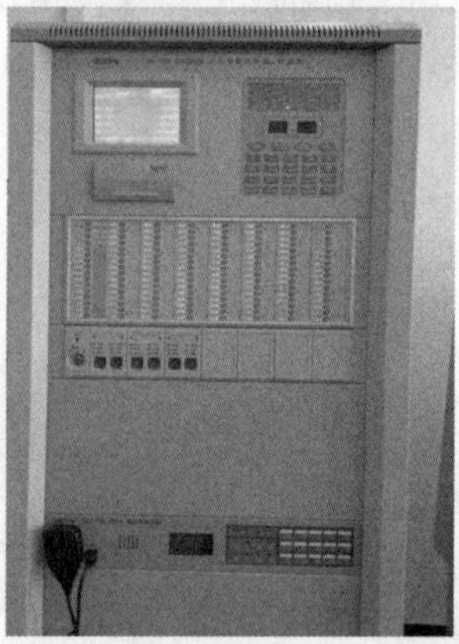

图 3-24　火灾报警控制器

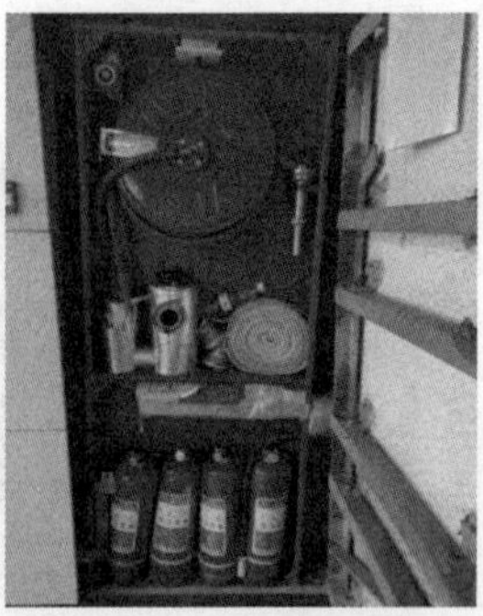

(a) 消火栓系统

(b) 灭火器

(c) 防火卷帘

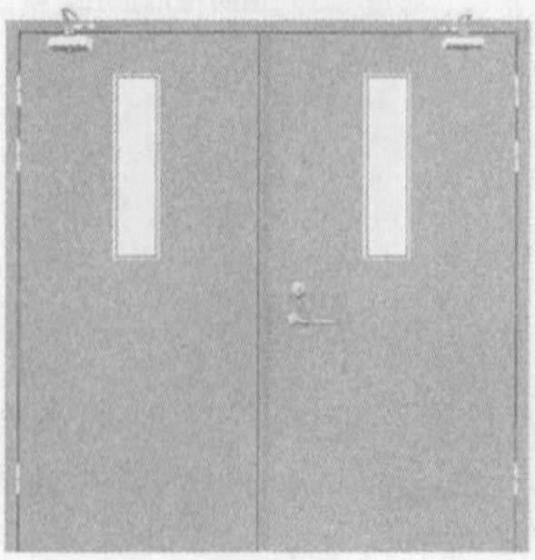

(d) 防火门

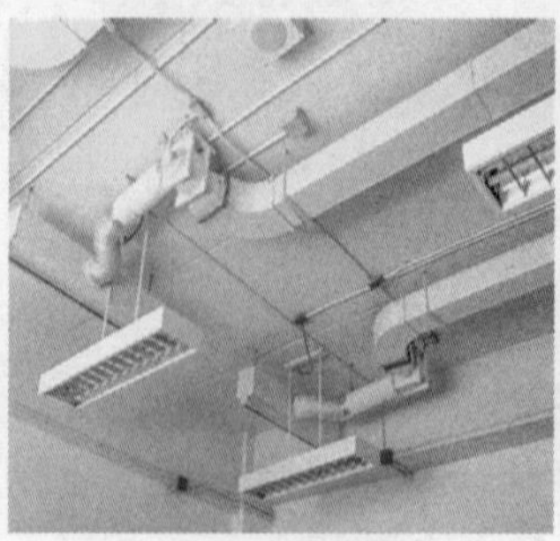

(e) 防烟排烟系统

(f) 空调通风系统

图 3-25　消防及控制设备

（2）控制设备。主要包括室内消火栓系统的控制装置、防烟排烟系统及空调通风系统的控制装置，此外还包括敞开防火门、防火卷帘的控制装置、电梯回降控制装置，以及火灾应急广播、消防通信设备、火灾应急照明与疏散指示标志的控制装置等的部分或全部。

5）气灭系统

城市轨道交通采用的气体灭火系统（气灭系统），主要包括卤代烃类和惰性气体类气灭系统。气灭系统大都安装在重要电气设备房内，由机械管网部分和控制系统部分组成。机械管网部分主要包括气瓶（见图 3–26）、管道、喷嘴、瓶头阀和选择阀等；控制系统部分主要包括控制主机和气体灭火控制器。一般来说，车站重要电气设备房外都会设置气体灭火控制器，用来控制该设备房内的气灭设备。

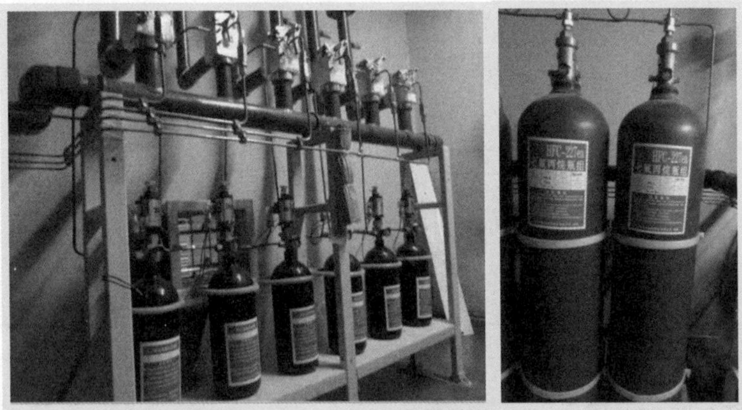

图 3–26　气灭系统气瓶

6）车站级火灾报警系统

城市轨道交通的火灾报警系统一般为两级管理、三级控制模式。两级管理是指在地铁运营控制中心设置消防指挥中心，在各车站、车辆段、主变电所等处设置防灾控制室；三级控制为中央级、车站级及就地控制。车站级火灾报警系统见图 3–27。

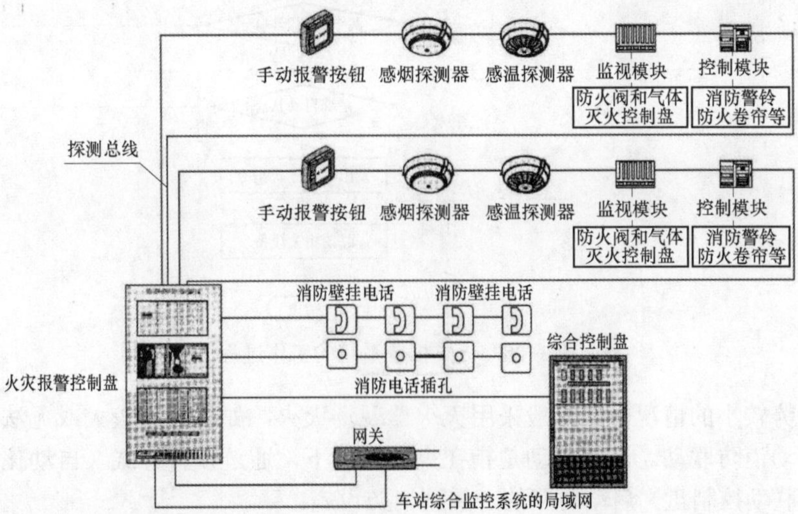

图 3–27　车站级火灾报警系统

3. 火灾报警系统的监控范围

火灾报警系统对地铁车站（公共区、设备区、设备房、电缆廊道等）、区间隧道、控制中心、车辆段、停车场等进行全范围监控。

3.4.2 火灾报警系统的工作过程和火灾确认方式

1. 火灾报警系统的工作过程

当火灾探测器探测到火灾参数或手动报警设备被触发时，火灾报警控制器会发出声光报警，车站工作人员听到报警后应第一时间派人前往现场确认火情。如果火灾属于误报，则切断报警；如果火灾属实，则根据火灾具体情况进行灭火，并根据需要在控制器上确认火灾，启动消防联动。具体工作过程见图 3-28。

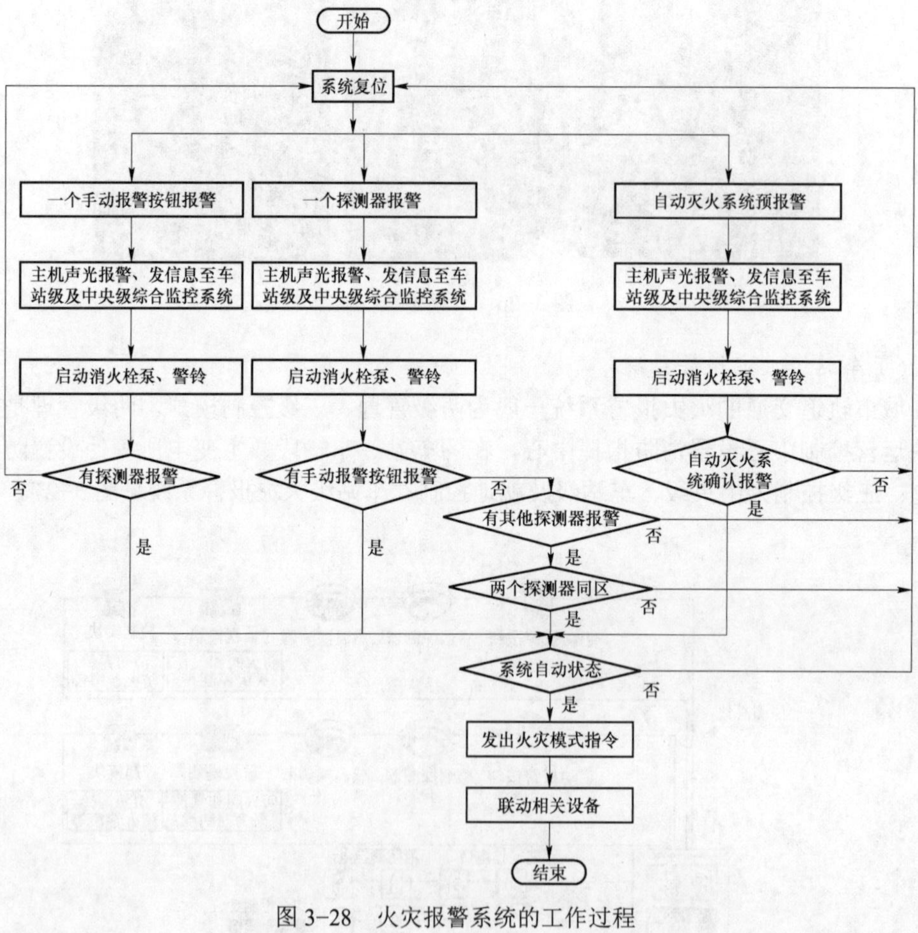

图 3-28 火灾报警系统的工作过程

在火势较小的情况下，一般采用灭火器现场灭火。如果火势较大或无法抑制时，才需要启动消防联动。消防联动是指在火灾模式下，通过多种方式（自动化系统程序或者消防联动控制盘）启动对应的一系列消防设施。

2. 气灭系统的工作过程

当气灭系统保护区的火灾探测器探测到火灾参数时，车站控制室内火灾报警控制器报警，工作人员需要赶到现场查看火灾情况。如果火灾情况属实，则需按下设备房外紧急启动按钮，气灭系统喷气。有些地铁车站的气灭系统在启动 30 s 左右之后才开始喷气，主要是为了防止设备房内工作人员窒息和气灭系统的误启动。

任务 3.5 车站导乘设施

车站导乘设施的主要功能是引导乘客安全、顺畅、快速地完成整个出行，避免乘客滞留引起车站拥堵。在紧急疏散时，还可以清晰地引导乘客顺利离开危险区。导乘设施主要包括导向标志、广播系统和乘客信息系统等。

3.5.1 导向标志

车站导向标志由反映特定服务信息内容的图形、符号、文字、颜色、几何形状等元素组成。

1. 导向标志的分类

按照功能的不同，导向标志可以分为示警性标志、方向性标志和服务性标志（见图 3–29）。

(a) 示警性标志

(b) 方向性标志

(c) 服务性标志

图 3–29 导向标志的分类

（1）示警性标志。这是提醒乘客有危险或禁止乘客不合理行为的标志，在有安全隐患的地方或需要禁止乘客某种行为时，均会设置一种或多种明确的示警性标志，例如自动扶梯三角区的“小心碰头”、站台上的“禁止倚靠安全门”和“当心触电”等。

（2）方向性标志。这是明示目的地前进方向的标志。在地铁车站内，任何可能使乘客产生疑惑的分叉处均要设置一种或多种明确的方向性标志。此外，在电梯出入口、售票处、检票处、卫生间等特殊用途的地方也需要设置方向性标志。

（3）服务性标志。主要包括地铁线路图、车站周围公共设施（停车场、公交站点、商业设施等）的导向标志等。

想一想：

在车站售票亭上方需要设置哪些导向标志呢？

2. 导向标志的设计要求

1）导向标志的颜色

人们在视觉范围里，对色彩的辨别反应最快。在导向标志设置中，首先考虑对颜色的应用。一般来说，红色表示禁止、停止，多用于禁止标志；黄色表示警告和注意，多用于提示标志，如“当心触电”“小心夹手”等；蓝色表示指令，多用于指令标志，如“必需佩戴安全帽”等。

2）导向标志的符号

导向标志的符号应满足国家规范、标准及国际惯例，使人们易于理解和接受。现阶段导向标志符号的设计，大都参照《公共信息图形符号》（GB/T 10001）系列标准。

3）导向标志的形状

导向标志常用的形状有等边三角形、圆形、方形等。一般来说，等边三角形多用于表示警告的标志；圆形多用于表示禁止的标志；方形多用于表示指示方向的标志或其他服务性标志。导向标志的形状见图 3-30。

(a) 警告标志

(b) 禁止标志

(c) 指示方向标志

图 3-30 导向标志的形状

3. 导向标志的设置原则

1）位置适当原则

导向标志应当设置于容易看到的位置，方便乘客看到并作出抉择。常见的错误有：

（1）导向标志的位置过低，地铁客流量高峰时，乘客无法看到导向标志。

（2）导向标志被地铁内其他设备遮挡，根本看不到导向标志。

（3）导向标志和广告、商业标志等放在一起，乘客看不清导向标志。

2）连续性原则

连续性原则是连续地设置导向标志，加强乘客的认知与记忆。地铁车站通道长、方向多，导向标志需要连续设置，指导乘客到达目的地，其间不能出现标志视觉盲区。除此之外，各标志之间的距离要适当安排，过长则视线缺乏连贯及序列感，过短则会造成视觉过度紧张，可视性差。在无岔路的直通道，一般 20～30 m 应重复设置一次，以免乘客产生“是否正确”的疑问。这样对于不熟悉的乘客，就可以一直看到标志，明确自己的方向是否正确。

3）一致性原则

一致性原则是指标志要尽量设置在相同位置上。例如固定在地面上的方向标志，不仅仅是同一个车站内，而且一个城市所有的车站如无特殊情况都应设置在一致的位置。这样乘客就不需要搜寻整个空间，而只需注视部分固定的区域即可，省去了寻找标志的麻烦。

4）安全性原则

车站在发生火灾时，烟雾积聚会遮挡部分导向标志。因此在疏散通道应设置发光的疏散导向标志，这样能对安全疏散起到很好的辅助作用。

3.5.2　广播系统

1. 广播系统的分类

根据广播对象的不同，广播系统可以分为对乘客广播和对运营人员广播。

（1）对乘客广播。主要作用是向乘客及时通报地铁运行信息（列车到站、离站、线路换乘等），播放音乐改善候车环境，紧急情况时组织、疏散和安抚乘客。

（2）对运营人员广播。主要作用是发布有关通知，紧急召唤检修、抢修人员等。

2. 广播系统的优先级

广播系统由控制中心和车站两级控制。正常情况下以车站广播为主；在事故抢险、组织指挥时，以控制中心广播为主。

（1）控制中心广播。控制中心工作人员可以通过控制中心广播控制终端对全线任意一个车站或多个车站、任意车站的任一选区或多个选区进行话筒、语音、线路等选择广播。其中，控制中心广播的优先级顺序是环控调度员高于行车调度员，行车调度员高于维护调度员，控制中心广播高于车站广播。

（2）车站广播。车站工作人员可以通过车站广播控制终端对本站所有管辖范围的全选区、多个选区或单个选区进行话筒、语音、线路广播和背景音乐广播。车站广播终端设备设置在车站控制室内（见图 3-31）。车站广播包括现场广播和预先录制广播。

其中，预先录制广播又包括紧急广播、最后班车广播、服务中止广播、站台自动广播等。车站广播优先级见表 3–2。

图 3–31　车站广播

表 3–2　车站广播优先级

<table>
<tr><th colspan="2" rowspan="2">广播语句类型</th><th colspan="5">广播优先级</th></tr>
<tr><th>车站控制室值班员</th><th>站台监控亭值班员</th><th>无线广播通过无线系统移动便携台</th><th>通信设备用房广播设备柜</th><th>控制中心调度员（含信息管理员）</th></tr>
<tr><td colspan="2">现场广播</td><td>1</td><td>2</td><td>3</td><td>7</td><td rowspan="11">2</td></tr>
<tr><td rowspan="10">预先录制广播</td><td>紧急广播</td><td>2</td><td>3</td><td>×</td><td>7</td></tr>
<tr><td>服务中止广播</td><td>2</td><td>×</td><td>×</td><td>7</td></tr>
<tr><td>非正常列车服务广播</td><td>3</td><td>×</td><td>×</td><td>7</td></tr>
<tr><td>站内设备故障广播</td><td>3</td><td>×</td><td>×</td><td>7</td></tr>
<tr><td>现场录制广播</td><td>4</td><td>×</td><td>×</td><td>7</td></tr>
<tr><td>客流组织广播</td><td>4</td><td>×</td><td>×</td><td>7</td></tr>
<tr><td>最后班车广播</td><td>4</td><td>×</td><td>×</td><td>7</td></tr>
<tr><td>温馨用语广播</td><td>5</td><td>5</td><td>×</td><td>7</td></tr>
<tr><td>乘客提示广播</td><td>5</td><td>5</td><td>×</td><td>7</td></tr>
<tr><td>站台自动广播</td><td>6</td><td>6</td><td>×</td><td>7</td></tr>
<tr><td rowspan="2">其他</td><td>测试</td><td>×</td><td>×</td><td>×</td><td>7</td><td>×</td></tr>
<tr><td>背景音乐广播</td><td>7</td><td>×</td><td>×</td><td>7</td><td>×</td></tr>
</table>

注：① 1 表示最高广播优先级，7 表示最低广播优先级，×表示不适用。

② 如广播优先级相同时，以先来先处理的原则处理或排队。

3. 广播用语

在运营过程中遇到特殊情况时，需要工作人员进行现场人工广播来发布实时信息。

常见的特殊情况有以下几种。

（1）运营延误。广播用语：由于设备故障，本次列车的运营将受到延误，由此给您带来的不便，敬请谅解。

（2）列车退出服务，到站清客。广播用语：各位乘客，本次列车将停止运营服务，请您携带好随身物品，在站台等候下次列车，谢谢您的合作。

（3）区段运行（短交路）。广播用语：各位乘客，本次列车的终点站是××站，请去往××方向的乘客等候下次列车，谢谢您的合作。

（4）列车通过车站不停车。广播用语：本次列车将在××站通过不停车，去往××站的乘客请在站台等候后续列车，由此给您带来的不便，敬请谅解。

（5）封站。广播用语：各位乘客请注意，奉上级指示，现在×号线××站至××站列车的运营服务将暂停。去往受影响车站的乘客，请按照指示标志转乘××公司提供的免费接驳专用车，由此给您带来的不便，敬请谅解。

3.5.3　乘客信息系统

乘客信息系统（passenger information system，PIS）是依托多媒体网络技术，以计算机系统为核心，通过车站和车载显示终端为媒介，向乘客提供信息服务的系统（见图 3-32）。

图 3-32　乘客信息系统

乘客信息系统通过控制中心、广告制作中心、车站控制等系统，对所需的信息实施编辑、制作和传递，并通过车站或列车上的显示器为乘客及工作人员提供以运营信息为主、商业广告为辅的多媒体综合信息显示。正常情况下，乘客信息系统主要播放实时列车运营信息、出行信息、政府公告、公益广告等多媒体资讯；在火灾等紧急情况下，可优先播放紧急疏散、防灾等文本和图像信息，告知和引导乘客，起到辅助防灾、救灾的作用。

1. 乘客信息系统的结构

乘客信息系统从结构上可分为六个子系统：控制中心子系统、车站子系统、车载子系统、网络子系统、广告制作子系统和备用中心。

（1）控制中心子系统。控制中心通过接口采集外部信息流，经编辑、处理手段，生成内部信息，按既定规则或版式播出，以达到向乘客传递信息的目的。控制中心负责视频流的转换及各类信息的播放，监控网络及终端设备的工作状态，并负责系统故障维修的集中管理，确保系统正常运营。

（2）车站子系统。车站子系统具体负责接收并下载控制中心下传命令、各类信息内容（连同节目列表）、系统参数（时钟信息等），并管理车站内的乘客信息系统，集中监控本车站的乘客信息系统设备。此外还负责外部系统数据的导入、导出，控制站内乘客信息系统每个显示终端的信息发布和站务信息的编辑保存。在控制中心或网络子系统出现故障时，按照下载的节目列表和节目内容在本站显示终端上自动播放。

（3）车载子系统。车载子系统采用 WLAN 接入技术，可以实现列车与地面之间的双向高速实时通信。车载设备通过接收无线传输的信息，经处理后实时地在列车车厢显示屏上进行音频、视频播放。该系统兼有对乘客乘车情况的监视功能，能够通过监视器采集列车车厢内乘客的乘坐情况，并对视频信息进行记录、显示，实时上传控制中心。

（4）网络子系统。网络子系统是利用系统自身构建的以太网络给乘客信息系统提供网络通道，该通道用来传输从中心到各车站、车辆的各种数据信息、视频信息和控制信息。网络子系统包括有线网络、无线网络和车载局域网络三个部分。

（5）广告制作子系统。广告制作子系统主要用于广告节目的制作和播放，提供直观方便的界面供业务人员与广告制作人员制作广告节目、编辑广告时间表、控制指定的显示屏或显示屏组播放节目，并将制作好经审核通过后的素材通过网络传输到控制中心和各车站进行播出。

（6）备用中心。备用中心设置在车辆段，当控制中心发生灾难性故障时，实现控制中心的主要功能，代行控制中心的职责。

2. 乘客信息系统的功能

1）信息播出功能

乘客信息系统播出的信息主要包括：

① 乘客引导信息、乘客须知、列车到达时间；

② 重要通知的发布和突发事件通知；

③ 各种广告信息和便民信息的提示；

④ 转播电视节目等。

2）预设紧急信息功能

乘客信息系统可以预先设定多种紧急灾难告警模式（如火警、恐怖袭击等），并设定每种模式的警告信息及各种警告发布参数，方便自动或人工触发进入告警模式。当设定的灾难发生时，乘客信息系统就会进入紧急灾难告警模式。此时，相应的终端将显示乘客警告信息及人流疏导信息。

3）实时显示功能

屏幕上不同区域的信息可根据数据库信息的改变而随时更新。实时信息的更新可以采用自动方式或手动方式。实时信息包括数字电视、网上新闻、天气和通告等。工作人员可以即时编辑指定的提示信息，并发布至指定的终端显示屏，提示乘客注意。除此以外，工作人员还可以设定实时信息的发布形式，发布高优先级的信息可以随时打断原来正在播放的信息内容，并及时显示。

4）时钟显示功能

乘客信息系统可以读取时钟系统的时钟基准，并同步读取整个乘客信息系统所有设备的时钟，确保终端显示屏显示时钟的准确性。终端显示屏可以在播出各类信息的同时，提供时间显示服务。在没有安装时钟的地方，通过播放时间列表，可以设置终端显示屏或指定的子窗口显示多媒体时钟。

5）多种形式播出功能

乘客信息系统会将信息分为四种形式播出，包括紧急状态信息、重要信息、预定信息和一般信息。

6）多语言支持功能

乘客信息系统支持简体中文、繁体中文、英文同时混合输入、保存、传输和显示，也支持 Windows XP 操作系统支持的文字的导入、保存、传输和显示。

7）集中网管维护功能

为确保系统正常运行，乘客信息系统提供了完备的网管功能。控制中心设置的中心服务器可以实时监控各终端节点的状态，车站服务器管理各自车站的乘客显示终端。中心网管工作站动态显示系统各设备的工作状态，实时监控系统，实现智能声光报警，并能自动生成网络故障统计报表，智能分析故障，实现远程集中控制，理论上可以做到无人值守。

8）权限管理功能

乘客信息系统是一个面向公众的信息系统，系统分布范围广、节点多，因此信息安全性十分重要，做好对操作员权限的管理便成了重要工作之一。每个车站的操作员工作站均受 OCC 的操作员控制，OCC 的操作员可设定每个车站的操作员工作站及其信息录入权限。

3. 乘客信息系统信息显示的优先级

乘客信息系统每天都给乘客提供大量的信息，确保乘客安全、顺畅地到达目的地。根据各种信息的紧急情况，乘客信息系统设置了信息显示的优先级，具体如下：

（1）紧急灾难信息的优先级最高，然后依次是列车服务信息、旅客导向信息、站务信息、公共信息和商业信息。

（2）高优先级的信息可中断低优先级信息的播出，当高优先级信息被触发时，低优先级信息被中断而停止播出。

（3）如果出现紧急信息，自动进入紧急信息播出状态，其他信息播放中止，系统以醒目的方式提示乘客紧急疏散，直到警告解除为止。

（4）相同优先级的信息，按信息产生的先后顺序播放。

任务 3.6　电话系统

电话系统主要为城市轨道交通的管理、运营和维修人员提供通话服务，可以分为公务电话系统和专用电话系统。

1. 公务电话

公务电话（见图 3–33）多用于完成行政管理通话功能，其分布在每一个车站及公司本部、车场、控制中心等区域，以满足城市轨道交通对内及对外的通话。

图 3–33 公务电话

2. 专用电话

专用电话多用于完成运营通话功能，为站内各有关部门、相邻车站、轨旁提供与车站值班员之间的直达通话，主要包括调度电话、站间电话和轨旁电话。

1）调度电话

调度电话是为城市轨道交通的调度人员，如行车调度员、维护调度员、环控调度员、电力调度员等提供专用的直达通话，并配备维护终端和数字录音等设备。调度电话由调度总机、调度台和调度分机组成。其中，调度总机和调度台设置在控制中心，为调度人员提供专用的通信服务；调度分机设置在车辆段和各车站的控制室（见图 3–34）。

图 3–34 车站控制室调度分机

一般来说，各系统中心调度员与各站相应系统分机、各调度之间可以直接通话，而各分机间不允许通话；必需的分机间通话需要由调度台转接。调度员可以呼叫和应答某个被调用户，也可以呼叫和应答多个被调用户。

2）站间电话

站间电话是供相邻车站值班员之间联系的直通电话，设置在站台端门内和车站控制室，电话的双方任何一方摘机即可与对方通话（见图 3–35）。其通话范围局限于两个车站值班员之间，不允许越站通话。

图 3-35　站间电话

3）轨旁电话

轨旁电话安装在隧道内，主要满足系统运营、维护及应急需要，为列车司机和维修人员在紧急情况下及时联系车站及相关部门提供通话（见图 3-36）。

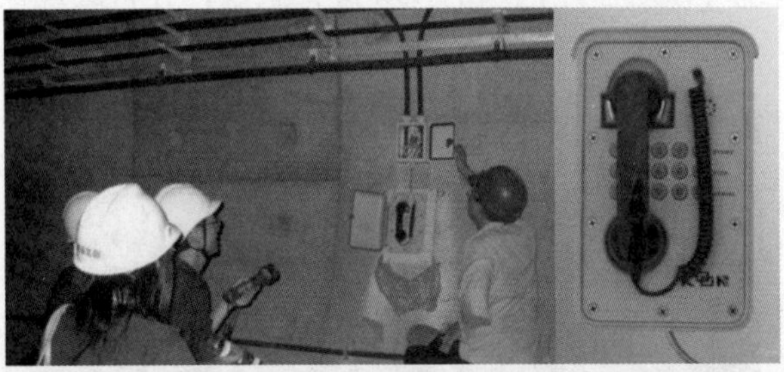

图 3-36　轨旁电话

任务 3.7　闭路电视监控系统

城市轨道交通闭路电视监控系统（CCTV 系统）主要是为控制中心和车站工作人员提供有关列车运行、车站客流情况及防灾的视觉信息，是提高行车指挥透明度的辅助通信工具，也是确保行车组织安全的重要手段。当车站出现灾情时，CCTV 系统可作为防灾调度的指挥工具，向控制中心调度管理人员、车站工作人员及司机提供车站客流、列车出入站及乘客上下车等情况的现场实时图像信息，以保证城市轨道交通系统正常安全运行。

3.7.1　闭路电视监控系统的组成

一般来说，闭路电视监控系统由前端设备、传输部分和终端设备组成。前端设备用于获取被监控区域的图像，一般由摄像机、镜头、云台、编码器、防尘罩等组成；传输部分用于将摄像机输出的视频（有时包括音频）信号馈送到中心机房或其他监视点，一般由馈线、视频电缆补偿器、视频放大器等组成；终端设备用于显示和记录、进行视频处理、输出控制信号、接收前端传来的信号等。

3.7.2　闭路电视监控系统的功能

闭路电视监视系统为控制中心和车站两级组网，两级均可对系统内的图像进行监视和控制，监视功能相对独立，系统内各控制终端优先级确定为先用先控。主要功能如下。

1. 图像显示及录像功能

（1）CCTV 系统的图像可同时在本站和控制中心显示，中央控制室和车站控制室可根据预先设置的程序，在室内监视器上自动按顺序循环显示图像。

（2）控制中心工作人员能够在远程通过计算机控制终端遥控全线车站任何一台球形一体化摄像机的转动及其变焦镜头的焦距调节，可以在大屏幕上固定显示任意一幅或几幅图像。

（3）车站工作人员能够控制本站一体化摄像机的转动及其变焦镜头焦距的调节，在室内监视器上监控本车站的设备和客流情况。

（4）司机可监视本车侧站台乘客乘降情况。

（5）CCTV 系统可以对监控范围的视频进行录像，并将录像保存至规定时间。画面见图 3-37。

图 3-37　车控室 CCTV 系统画面

2. 网管功能

在控制中心的网络管理中心，设有一套闭路电视监控系统的网管终端设备。该套设备主要负责对闭路电视监控系统的运行情况进行综合监控与管理，在必要时对系统数据及配置做及时的修改。

任务 3.8　环 控 系 统

环控系统又称为通风空调系统，是地铁工程中的一个重要组成部分，对地铁环境产生巨大的影响，其重要性引起了国内外许多研究者和设计者的关注。

3.8.1　环控系统组成

1. 大系统风系统

组成主要包括：组合式空调机组、回/排风机、电动（组合）风阀、与空调相关的防火阀和防火排烟阀、空气湿度传感器等。

2. 小系统风系统

组成主要包括：柜式空调机、回/排风机、电动风阀、与空调相关的防火阀和防火排烟阀。小系统种类较多，有全新空气空调系统、纯通风系统和风机盘管等。风机盘管不在环控系统自动控制范围内，由各房间内设置的控制器单独自行调节控制。

3. 大系统水系统

组成主要包括：冷水机组和外围水路（包括冷却塔、冷却水、冷却水泵、电动水阀、分水器和集水器）。

4. 小系统水系统

组成主要包括：冷水机组和外围水路（包括冷却塔、冷冻水泵、冷却水泵、电动水阀、分水器和集水阀）。

5. 隧道通风系统

组成主要包括：隧道通风机（tunnel ventilation fan，TVF）和相关电动组合风阀。

3.8.2　环控系统功能

（1）保证空气质量，控制空气中污染物质的浓度。

（2）保证热舒适性，提供适当的温度、湿度和空气流动速度。

（3）提高安全性，列车阻塞时，提供一定的通风量。

（4）车站发生火灾、毒气等事故时，能及时排除有害气体。

3.8.3　环控系统控制方式

（1）中央级控制。主要负责监视全线的环境状态及监控设备的运行状态，必要时可向车站控制室发出控制指令。

（2）车站级控制。主要负责监视本车站及所管辖区间的设备状态，并控制设备运行。

（3）就地控制装置。设在设备机房内，可直接操作设备运行。

任务 3.9　照明系统

照明系统一般由照明、设备管理用房照明、事故照明、诱导照明、安全照明、标志照明、广告照明等组成。

3.9.1　负荷划分

根据各个场所照明负荷的重要性，车站照明系统可以分为三个负荷等级。

（1）一级负荷。主要包括节电照明、事故照明、疏散诱导标志照明。

（2）二级负荷。主要包括一般照明和各类指示牌照明。

（3）三级负荷。主要包括广告照明。

3.9.2 控制方式

车站照明一般可以分为三级控制。

（1）站控室集中控制。实现对站台、站厅公共区的一般照明、节电照明、广告照明的手动/自动控制转换和人工控制及区间隧道一般照明手动控制。在 EMCS 系统上可监控站台、站厅公共区一般照明、节电照明、广告照明的工作状态（手动/停/自动）。主要功能：系统联网自动控制及人工控制；按车次信息自动启闭灯具和降功率二次节能；可对列车晚点、更改站台股道、加开临客、车次停运进行人工干预；可按站台、车次等查询照明工作情况，按通道、终端查询设备参数情况；线路、接口设备、终端逻辑控制编/译码器故障均能自动显示在监视器上，对操作人员的错误操作，具有文字提示及操作指导；可直接向任一控制终端发送干预信息。

（2）照明配电室集中控制。照明配电室内设有相应照明场所的照明配电箱，可在室内集中控制相应场所的一般照明、节电照明、事故照明及广告照明。正常情况下，配电箱所有开关均应全部合上，以便通过就地级控制和车站控制室集中控制相应场所照明。

（3）就地控制。各设备及管理用房进门处设有就地开关箱或盒，可控制相应设备及管理用房的一般照明，区间隧道一般照明受设置于隧道两端入口处的区间隧道一般照明配电箱控制。

复习思考题

1. 列举车站内与行车有关的技术设备。
2. 简述安全门门本体的分类。
3. 简述单对滑动门无法关闭时的处理流程。
4. 列举自动扶梯日常巡查的主要项目及常见故障。
5. 简述火灾报警系统的工作过程。
6. 简述广播系统的优先级顺序。
7. 简述电话系统的分类及各专用电话的使用范围。

实训任务工单

实训任务 3.1　单个站台门不能开门故障实操考核

<table>
<tr><th>项目</th><th>标准</th><th>分值</th><th>评分标准</th><th>得分</th></tr>
<tr><td>站台门基本结构</td><td>手指站台门说出站台门结构，包括滑动门、应急门、固定门、端墙门、就地控制盒、应急推杆、门头灯</td><td>12</td><td>描述漏项或错项，每项扣 2 分，扣完为止</td><td></td></tr>
<tr><td>就地控制盒操作</td><td>口述各档位作用，各档位开/关门是否影响信号</td><td>12</td><td>作用描述漏项或错项，每项扣 2 分
影响信号关系，描述漏项或错项，每项扣 2 分</td><td></td></tr>
<tr><td>门头指示灯</td><td>口述门头指示灯灭灯、常亮、闪烁代表的含义</td><td>6</td><td>描述漏项或错项，每项扣 2 分</td><td></td></tr>
<tr><td colspan="5">考评员确定站台门设置在关门状态，站台门××方向、门头灯编号等提前布置好</td></tr>
<tr><td rowspan="2">发现故障门</td><td>列车停站开门
手指：×号站台门门头灯</td><td>6</td><td>没有手指门头灯，扣 2 分
指示错误，扣 4 分</td><td></td></tr>
<tr><td>用对讲机汇报：×方向×号站台门门头灯不亮，开门故障</td><td>6</td><td>未用对讲机汇报，扣 2 分
汇报错误，扣 4 分</td><td></td></tr>
<tr><td rowspan="2">处理故障站台门</td><td>1. 用钥匙将故障站台门的就地控制盒转至“开门”位置（或转至就地控制位，手动开门）</td><td>12</td><td>钥匙没有一次转到正确位置，扣 5 分
试错 2 次及以上，该项考核不通过，一项否决</td><td>□不通过</td></tr>
<tr><td>2. 引导乘客上下车后，将就地控制盒转至“关门”位置（或转至就地控制位，手动关门）</td><td>12</td><td>钥匙没有一次转到正确位置，扣 5 分
试错 2 次及以上，该项考核不通过，一项否决</td><td>□不通过</td></tr>
<tr><td rowspan="2">确认故障站台门关闭</td><td>手指：×方向×号站台门门头灯</td><td>6</td><td>没有手指门头灯，扣 2 分
指示错误，扣 4 分</td><td></td></tr>
<tr><td>汇报：×方向×号站台门门头灯熄灭，关门成功</td><td>4</td><td>汇报错误，扣 4 分</td><td></td></tr>
<tr><td>显示信号</td><td>确认站台安全后，给司机显示好了信号</td><td>12</td><td>未向列车方向显示好了信号，扣 5 分
试错 1 次，扣 5 分
未操作或操作错误，该项不得分</td><td></td></tr>
<tr><td colspan="5">考评员模拟司机报告：列车收不到站台门“关闭且锁紧”信号（初级不考）</td></tr>
<tr><td>就地控制盘操作（初级不考）</td><td>如司机呼叫，列车没有接收到站台门“关闭且锁紧”信号（即站台门安全回路不通）</td><td>12</td><td>试错 1 次，扣 5 分
试错 2 次及以上，该项考核不通过</td><td></td></tr>
<tr><td colspan="2">60 分合格
一项否决项，任意一项不通过，则考核成绩为 0 分</td><td>100</td><td>小计</td><td></td></tr>
</table>

实训任务 3.2 单个站台门不能关门故障实操考核

项目	标准	分值	评分标准	得分
站台门基本结构	手指站台门说出站台门结构，包括滑动门、应急门、固定门、端墙门、就地控制盒、应急推杆、门头灯	6	描述漏项或错项，每项扣 2 分，扣完为止	
就地控制盒操作	口述各档位作用，各档位开/关门是否影响信号	6	作用描述漏项或错项，每项扣 2 分 影响信号关系，描述漏项或错项，每项扣 2 分	
门头指示灯	口述门头指示灯灭灯、常亮、闪烁代表的含义	6	描述漏项或错项，每项扣 2 分	
考评员将站台门设置在开门状态，站台门××方向、门头灯编号等提前布置好				
发现故障门	手指：×方向×号站台门门头灯	6	没有手指门头灯，扣 2 分 指示错误，扣 4 分	
	用对讲机汇报：×方向×号站台门门头灯亮，关门故障	6	未用对讲机汇报，扣 2 分 汇报错误，扣 4 分	
检查异物	检查站台门是否有异物，如有则清除异物	6	未手指门槽检查异物动作，扣 2 分 未口述确认有无异物，扣 4 分 未操作或错误，扣 6 分	
处理故障站台门	用钥匙将故障站台门的就地控制盒转至“关门”位置（或转至就地控制位，手动关门）	10	钥匙没有 1 次转到正确位置，扣 5 分 试错 2 次及以上，该项考核不通过，一项否决	□不通过
确认故障站台门关闭	手指：×方向×号站台门门头灯	4	没有手指门头灯，扣 2 分 指示错误，扣 4 分	
	汇报：×方向×号站台门门头灯熄灭，关门成功	4	汇报错误，扣 4 分	
显示信号	确认站台安全后，给司机显示好了信号	10	未向列车方向显示好了信号，扣 5 分 试错 1 次，扣 5 分 未操作或操作错误，该项不得分	
考评员模拟司机报告：列车收不到站台门“关闭且锁紧”信号（初级不考）				
就地控制盘操作（初级不考）	如司机呼叫，列车没有接收到站台门“关闭且锁紧”信号（即站台门安全回路不通），立即前往端墙门内，操作就地控制盘互锁解除，并口述操作时机	10	试错 1 次，扣 5 分 试错 2 次及以上，该项考核不通过 未操作或操作错误，一项否决	□不通过

续表

项目	标准	分值	评分标准	得分
列车出清站台后				
张贴故障纸	给故障滑动门张贴故障纸（一般情况下张贴 2 张，每扇滑动门中间张贴 1 张。如当地企业有具体张贴位置的其他要求，按照当地要求执行）	4	没有按压贴纸防止脱落，扣 2 分 没有张贴 2 张贴纸，扣 2 分 未操作或操作错误，扣 4 分	
故障门修复后恢复	待专业人员修复故障门后，列车出清站台。 用钥匙将故障门的就地控制盒转至“自动”位置	4	未口述站台门修复、列车出清站台，扣 2 分 钥匙没有 1 次转到正确位置，扣 4 分 未操作或操作错误，扣 4 分	
	取出钥匙，撤除车门故障纸	4	未取出钥匙，扣 4 分 未撤除车门故障纸，扣 2 分 操作错误，扣 4 分	
	用对讲机汇报车控室：×方向×号站台门故障已处理完毕	4	未用对讲机汇报，扣 2 分 汇报错误，扣 4 分	
手信号（6 选 1）	停车信号 展开的红色信号旗；无红色信号旗时，两臂高举头上，向两侧急剧摇动；红色灯光	10	信号旗或信号灯操作试错 1 次，扣 5 分 不会操作或操作错误，扣 10 分	
	紧急停车信号 展开红色信号旗下压数次；无信号旗时，两臂高举头上，向两侧急剧摇动；红色灯光下压数次		信号旗或信号灯操作试错 1 次，扣 5 分 不会操作或操作错误，扣 10 分	
	发车（指示）信号 展开的绿色信号旗上弧线向列车方面作圆形转动；绿色灯光上弧线向列车方面作圆形转动		信号旗或信号灯操作试错 1 次，扣 5 分 不会操作或操作错误，扣 10 分	
	通过信号 展开的绿色信号旗；绿色灯光	10	信号旗或信号灯操作试错 1 次，扣 5 分 不会操作或操作错误，扣 10 分	
	引导信号 展开黄色信号旗高举头上左右摇动；黄色灯光高举头上左右摇动		信号旗或信号灯操作试错 1 次，扣 5 分 不会操作或操作错误，扣 10 分	
	好了信号 用拢起的信号旗作圆形转动；徒手时，伸直手臂向行车股道画圆；白色灯光作圆形转动		信号旗或信号灯操作试错 1 次，扣 5 分 不会操作或操作错误，扣 10 分	
60 分合格 一项否决项，任意一项不通过，则考核成绩为 0 分		100	小计	

项目 4　城市轨道交通售检票系统

知识目标

● 掌握 AFC 的概念及构成；

● 掌握 AFC 系统终端设备（自动售票机、自动检票机、半自动售票机、自助查询机）的组成结构及功能。

能力目标

➢ 掌握 AFC 系统终端设备（自动售票机、自动检票机、半自动售票机、自助查询机）的使用方法。

思政目标

❖ 树立安全意识与流程意识；

❖ 强化岗位责任意识；

❖ 培养严谨、认真的工作态度。

典型案例

2008 年北京地铁自动售检票系统正式启用

2008 年 6 月 8 日 22:59，北京地铁全面启用自动售检票系统前的最后一列末班车开出前，一位高姓女士幸运地购得了 2 号线西直门站售出的最后一张地铁纸质车票，这标志着使用了 38 年之久的地铁纸质车票彻底退出了历史舞台（见图 4–1）。

为确保自动售检票系统开通当天乘客进出站有序，地铁公司共派出 3 500 名工作人员和志愿者，在 93 个车站进行宣传引导工作。同时地铁公司在 15 个重点车站设置了宣传台，以解答乘客问询、发放宣传单页、张贴宣传海报等形式对乘客进行自动售检票系统相关知识和使用方法的宣传。据统计，共计发放宣传单页 8 万余张，张贴宣传海报 1 400 余张。

图 4-1 退出历史舞台的地铁纸质车票

当天，在地铁站“待命”多时的自动售检票系统正式上岗，大多数乘客因为不熟悉新系统，导致发生一些问题。例如，多数乘客没有 1 元硬币用来购票，有的乘客往售票机里硬塞 1 元纸币，有的乘客出站时忘记刷卡导致出站闸道出现短时滞留等。地铁工作人员不停地在旁边协助指导。地铁公司介绍，当天自动售检票系统启用后未发生大的故障。

据统计，北京地铁全面启用自动售检票系统的 3 h 里，进出站达 30 万人，其中使用单程票卡达 5 万～6 万人。

任务 4.1 城市轨道交通自动售检票系统概述

地铁和轻轨是一种快捷、安全、准点和大容量的城市公共交通工具。随着城市轨道交通网络的形成，运营管理问题成为一个重要的议题。为了给公众生活与城市经济的发展提供优质服务和发展条件，必须使用先进的自动售检票（AFC）系统。目前自动售检票系统已在众多城市轨道交通系统中投入运行，但由于地域文化和使用条件不同，选用的自动售检票系统终端设备有很大差异。

国外方面，自动售检票系统起步较早，依赖当时条件，磁卡技术发展比较成熟，因此车票媒介基本上以磁卡为主（例如法国巴黎轨道交通收费系统），并逐步使用非接触式 IC 卡。

国内方面，截至 2022 年底，共有 28 个省区市的 55 个城市开通城市轨道交通运营线路 308 条，运营线路总长度 10 287.45 km。其中，地铁运营线路 8 008.17 km，占比 77.84%；其他制式城市轨道交通运营线路 2 279.28 km，占比 22.16%。2022 年新增运营线路 1 080.63 km。拥有 4 条及以上运营线路且换乘站达 3 座及以上的城市有 26 个，占已开通城市轨道交通运营城市总数的 47.27%。2022 年城市轨道交通客流量占公共交通客流总量的分担比例为 45.82%，比上年提升 2.45 个百分点。其中，上海、深圳、广州、杭州、成都、南京、南宁、南昌、北京、武汉 10 个城市的城市轨道交通客流量占公共交通的分担比例均超过 50%。上海、广州是我国最早使用自动售检票系统的城市，自动售检票系统投入运行约 20 年时间，车票媒介使用非接触式 IC 卡。

4.1.1　城市轨道交通自动售检票系统的发展趋势

随着城市轨道交通的快速发展、相应技术的进步及不同政策组合的灵活应用，自动售检票系统总的发展趋势是标准化、简单化、集成化和人性化。

1. 标准化

为实现自动售检票系统的简捷和大集成，必须制定标准和规范，统一系统设备和终端设备，使系统达到统一的车票媒介，实现不同线路之间便捷换乘。

2. 简单化

为适应快节奏的社会生活，乘客必然选择操作简单、出行高效的交通工具。因此，自动售检票系统必然向操作简单化方向发展，包括：将复杂的自动售检票系统通过系统集成，简化乘客的使用操作；通过人性化的设计，提高乘客的操作效率。

3. 集成化

城市轨道交通网络化运营的形成，使自动售检票系统规模越来越大，同时城市轨道交通与其他交通方式之间的关系也越来越密切，互相兼容、联乘优惠、跨系统结算等，必然造成各种系统的关联度越来越高。建立统一、标准化、跨平台、跨系统的自动售检票系统应用平台，是未来自动售检票系统发展的必然方向。采用以通用件、通信和数据交换技术，构建可靠、安全、易用、可扩展、互联性高的系统架构，是自动售检票系统的要求，也是发展趋势。在实施过程中，必须注意针对自动售检票系统数据结构的特点和系统对安全性的要求，加强系统的集成管理，以满足自动售检票系统规模扩大和关联度增加的要求。

4. 人性化

自动售检票系统本来就是密切结合应用和利益的系统，从“以人为本”的理念出发，自动售检票系统的操作方式和界面也必然越来越人性化，包括：根据人体工程学基本原理设计终端设备的人机界面；设计符合乘客习惯的操作方式；设计合适的出入口通道，方便轮椅人士、推折叠式婴儿车的乘客；系统能向乘客提供越来越多的相关信息。

4.1.2　国内城市轨道交通自动售检票系统的应用

国内不同城市的城市轨道交通自动售检票系统，虽然有所差异，但从本质上来说，大同小异。自动售检票系统设备主要差异集中在两点：

（1）单程票使用筹码型（token）非接触式 IC 卡，作为车票媒介。

（2）自动检票机采用门式机型。

以广州城市轨道交通为例，已经实现网络化运营，在网络内可进行各条线路的集中管理，实现密钥管理、发卡管理、运营管理、决策支持、报表查询、通信服务等系统功能，换乘线路之间实现比例清分。此外，城市轨道交通网络与公交系统、银行系统及其他相关系统之间，可以实现结算、车票交易数据的整体处理和统计分析。

广州城市轨道交通车票分为单程票、储值票（含普通储值票、中小学生储值票和老年人储值票）、老年人免费票、纪念票、羊城通交通卡（“羊城通”）。单程票在售出当站、当日乘车有效，出站时车票由出站检票机回收。广州城市轨道交通 1、2、3、4 号线均采用计程、计时票价制。自动售检票系统主要由非接触式 IC 卡车票、自动售票机、自动检票机、车站 AFC 计算机系统、中央计算机系统等组成。系统使用非接触式 IC 卡作为车票媒介，实现乘客在多条线路之间的免检票换乘。系统能兼容“羊城通”票卡，与广州市其他公交能实现“一卡通”结算。安装于车站非付费区的验票机，方便乘客查询车票和“羊城通”车票的余值、有效使用时间等车票信息。

任务 4.2 城市轨道交通自动售检票系统的概念及组成

4.2.1 自动售检票系统的概念

自动售检票系统是通过对计算机、统计、财务等专业知识的综合运用，来实现城市轨道交通的售票、检票、计费、收费、统计、清分结算和运行管理等全过程的自动化系统。

在城市轨道交通网络化运营的情况下，自动售检票系统具有多线路协调运营、多线路一票换乘的特点。要适应网络化运营的特点，自动售检票系统除了上述的线路系统和设备外，还应包括城市轨道交通清分中心、维修中心和培训中心等系统。

4.2.2 自动售检票系统的组成

自动售检票系统包括城市轨道交通清分中心、编码分拣设备、线路中央计算机系统、车站计算机系统、车站售检票终端设备、车票。设备组成见图 4-2。

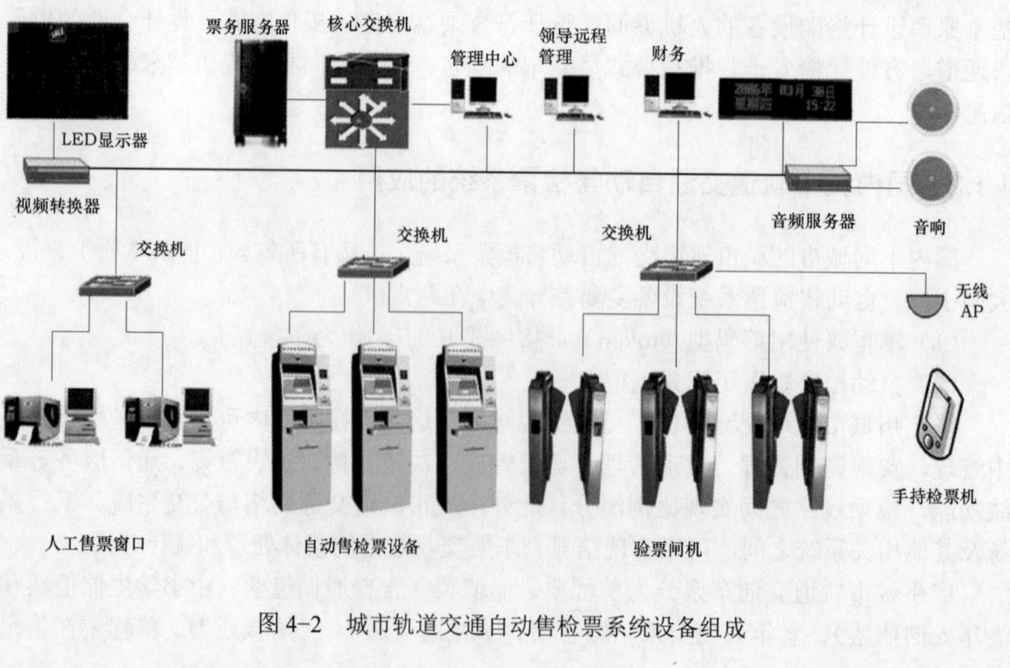

图 4-2 城市轨道交通自动售检票系统设备组成

1. 城市轨道交通清分中心

城市轨道交通清分中心主要由计算机清算系统、发卡系统、密钥系统、线路运营管理系统、数据交换系统、报表管理系统、大屏幕系统、不间断电源系统、网络管理系统、系统软件维护与开发系统、系统测试平台等组成。

清分中心用以实现城市轨道交通内部各线路之间的账务清分，实现城市轨道交通与城市公共交通“一卡通”之间的清分。清分中心对管辖范围内所有线路自动售检票系统的车票、票务、账务及各类基础业务数据进行管理，实现各线路的账务结算，实时监控客流在不同时间断面、路网区域的数据信息等。此外，还负责换乘业务清分规则的制定和发布。

2. 编码分拣设备

编码分拣设备设置在城市轨道交通清分中心，与清分中心的票务管理服务器直接相连。

3. 线路中央计算机系统

线路中央计算机系统由中央计算机、数据存储设备、数据备份设备、网络设备、UPS 电源设备、操作工作站、运营管理工作站和打印机等组成。

软件主要由操作系统软件、网络管理软件、数据库系统软件、中央级应用软件和防病毒软件组成。

4. 车站计算机系统

车站计算机系统由车站计算机、紧急按钮控制盘、网络设备、监控工作站、票务工作站和打印机组成。

软件主要由操作系统软件、数据库系统软件、车站级应用软件和防病毒软件组成。

5. 车站售检票终端设备

车站售检票终端设备由进/出站检票机（双向检票机）、自动售票机、自动加值机、半自动售票机、自动验票机、便携式验票机组成。

6. 车票

车票有单程票、储值票两种基本形式。

单程票按用途可分为普通单程票、应急票、乘次票、优惠票、纪念票、出站票、员工票、测试票等。

储值票由清算系统统一编码发行，为非接触式 IC 卡，适用于城市轨道交通及城市其他公共交通领域。储值票目前在其他地铁专属区内定义了如下几种类型：普通成人卡、老人卡、儿童卡、纪念卡、专用地铁员工卡、测试卡等。储值票还可以预留若干票种，例如礼品卡、广告卡、学生卡、军人卡、残疾人卡及个性 VIP 卡，供城市轨道交通行业需要时定义使用。

任务 4.3　自动售检票系统终端设备及构造

车站终端设备主要有：自动售票机、半自动售票机、自动检票机、补票机、自动验票机、自动加值机、兑币机等。车站终端设备均可独立控制。

车站终端设备配置规模及数量根据客流分析及该站的客流预测数据确定。按照近期客流配置车站终端设备，按照远期客流规模预留设备的安装条件。

1. 自动售票机

自动售票机（ticket vending machine，TVM）用于乘客自助购买地铁单程票及对储值票进行充值（见图 4–3）。自动售票机接受硬币、纸币、储值票、金融卡（预留）等支付方式，并具备找零功能。自动售票机采用后开门检修方式。

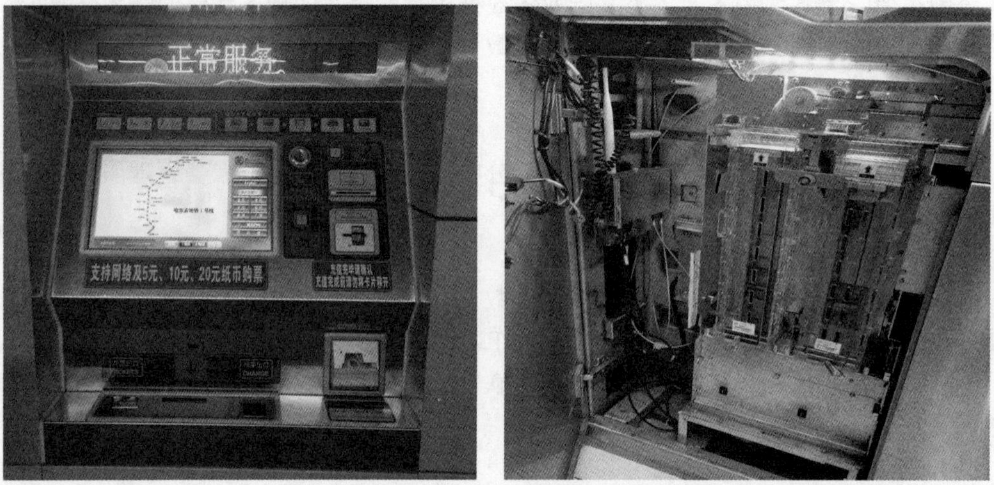

图 4–3　自动售票机

自动售票机一般由工控机、主控单元、票卡发送装置、车票传送装置、钱币识别器、钱币找零器（可选）、IC 卡车票读写器及天线、乘客显示器、触摸屏、运营状态显示器（可选）、维修面板/移动维护终端接口、乘客接近传感器（可选）、电路控制单元、电源模块（含 UPS 或电池）、机身、支持软件等部件组成。

自动售票机的基本功能是通过乘客的自助操作完成自动售票。自动售票的基本过程包括购票选择、接受购票资金、自动出票及找零等过程，在必要时还可包括购票凭证打印等。

自动售票机的应用功能主要包括：

（1）接受乘客的购票选择，并在购票过程中给出提示信息及操作指导。

（2）接受乘客投入的现金（或储值票、信用卡等其他付费介质）并自动完成识别，对无法识别的现金（或储值票、信用卡）予以退还。

（3）计算乘客投入的现金数量及购票金额，自动找零。

（4）完成车票校验、车票赋值及出票。

（5）对各部件的工作状态进行自动监测。

（6）接受车站计算机系统下发的参数和控制命令，并执行相应的操作。

（7）对本机接受的现金及维护操作进行管理。

（8）存储并向车站计算机系统上报状态信息和交易数据。

2. 半自动售票机

半自动售票机（booking of machine，BOM）又称为人工售票机，由人工收款，并由人工操作半自动售票机对乘客使用的各种地铁车票及公交“一卡通”车票进行赋值，同时具有车票分析、查询、充值、更新、退款、挂失、替换、补票等功能（见图 4–4）。

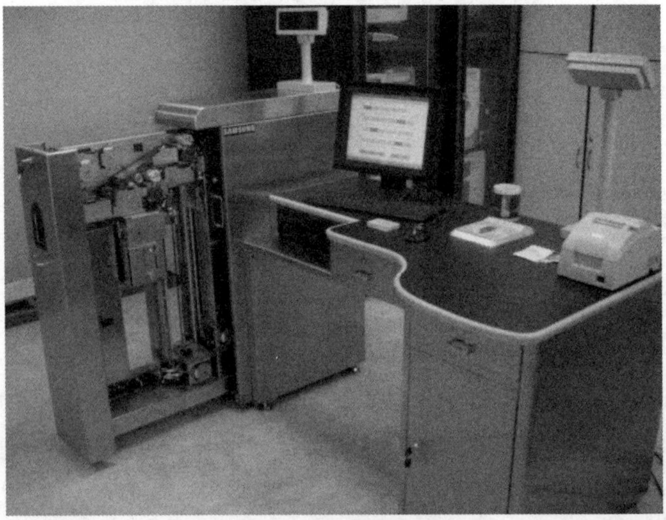

图 4–4　半自动售票机

半自动售票机通常安装在售/补票房或车站服务中心内，由售票人员操作，完成车票加值、车票分析（验票）、退票及检验、分析有疑问车票、解决票务纠纷。

根据现场应用要求，可将半自动售票机功能分别设置成单独的半自动售票机或半自动补票机，也可设置成具有半自动售票和补票功能相结合的设备。

功能单一的半自动售票机部署于非付费区，而半自动补票机则部署于付费区。功能结合的半自动售票机可以同时为非付费区与付费区服务，兼顾售票及补票功能，使用同一车票处理设备，但需对两个区域分别设置单独的乘客显示器，便于处理不同区域乘客票务。

半自动售票机通常由工控机、操作显示器、乘客显示器、发卡装置（可选）、读写器与天线、打印机、键盘与鼠标、机身、电源模块（含 UPS 或电池）、支持软件等部件组成。半自动售票机的基本功能可以分为三类：

（1）车票发售功能。发售包括单程票、储值票、纪念票在内的各种车票，并对储值票进行充值。

（2）车票分析功能。分析车票的有效性，查询车票历史交易信息。

（3）票务处理及服务功能。对无法正常完成进出站的车票进行票务更新，发售出站票，处理退票，受理车票挂失，查询票价及打印票务记录和每班财务记录。

3. 自动检票机

自动检票机（闸机）分为进站检票机和出站检票机，设置在车站付费区与非付费区之间，呈线性布置在车站的出入口，是实现乘客自助进出站检票交易（在非付费区和付费区之间通行）的设备。凡持有效车票的乘客，自动检票机通道阻挡解除（释放转杆或开启门扇），允许乘客进出站（见图 4–5）。

图 4–5　自动检票机

自动检票机一般包括工控机、车票传送装置、车票回收装置、读写器及天线、乘客显示器、方向指示灯、声光报警装置、通道阻挡装置（转杆式检票机采用转杆装置，门式检票机采用拍打扇门或剪式扇门，见图 4–6）、乘客通行传感器（适用于门式检票机）、维修键盘、移动维护终端接口、电路控制单元、电源模块（含 UPS 或电池）、机身和支持软件等部件。

图 4–6　自动检票机的通道阻挡装置

自动检票机根据功能可以分为进站检票机、出站检票机和双向检票机三种。进站检票机用于完成进站检票，检票端在非付费区；出站检票机用于完成出站检票，检票端在付费区；双向检票机既可完成进站检票，也可完成出站检票，在非付费区和付费区可分别按进站和出站的处理规则完成检票功能。

4. 自动加值机

自动加值机设在非付费区出入口处，一般与自动售票机相邻排列设置。该机具有引导乘客加值和验票的操作提示，可以接受 6 种不同面值的纸币，对于无法识别的纸币进行退币处理，不设找零。

自动加值机通常安装在非付费区，负责对公共交通卡（储值票）进行加值和查验，同时可以对单程票（一票通车票）进行查验。自动加值机一般由工控机、乘客显示器、触摸屏、读卡器、IC 卡车票读写器及天线、纸币处理单元、维护面板/移动维护终端接口、乘客接近传感器、机身、支持软件、电源模块（含 UPS 或电池）等部件组成。

自动加值机的功能主要分为三类：

（1）储值票加值功能。允许乘客使用现金或银行卡对储值票进行加值操作。

（2）车票查验功能。可以用于乘客验票，给出车票内的各种信息和历史交易信息。

（3）其他服务功能。还可以增加其他自助式查询功能，即提供多媒体查询功能，例如查询路网票价、车站出入口分布图、地面道路及公交换乘信息等。

这些自助式查询功能并不是自动加值机必须具备的功能，但自动加值机增加这些增值服务并不复杂，可以丰富设备功能，提高设备的利用率。

相关规范、规程与标准

《城市轨道交通自动售检票系统运营技术规范（试行）》（交办运〔2022〕27 号）

复习思考题

1. 城市轨道交通自动售检票系统总的发展趋势是什么？
2. 城市轨道交通自动售检票系统的概念是什么？
3. 城市轨道交通自动售检票系统的终端设备有哪些？
4. 自动售票机由哪些模块组成？

实训任务工单

实训任务 4.1　自动检票机实操考核

<table>
<tr><th>项目</th><th colspan="2">标准</th><th>分值</th><th>评分标准</th><th>得分</th></tr>
<tr><td>识别闸机设备</td><td colspan="2">扇门、非接触型智能卡/单程票读写器、乘客显示器、警示灯、方向指示灯、退票杯（如无，可忽略）和传感器等</td><td>10</td><td>漏项或错项，每项扣 2 分</td><td></td></tr>
<tr><td rowspan="2">判断闸机通行方向及状态</td><td colspan="2">通过方向指示灯判断闸机通行方向</td><td>5</td><td>方向判断错误，扣 5 分</td><td></td></tr>
<tr><td colspan="2">判断闸机状态是否能正常通行</td><td>5</td><td>状态判断错误，扣 5 分</td><td></td></tr>
<tr><td rowspan="7">闸机更换票箱操作</td><td>打开闸机维修门</td><td>使用专用钥匙正确开启闸机维修门</td><td>10</td><td>不会开启或开启错误，扣 10 分
试错 1 次，扣 5 分</td><td></td></tr>
<tr><td>登录维护界面</td><td>登录闸机维护界面，并选择相应菜单</td><td>10</td><td>找不到菜单或错误选择菜单，扣 10 分
试错 1 次，扣 5 分</td><td></td></tr>
<tr><td>清空闸机回收票箱</td><td>打开闸机单程票回收箱模块，更换票箱或清空车票。如闸机型号不会自动清空数据，则需通过选择相应菜单，执行闸机票箱数据清空（数据清空与票箱清空顺序根据设备具体情况而定）</td><td>20</td><td>没有正确清空闸机单程票回收箱，一项否决
没有确认票箱数据清空，扣 10 分
如票箱有两个，无法区分票箱及对应菜单，扣 10 分
任意操作试错 1 次，扣 5 分</td><td>□不通过</td></tr>
<tr><td>注销退出</td><td>在操作完成后，返回主菜单，注销退出（部分型号设备无需注销，可忽略）</td><td>10</td><td>未注销，扣 10 分
未确认系统是否注销成功，扣 10 分</td><td></td></tr>
<tr><td>关门</td><td>关门并锁闭闸机维护门</td><td>10</td><td>未关门及正确锁闭，扣 10 分</td><td></td></tr>
<tr><td>确认闸机设备正常</td><td>查看闸机乘客显示器，确认闸机状态恢复正常</td><td>10</td><td>没有确认闸机设备正常，扣 10 分</td><td></td></tr>
<tr><td>专用钥匙使用</td><td>过程中正确使用闸机专用钥匙</td><td>10</td><td>不会使用钥匙，每次扣 10 分
操作完成后未锁闭模块，扣 10 分
未取出钥匙，每次扣 5 分</td><td></td></tr>
<tr><td colspan="3">60 分合格
一项否决项，任意一项不通过，则考核成绩为 0 分</td><td>100</td><td>小计</td><td></td></tr>
</table>

实训任务 4.2　半自动售票机实操考核

<table>
<tr><th colspan="2">项目</th><th>标准</th><th>分值</th><th>评分标准</th><th>得分</th></tr>
<tr><td colspan="2">识别 BOM 设备</td><td>主机，显示器，读卡器，打印机，付费区和非付费区乘客显示器，键盘，鼠标</td><td>10</td><td>漏项或错项，每项扣 2 分</td><td></td></tr>
<tr><td colspan="2">登录 BOM</td><td>在操作界面中选择登录按钮，输入操作员号及密码（考场根据设备提供），登录后核对操作员号信息及登录界面是否正常</td><td>10</td><td>未正确登录，扣 5 分
登录后未核对登录信息，扣 5 分</td><td></td></tr>
<tr><td colspan="6">使用 BOM 发售车票及办理退票（任选一）</td></tr>
<tr><td colspan="2">发售单程票</td><td>根据站点或票价要求发售一张单程票</td><td>10</td><td>单程票发售不成功，一项否决
试错 1 次，扣 5 分</td><td>□不通过</td></tr>
<tr><td colspan="2">发售储值票</td><td>发售一张储值票</td><td>10</td><td>储值票发售不成功，一项否决
试错 1 次，扣 5 分</td><td>□不通过</td></tr>
<tr><td colspan="2">单程票退款</td><td>为符合退款条件的单程票办理退票</td><td>10</td><td>退票不成功，一项否决
试错 1 次，扣 5 分</td><td>□不通过</td></tr>
<tr><td colspan="6">使用 BOM 处理乘客票务事务（任选一）</td></tr>
<tr><td rowspan="5">乘客付费区持票不能出站（考点提供预制好的不能出站的车票，或软件设置相应场景）</td><td>分析车票</td><td>乘客在付费区咨询票务事务，操作界面选择“付费区”分析车票</td><td>10</td><td>不会切换及区分付费区及非付费区，扣 10 分
不会分析车票，扣 10 分
试错 1 次，扣 5 分</td><td></td></tr>
<tr><td rowspan="2">确认车票信息</td><td>单程票：确认票价信息、日期信息、进站信息等
储值票（含一卡通等）：确认票卡种类、车票余额、进站信息、进站日期等</td><td>15</td><td>确认信息漏项或确认信息错误，每项扣 10 分
试错 1 次，扣 5 分</td><td></td></tr>
<tr><td>根据车票实际情况，向乘客（考官）说明车票不能出站的原因</td><td>10</td><td>不能分析出车票不能出站的原因，一项否决
（没有试错机会，答错即不通过）</td><td>□不通过</td></tr>
<tr><td>处理车票</td><td>在 BOM 上处理车票（情景任选一）
情景 1：进出站码顺序错误，在 BOM 上对车票设置进站信息并更新
情景 2：余额不足，收取差额后，对车票进行更新</td><td>20</td><td>不能正确根据情景处理车票，一项否决
没有点击操作前，每试错 1 次，扣 5 分
点击操作后，错误的，考核不通过</td><td>□不通过</td></tr>
<tr><td>确认车票处理情况</td><td>车票处理过程及车票处理后，请乘客（考官）确认处理结果</td><td>5</td><td>未请乘客确认处理结果，扣 5 分</td><td></td></tr>
</table>

续表

项目	标准		分值	评分标准	得分
乘客非付费区持票不能进站（考点提供预制好的不能进站的车票，或软件设置相应场景）	分析车票	乘客在非付费区咨询票务事务，操作界面选择“非付费区”分析车票	10	不会切换及区分付费区及非付费区，扣 10 分 不会分析车票，扣 10 分 试错 1 次，扣 5 分	
	确认车票信息	单程票：确认票价信息、日期信息、购票车站、车票状态等 储值票（含一卡通等）：确认票卡种类、车票余额、车票状态、上次扣款信息等	15	确认信息漏项或确认信息错误，每项扣 10 分 试错 1 次，扣 5 分	
		根据车票实际情况，向乘客（考官）说明车票不能进站的原因	10	不能分析出车票不能进站的原因，一项否决 （没有试错机会，答错即不通过）	□不通过
	处理车票	在 BOM 上处理车票（情景任选一） 情景 1：进出站码顺序错误，判断车票符合免费更新条件，对车票进行免费更新 情景 2：进出站码顺序错误，判断车票不符合免费更新条件，对车票进行相应处理 情景 3：储值票余额不足，为乘客车票进行充值	20	不能正确根据情景处理车票，一项否决 没有点击操作前，每试错 1 次，扣 5 分 点击操作后，错误的，考核不通过	□不通过
	确认车票处理情况	车票处理过程及车票处理后，请乘客（考官）确认处理结果	5	未请乘客确认处理结果，扣 5 分	
注销 BOM	操作结束后，注销登录，并确认注销成功		10	未正确注销，扣 10 分 注销后未确认注销成功，扣 5 分	
60 分合格 一项否决项，任意一项不通过，则考核成绩为 0 分				小计	

实训任务 4.3　自动售票机关站作业实操考核

项目	标准	分值	评分标准	得分
打开 TVM 维护门	使用 TVM 维护门钥匙打开 TVM 维护门	5	不会开门或开错门，扣 5 分	
登录账号	在维护面板上输入操作员号及密码（考场根据设备提供）	10	没有输入操作员号及密码，扣 10 分 未成功登录，扣 5 分	
下班盘点或结账列印	在维护面板主菜单中选择相应命令，执行下班盘点或结账列印操作	5	找不到相应菜单，扣 5 分 未成功操作，扣 5 分 每试错 1 次，扣 3 分	
清空或取出硬币找零钱箱	识别 TVM 硬币模块	5	找不到模块，扣 5 分 每试错 1 次，扣 3 分	
	根据不同设备的情况，确认硬币找零钱箱清空状态或取出找零钱箱	5	找不到相应菜单，扣 5 分 未确认硬币找零钱箱清空状态或取出找零钱箱，扣 5 分 每试错 1 次，扣 3 分	
取出硬币回收箱	取出硬币回收箱	5	错误取出或非法取出，扣 5 分	
取出纸币钱箱	识别 TVM 纸币模块	5	找不到模块，扣 5 分 每试错 1 次，扣 3 分	
	取出 5 元、10 元找零钱箱（如设备不具备纸币找零模块则省略此项）	5	找不到相应菜单，扣 5 分 每试错 1 次，扣 3 分 错误取出或非法取出，扣 5 分	
	取出纸币钱箱	5	错误取出或非法取出，扣 5 分	
取出单程票回收箱	识别单程票模块	5	找不到模块，扣 5 分 每试错 1 次，扣 3 分	
	取出单程票回收箱	10	未取出，扣 10 分 每试错 1 次，扣 5 分	
	检查废票箱	5	未检查，扣 5 分 每试错 1 次，扣 3 分	
运营统计	确认运营统计清单，单程票、硬币、纸币数量清零	10	未确认运营统计清单，单程票、硬币、纸币数量未清零，扣 10 分 每试错 1 次，扣 5 分	
注销退出	在操作完成后，返回主菜单，注销退出（部分型号设备无需注销，可忽略）	5	未注销，扣 5 分	
关门	关门并锁闭 TVM 维护门	5	未正确关门并锁闭，扣 5 分	
专用钥匙使用	过程中正确使用各类 TVM 专用钥匙	10	不会使用钥匙，扣 5 分 操作完成后未锁闭模块并取出钥匙，每次扣 10 分	
60 分合格 一项否决项，任意一项不通过，则考核成绩为 0 分		100	小计	

实训任务 4.4 自动售票机开站作业实操考核

<table>
<tr><th>项目</th><th>标准</th><th>分值</th><th>评分标准</th><th>得分</th></tr>
<tr><td>打开 TVM 维护门</td><td>使用 TVM 维护门钥匙打开 TVM 维护门</td><td>3</td><td>不会开门或开错门，扣 3 分</td><td></td></tr>
<tr><td>登录账号</td><td>在维护面板上输入操作员号及密码（考场根据设备提供）</td><td>10</td><td>没有输入操作员号及密码，扣 10 分
未成功登录，扣 5 分</td><td></td></tr>
<tr><td rowspan="3">补充单程票</td><td>识别 TVM 单程票模块</td><td>5</td><td>找不到模块，扣 5 分
每试错 1 次，扣 3 分</td><td></td></tr>
<tr><td>在维护面板主菜单中选择补充单程票菜单，输入补票数（考场提前设计 A、B 两个补票箱计划补票数量）</td><td>5</td><td>找不到相应菜单，扣 5 分
错误输入补票数或没有输入补票数，扣 5 分
每试错 1 次，扣 3 分</td><td></td></tr>
<tr><td>将正确的单程票数量装入相应的单程票模块（考场提前准备对应 A、B 两个补票箱不同数量的单程票）</td><td>10</td><td>装入单程票的数量与输入补票数量不一致，扣 10 分
没有正确补票，扣 10 分
每试错 1 次，扣 5 分</td><td></td></tr>
<tr><td rowspan="3">补充硬币</td><td>识别 TVM 硬币模块</td><td>5</td><td>找不到模块，扣 5 分
每试错 1 次，扣 3 分</td><td></td></tr>
<tr><td>在维护面板主菜单中选择补充硬币菜单，输入补币数（考场提前设计 A、B 两个补币箱计划补币数量）</td><td>5</td><td>找不到相应菜单，扣 5 分
错误输入补币数或没有输入补币数，扣 5 分
每试错 1 次，扣 3 分</td><td></td></tr>
<tr><td>用钥匙打开硬币模块补币口，将正确的硬币数量装入相应的硬币模块（考场提前准备对应 A、B 两个补币箱不同数量的硬币）</td><td>10</td><td>装入硬币的数量与输入补币数量不一致，扣 10 分
没有正确补币，扣 10 分
每试错 1 次，扣 5 分</td><td></td></tr>
<tr><td rowspan="3">装入纸币找零钱箱及纸币钱箱</td><td>识别 TVM 纸币模块</td><td>5</td><td>找不到模块，扣 5 分</td><td></td></tr>
<tr><td>（如设备不具备纸币找零模块则省略此项）
1. 在维护面板主菜单中选择补充纸币菜单，输入补币数（考场提前设计 A、B 两个补币箱计划补币数量）
2. 装入 5 元找零钱箱、10 元找零钱箱</td><td>5</td><td>找不到相应菜单，扣 5 分
错误输入补币数或没有输入补币数，扣 5 分</td><td></td></tr>
<tr><td>装入纸币钱箱</td><td>5</td><td>错误或没有装入纸币钱箱，扣 5 分
每试错 1 次，扣 3 分</td><td></td></tr>
</table>

续表

项目	标准	分值	评分标准	得分
装入硬币回收箱	确认硬币回收箱状态是否可以装入（考场提前准备两个不同状态的硬币回收箱，一个可装入，一个不可装入）	5	无法识别硬币回收箱状态，扣5分	
	装入硬币回收箱	5	无法正确装入硬币回收箱，扣5分 每试错1次，扣3分	
注销退出	在操作完成后，返回主菜单，注销退出（部分型号设备无需注销，可忽略）	5	未注销，扣5分	
关门	关门并锁闭TVM维护门	5	未关门并正确锁闭，扣5分	
确认TVM设备正常	查看TVM运营状态显示器显示“服务中”，乘客显示器（触摸屏）处于正常服务模式	2	没有确认TVM设备正常，扣2分	
专用钥匙使用	过程中正确使用各类TVM专用钥匙	10	不会使用钥匙，扣5分 操作完成后未锁闭模块并取出钥匙，扣10分	
60分合格 一项否决项，任意一项不通过，则考核成绩为0分		100	小计	

项目 5　城市轨道交通票务组织

知识目标

- 掌握票务概念；
- 掌握自动售检票系统运营模式。

能力目标

➢ 掌握票务管理工作、票务管理程序、票务作业；
➢ 掌握特殊情况的票务处理和票款清分结算管理。

思政目标

❖ 树立安全意识与流程意识；
❖ 强化岗位责任意识；
❖ 培养严谨、认真的工作态度。

典型案例

沈阳地铁票务系统简介

1. 购票检票流程

1）单程票购票检票流程

单程票可在售票亭或自动售票机处购买。

提示：单程票进站后，仅在 120 min 内有效；未进站的，仅在当日有效。使用自动售票机购票时，需逐张将纸币平整插入纸币入口；若要取消购票，应在投入足够的购票金额前点击取消按钮，已投入的钱币将被退回。

单程票的检票流程具体如下：

① 单程票通过进站闸机。根据绿色箭头指示，选择相应通道进站。持单程票的乘

客，一票只限一人，右手持票，用票轻触进站闸机顶部的刷卡区，闸机发出提示声，扇门打开，乘客可迅速由通道进站。提示：进站必须刷卡检票，一票只限一人，依次刷卡进站；刷卡有效，扇门打开后应迅速通过；进站后妥善保管车票，以便出站时使用；如果进站未刷卡，将无法正常出站。

② 单程票通过出站闸机。根据绿色箭头指示，选择相应通道出站。持单程票的乘客，一票只限一人，右手持票，将票投入闸机正面的投票口，车票被闸机回收后，闸机发出提示声，扇门打开，乘客可迅速由通道出站。

2）普通储值票购票检票流程

普通储值票可在售票亭处购买。

普通储值票的检票流程具体如下：

① 普通储值票通过进站闸机。根据绿色箭头指示，选择相应通道进站。持普通储值票的乘客，一票只限一人，右手持票，用票轻触进站闸机顶部的刷卡区，闸机发出提示声，扇门打开，信息屏显示卡内余额，乘客可迅速由通道进站。

② 普通储值票通过出站闸机。根据绿色箭头指示，选择相应通道出站。持普通储值票的乘客，一票只限一人，右手持票，在出站闸机顶部刷卡区刷卡，闸机发出提示声，扇门打开，信息屏显示本次车费及卡内余额，乘客可迅速由通道出站。

3）老年人免费票、老年人储值票购票检票流程

购票流程：符合优待优惠条件的老年人，持本人身份证原件、身份证复印件到指定地点办理老年人免费票或老年人储值票。老年人免费票和老年人储值票均为实名制。

检票与普通储值票检票方式一致。

4）纸票购票检票流程

车站售票机出现故障或停电导致车站无法售票时，可临时售卖纸票。乘客可在售票亭处购买，按站务人员指引进站和出站。

2. 票务规定及政策

1）基本票价

沈阳地铁 1 号线全线 22 座车站。乘坐地铁起步价 2 元，可乘坐至多 8 站；3 元可乘坐 9～12 站；13 站以上 4 元。

2）车票适用范围及优惠政策

（1）单程票：适用于所有乘客。

（2）普通储值票：适用于所有乘客，享受 95 折优惠。

（3）老年人免费票：适用于 70 周岁及以上的老年人，持票人可免费乘坐地铁。

（4）老年人储值票：适用于 60～69 周岁的老年人，持票人乘坐地铁享受半价优惠。

（5）革命伤残军人、因公致残的人民警察、盲人分别凭中华人民共和国伤残军人证、中华人民共和国伤残人民警察证及盲人乘车证免费乘坐地铁。

（6）一名成年乘客可免费带一名身高不足 1.3 m 的儿童乘车；超过一名的，按超过人数购票。

3）通用规定

（1）乘客需凭有效车票进入地铁付费区，车票实行一人一票制。

（2）乘客不得携带总重量超过 30 kg 或外部尺寸长、宽、高之和超过 160 cm 的行

李进站乘车。

（3）对无票或持无效车票乘车的乘客，按当站（指出闸车站）最高单程票补缴票款。

持无效车票乘车指：使用的车票遭损坏、涂改或干扰，或资料记录遭涂改、删除或损坏；使用逾期车票；持票人身份与使用车票的适用范围不符。

（4）身高超过 1.3 m 的儿童须凭有效地铁车票乘坐地铁。

（5）乘客每次乘车从入闸到出闸时限为 120 min。超过 120 min，须按所持票种的当站（指出闸车站）最高单程票价补交超时车费。

（6）乘客单程票在闸机上已刷卡而未能通过闸机的，须在 20 min 内告知车站工作人员，由车站工作人员进行相应的票务操作及引导乘客通过闸机。20 min 内未能告知车站工作人员，已刷卡的单程票失效并由车站回收。

乘客持储值票已在闸机上刷卡而未能通过闸机的，须在 20 min 内告知车站工作人员，由车站工作人员进行相应的票务操作及引导乘客通过闸机。20 min 后告知车站工作人员且需继续乘车的，车站工作人员在对该储值票按相应票种最低票价计费扣费后，乘客才能持储值票刷卡计费乘车。

（7）付费区乘客所持车票无进站记录的，须到售检票亭办理更新手续。单程票若为当日车票，则直接进行更新，凭原单程票出站；若非当日车票，按无票乘车处理，原单程票回收。

（8）非付费区持储值票乘客无出站记录的，须到售票亭办理更新手续。

4）储值票折损车票判断标准

（1）车票上有孔、缺边、缺角。票面上有凹陷但未穿透车票，车票上有细小孔眼但肉眼无法看到，必须在灯下反复弯曲验证才可发现的，以及保护膜脱落和卷角不属于折损范围。

（2）票面被涂写或粘贴异物。乘客不小心点在票面上的圆珠笔印，乘客在票面粘贴透明胶但可以清除的，不属于折损范围。

（3）票面有裂痕或有折叠、刻划、扭曲痕迹。此标准是指车票平放时肉眼能够看到裂痕、折叠、刻划和扭曲的痕迹。若车票弯曲，但无扭曲痕迹、车票分层，则不属于折损范围。

（4）票面有无法清除的污渍。若票面上有无法清除的异物，或异物清除后仍残留有无法清除的污渍，则属于折损范围；若乘客在票面粘贴透明胶带但可以清除的，不属于折损范围。

任务 5.1　城市轨道交通票务系统

5.1.1　票务系统的概述

城市轨道交通是承载城市客运的主干交通体系，能有效解决大客流、远距离、快速准点等城市交通难点，提供畅达、安全、舒适、清洁的交通服务，具有人性化、捷运化、信息化和生态化等基本特征。城市轨道交通最典型的特点为：

（1）提供高效的中、远距离客运服务。

（2）适应频繁的瞬间大客流冲击。

（3）单项交易金额较小，但总交易量大，导致总交易金额巨大。

5.1.2 票务系统的意义

票务系统是城市轨道交通票务收入和结算的基础，只有通过安全、可靠和完备的自动售检票系统才能有效地实施票务的结算和清分。在设计票务系统时，应本着“以人为本”的宗旨，充分考虑以下因素：

（1）有利于提升城市轨道交通行业的社会形象和服务区域形象。

（2）有利于提高运营管理水平，保障票务收益。

（3）有利于管理责任落实，保证交易数据和票务信息的安全。

（4）有利于简化操作，方便出行，提高乘客的出行效率。

（5）有利于提供准确的客流及票务统计分析数据。

（6）有利于减少现金交易、人工记账及统计工作，提高准确率和效率。

任务 5.2 自动售检票系统运营模式

自动售检票系统包括三种运营管理模式：正常运营模式、紧急放行模式、降级运营模式。

1. 正常运营模式

乘客购票后，持有效票通过进站检票机，乘坐城市轨道交通至目的地后仍使用该票通过出站检票机出站。检票机根据中央计算机设定的参数，对车票以计程方式扣费处理并对单程票进行回收。若发生超乘、超时或车票损坏时，由人工补票机（excess fare office machine，EFO）处理，补足票价或使用 EFO 发出的出站票出站。

通常情况下，自动售检票系统在正常运营模式下自动运行。正常运营模式是系统默认模式，包括正常服务模式和关闭服务模式。正常服务模式下，进行正常的售票、补票、检票等处理；关闭服务模式下，不对车票进行任何处理。

2. 紧急放行模式

在运营过程中，当车站或列车发生火灾、爆炸等危及乘客和工作人员安全的紧急情况，需要乘客紧急撤离车站时，启用紧急放行模式。

1）设备的表现

中央计算机系统工作站上要明显地显示该车站名称及模式，例如字体或颜色闪烁等，以便进行监控。

设置了该模式的车站计算机应在显著的位置，用明确的文字或符号显示所设置的模式，并用明确的文字或符号显示车站内的哪些设备已进入该模式。

在收到车站计算机下达的命令后，车站终端设备按模式要求进入相应的状态，并按模式要求对车票进行处理。

半自动售票机可正常运作，但操作人员显示器上显示紧急状态的信息。自动售票机应处于暂停服务的状态。

检票机所有扇门处于打开状态，保证乘客无阻碍地离开付费区。同时，所有检票机（包括进、出站检票机）的乘客显示器显示紧急信息，所有面向付费区的导向指示器闪烁显示“通行”标志，所有面向非付费区的导向指示器闪烁显示“禁止通行”标志。

2）对车票的处理

设置此模式车站的所有检票机不对车票进行读写处理。如果有车票放于读卡器上，不对车票进行写操作，城市轨道交通专用票不回收。

3. 降级运营模式

降级运营模式也称运营故障模式。

1）设备的表现

中央计算机系统工作站上要明显地显示该车站名称及模式，例如字体或颜色闪烁等，以便进行监控。

设置了该模式的车站计算机应在显著的位置，用明确的文字或符号显示所设置的模式，并用明确的文字或符号显示车站内的哪些设备已进入该模式。

在收到车站计算机下达的命令后，车站终端设备按模式要求进入相应的状态，并按模式要求对车票进行处理。

2）对车票的处理

设置此模式的出站检票机应根据车票的票种及进站地点做以下不同处理：

（1）对本站进站的单程票及乘次票不扣除车费或乘次，单程票不回收，并写入此模式的标志信息。

（2）对本站进站的其他车票不扣除车费，并写入出站码和此模式的标志信息。

（3）对其他车站进站的单程票及乘次票不扣除车费或乘次，单程票不回收，并写入此模式的标志信息。

（4）其他车站进站的其他类型车票不扣除车费，并写入出站码和此模式的标志信息。

模式结束后，所有车站的自动检票机对车票进行如下处理：若单程票或乘次票具有列车故障模式标志信息，并在规定时间段内（系统设置），则允许在任何车站进站使用，出站时根据实际车费进行检查，车费不足应到半自动售/补票机进行超程更新处理；储值票等其他车票正常使用和扣费。

4. 出站免检模式

出现下列情况之一时，车站可设定为出站免检模式：

（1）出站及双向检票设备全部故障。

（2）客流集中出站，检票设备能力严重不足，危及乘客安全时。

在出站免检模式下，乘客不须检票即可直接出站。持非回收类车票的乘客在规定日期内再次进站时，进站检票机依据车票内进站信息和模式信息扣除上次车费后按照正常检票进站。回收类车票作废，不可再次使用。

5. 时间免检模式

1）设备的表现

中央计算机系统工作站上要明显地显示该车站名称及模式，例如字体或颜色闪烁等，以便进行监控。

设置了该模式的车站计算机应在显著的位置，用明确的文字或符号显示所设置的模式，并用明确的文字或符号显示车站内的哪些设备已进入该模式。

在收到车站计算机下达的命令后，车站终端设备按模式要求进入相应的状态，并按模式要求对车票进行处理。

2）对车票的处理

设置此模式车站的出站检票机对所有车票不检查车票上次的进站时间，但是仍检查车票的其他信息，如车票票值、进站码、日期等，所有车票按正常票价扣费。

6. 日期免检模式

如果由于城市轨道交通运营的原因，导致车票过期，可根据运营工作的需要及相关规定的要求设置日期免检模式。

1）设备的表现

中央计算机系统工作站上要明显地显示该车站名称及模式，例如字体或颜色闪烁等，以便进行监控。

设置了该模式的车站计算机应在显著的位置，用明确的文字或符号显示所设置的模式，并用明确的文字或符号显示车站内的哪些设备已进入该模式。

在收到车站计算机下达的命令后，车站终端设备按模式要求进入相应的状态，并按模式要求对车票进行处理。

2）对车票的处理

设置此模式的出站检票机对所有车票不检查车票上的有效日期，但是仍检查车票的其他信息，如进站码、车票票值等，所有车票按正常票价扣费。

7. 超程免检模式

某个车站因为事故或者故障而关闭，导致列车越过该站后才停车，可根据相关规定的要求设置超程免检模式。

1）设备的表现

中央计算机系统工作站上要明显地显示该车站名称及模式，例如字体或颜色闪烁等，以便进行监控。

设置了该模式的车站计算机应在显著的位置，用明确的文字或符号显示所设置的模式，并用明确的文字或符号显示车站内的哪些设备已进入该模式。

在收到车站计算机下达的命令后，车站终端设备按模式要求进入相应的状态，并按模式要求对车票进行处理。

2）对车票的处理

设置此模式的出站检票机对所有车票不检查车票的余值，但是仍检查车票的其他信息，如进站码、时间、日期等，储值票扣除最低票价，乘次票扣除一个乘次，城市轨道交通专用票回收。

任务 5.3　车票的使用范围与管理

5.3.1　车票的使用范围

在城市轨道交通系统中，所使用的车票种类较多，可回收类的车票包括单程票、福利票出站票，非可回收类的车票包括纪念票、储值票、员工卡和车站工作票等。

5.3.2　车票的管理

车票的管理流程见图 5-1。

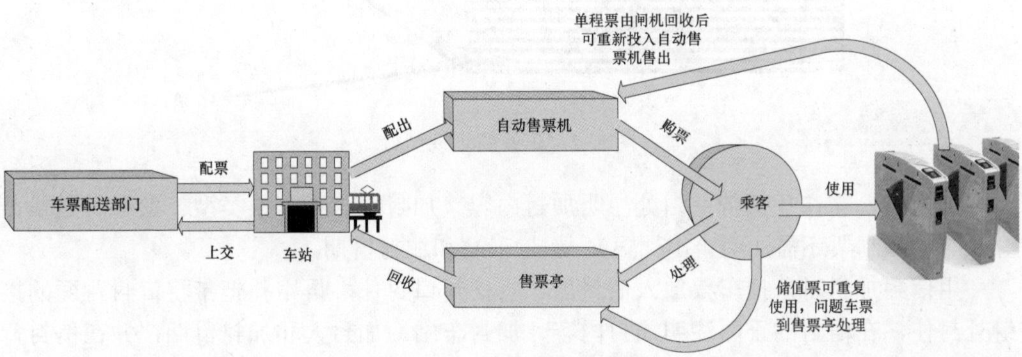

图 5-1　车票的管理流程

1. 车票的安全管理规定

为保证车票的安全，原则上车票只能存放于专门的安全管理区域，主要包括点钞室（通常设置在车站设备区内，专门用于保管车站现金、车票及结算票款的工作间）、售票亭、临时售票亭、自动售票机、半自动售票机、出站闸机及车票回收箱等。

车站需根据车票的性质、票种在点钞室内划分区域，对车票实行分类存放，建立专门的台账对车票的分类存放、配发、回收等流通情况进行记录，并定期安排专人对各类车票进行全面盘点，以确保台账记录情况与实际清点情况相符。点钞室内存放车票的票柜、保险柜在无人值班时应处于锁闭状态。票务员在售票亭处理车票时，应将车票放在乘客接触不到的地方，尤其存放于临时售票亭的车票须做好防盗工作。

2. 车票的交接要求

为保证车票在各岗位之间交接过程中的安全，车站在进行车票交接时，需建立车票的交接凭证和统计台账，交接人员依据交接凭证办理交接手续并做好书面交接记录，详细记录交接车票的种类、数量、状态、信息等。交接时若发现车票数量或信息有误，交接双方需及时核查更正；对于不能及时查明原因的，应按实际数量进行签收，车站在交接记录本上记录相关情况，并将情况立即报告上级组织调查。

3. 车票的加封

为避免车票零散存放而导致遗失、混淆和人员重复劳动等问题，车票在经相关工作人员清点并确认数量后，可按一定数量进行加封保管，以保证车票保管的安全、准确。用扎把带直接加封的车票主要是一些票面面积较大、便于用扎把带缠绕的车票，例如纸票等，加封时将扎把带十字形缠绕车票，将车票固定在十字形内，用胶水将扎把带末端粘贴住，并在粘贴封口骑缝处加盖加封人员私章，以达到扎把带一经破封无法复原的目的（见图 5-2）。

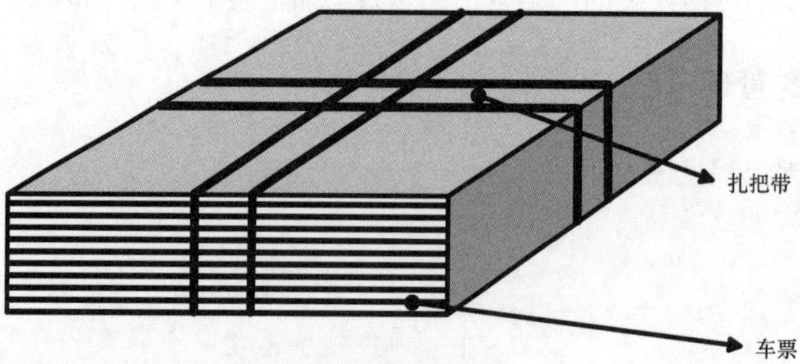

图 5-2　车票的正规加封

加封时，需在扎把带空白处注明加封内容（加封内容指车票类型、票种、数量、金额等，预制票还需注明售出期限）、加封车站和加封日期。

用信封加封时，把车票放入信封后，将信封口封住，再用扎把带将信封背面的接缝处封住，在信封的正面注明加封内容、加封车站、加封人和加封日期，并在信封背面扎把带骑缝处加盖加封人员私章。

任务 5.4　票 务 作 业

5.4.1　票价制式、票价策略与计价方式

1. 票价制式

目前，在城市轨道交通行业采用的票价制式主要有单一票价制和计程票价制。

单一票价制是指不论乘客乘坐里程长短或站点数多少，都实行一种价格的票价制度。

计程票价制又分为按区间分段计价和按里程分段计价两种。

按区间分段计价是指按乘客乘坐的车站区间数量实行多级票价，根据设定的基本起步价、起价区间、每个计价段所包含的区间数、每一计价段价格等进行票价的计算。

按里程分段计价是指按乘客乘坐的运营里程长短实行多级票价，根据设定的基本起步价、起价里程、每个计价段所包含的里程数、每一计价段价格等进行票价的计算。

2. 票价策略与计价方式

1）单一票价制

优点：票制单一，易于管理和操作，服务人员相对较少。

缺点：长、短途客流费用支出不合理，无法充分实现企业的经济效益。

2）计程票价制

（1）按区间分段计价。

优点：考虑了长、短途客流的需求，票价相对合理，乘客可根据乘坐的区间数计算票价。

缺点：不适用于站间距有较大差异的线网。

（2）按里程分段计价。

优点：充分考虑了长、短途客流的需求，按乘坐里程与票价的关系制定合理的票价，适用于站间距有较大差异的线网。

缺点：管理难度较大，对自动售检票系统提出了更高要求。

5.4.2　票款管理流程

1. 现金的安全管理规定

票务收益室、客服中心应设有防盗门，并随时保持锁闭状态，门钥匙由专人保管及使用。

室内应配置监视设备，能对所有现金操作环节进行实时监视和实时录像，并留存一定时间段的录像可供回放查看。

除车站当班票务工作人员及其他指定票务工作人员外，其他人员不得随意进入票务收益室、客服中心。确需进入时，必须得到当班值班站长或以上级别人员的许可，并由当班值班员陪同方可进入。

车站需设立台账，记录批准人员和进入人员姓名、进入原因、进入时间及离开时间等。当班值班员离开点钞室或站务员离开票务处时，票务收益室、客服中心内所有人员必须随同离开，不得逗留。

除现金交接、钱箱清点之外，其他时间票务收益室内的所有现金只能保管在保险柜、补币箱、待清点钱箱或已锁闭的尾箱内。站务员在处理现金时，应将现金放在乘客接触不到的地方。

车站票款的管理流程见图 5–3。

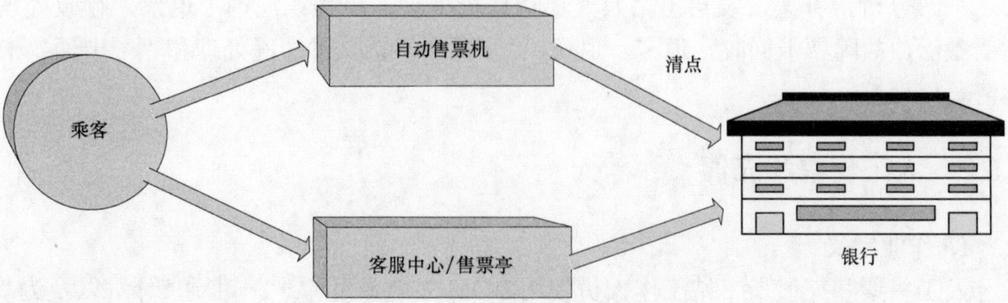

图 5–3　车站票款的管理流程

2. 现金的交接

为保证备用金、票款在各岗位之间交接过程中的安全，车站在进行备用金、票款交接时，需建立交接凭证和统计台账，交接人员依据交接凭证办理交接手续并做好书面交接记录。交接时若发现实点金额与交接凭证有误，交接双方需及时核查更正。对于不能及时查明原因的，应按实点金额进行签收，车站在交接记录本上记录相关情况，并将情况立即报告上级组织调查。

3. 票款清分管理

当乘客乘车过程中涉及多条运营线路时，中央计算机系统的清分子系统必须对换乘交易的数据进行专门的统计，需要时应对交易费用进行清分结算。

在清分处理中，可以根据起、止站预定的换乘路径进行清分，也可以根据积累的换乘规律和算法进行清分。

换乘票务的清分一般包括交易清分和票款清分。交易清分需参照预定或积累的换乘路径进行，可以用于运载量的输入信息；而票款的清分不一定需参照预定或积累的换乘路径进行。

1）无标记换乘的清分

在路网中，乘客从进站到出站，经过的路径和运营线路有多种选择。由于路径的不确定性，清分时可以采用路径算法、数理统计算法或者模糊算法等，以确定各运营线路的票款收益。

2）有标记换乘的清分

乘客在换乘时记录了乘客的进站交易数据、出站交易数据、路径数据，在自动售检票系统中可以获得换乘交易一条完整的路径数据。根据路径数据，清分系统能够精确地清分各运营线路的收益，但在换乘站必须在车票上留有换乘标志信息，并经过车站计算机上传给有关系统集中处理。

任务 5.5 票 款 管 理

5.5.1 票务作业种类

一般情况下的票务作业包括：人工售票和充值，福利票换领，发票、报销凭证换领，车票分析，补票，发售出站票，单程票批处理，单程票注销，退票，行政处理，车票激活，故障票卡回收，退卡，退资，“一票通”票异常情况处理和“一卡通”卡异常情况处理等。

5.5.2 人工售票和充值

1. 作业定义

人工售票和充值指车站工作人员使用 BOM 发售单程票、“一卡通”卡，以及为“一卡通”卡充值的业务。

2. 作业程序

（1）“一卡通”卡发售押金为 20 元/张，同时须进行充值，最低 20 元；充值额为 10 元的整数倍；单次充值额不得大于 500 元；卡内余额不得大于 1 000 元。

（2）车站售票人员应严格遵守售票/充值作业程序，不得拒收硬币及破旧但能用的纸币。

（3）车站售票人员进行作业时须使用相关设备辨别纸币真伪，如发现假币或无法确认真伪的纸币时，应立即将纸币退予乘客并要求其更换。

（4）车站售票人员换岗前，应将全部单程票售出，未售出的车票须进行注销。

5.5.3　补票

1. 作业定义

补票指当乘客由于票卡超时、进出站次序错误等原因无法正常进站或出站时，车站工作人员使用 BOM 对票卡进行补齐记录、扣费等处理，使之能够正常使用的业务。

2. 作业程序

（1）车站工作人员在进行补票前须确认所用 BOM 的费区设置是否正确。

（2）车站工作人员不得随意修改补票费用。

5.5.4　发票、报销凭证换领

1. 作业定义

发票、报销凭证换领指车站工作人员为购票或充值后有报销需求的乘客发放“一卡通”发票与“一票通”报销凭证的业务。

2. 作业程序

（1）车站工作人员须凭乘客出具的储值卡（“一卡通”）售卡、充值机打印单据向乘客发放发票或报销凭证。

（2）车站工作人员根据售卡、充值金额如实开具发票，不得虚开发票，在交予乘客发票的同时，在机打水单上注明“已开发票”。

（3）车站工作人员应妥善保管储值卡（“一卡通”）发票存根。

5.5.5　票卡注销

1. 作业定义

票卡注销指车站或票务收益室工作人员使用 BOM 或 E/S（encoder/sorter，编码分拣机）对已发行或预赋值但未售出的单程票或预赋值单程票进行注销的业务。

2. 作业程序

（1）单程票注销须于当日在发行该车票的 BOM 上进行。

（2）预赋值单程票注销须于规定时间内在发行该车票的 E/S 上进行。

（3）出现下列情形之一时，允许进行注销业务：操作失误导致错误发售的单程票；当日本岗进行批处理业务后未售出的单程票；未能在预定日期内售卖完毕的预赋值单程票。

（4）对于已向乘客售出的车票，不允许进行注销。

复习思考题

1. 简述票务系统的意义。
2. 简述自动售检票系统运营管理模式定义。
3. 简述补票作业程序。

项目 6　P+R 换乘客流分析

知识目标

- 了解 P+R 系统的行为调查；
- 分析 P+R 系统；
- 掌握乘客导向标志分类及设置原则。

能力目标

- 掌握 P+R 换乘设施构成及小汽车与城市轨道交通换乘客流的规模；
- 通过各种 P+R 换乘出行生成预测模型对 P+R 换乘客流规模进行分析。

思政目标

- 树立安全意识与流程意识；
- 强化岗位责任意识；
- 培养严谨、认真的工作态度。

典型案例

武汉主流 P+R 停车场 换乘地铁更实惠

P+R 停车场即停车换乘（park and ride）停车场。上班人群早上驾车停进 P+R 停车场，然后去换乘地铁抵达工作单位；下班后再坐地铁到达停车场，驾车回家。这种模式听起来是不是很诱人？既缓解了城市中心道路的拥堵，还节能环保，最后也为上班人群省下了交通费用。下面以武汉地铁为例进行分析（数据截至 2018 年）。

1. 武汉地铁 1 号线

1 号线是武汉最早的城市轨道交通线路，东起汉口北，西至泾河，通过解放大道及京汉大道，贯穿整个汉口繁华区域，从地理位置上来说，与所有纵向过江地铁都有交汇。因此，除了本身的运力需求之外，换乘需求也非常大。

1 号线目前有两个主流 P+R 停车场。

第一个在汉口北起点站，提供 105 个停车位。停车场 30 分钟内免费；白天 1 小时内，小车 3 元，中型车 5 元，大型车 6.5 元；白天 1 小时后，小车 6 元，中型车 10 元，大型车 13 元；晚上小车 8 元，中型车 13 元，大型车 17 元。汉口北地区目前并非繁华地段，P+R 停车场的收费标准性价比不算很突出。不过考虑到与地铁站的距离，小车白天停放还是一个不错的选择。

第二个在黄浦路地铁站，在黄浦路地铁站 B 出口往武汉大道方向，近壹方购物中心，提供 158 个停车位。停车场 30 分钟内免费，超过 30 分钟每小时收费 3 元，全天 24 小时封顶 45 元。黄浦路地铁站作为地铁 1 号线与 8 号线的交汇站，又是传统武汉内环商业经济中心之一，附近的停车需求旺盛，停车收费较为昂贵。黄浦路 P+R 停车场的收费标准相对附近已经算是比较便宜的选择了，特别是按小时临时停车来说，3 元每小时算是非常实在的了。

2. 武汉地铁 2 号线

2 号线是武汉地铁的主动脉，线路北起天河机场，南至光谷广场，沿线连接天河机场、盘龙城开发区、武汉客厅、汉口火车站、CBD、江汉路、中南商业区、光谷开发区等。纵向“剖开”武汉交通，并且换乘选择丰富。

2 号线目前也有两个主流 P+R 停车场。

第一个在金银潭地铁站 A 出口附近，该站为 2 号线小交线北起点站，提供 280 个停车位。停车场 30 分钟内免费；早 7 点至晚 7 点，封顶 6 元；晚 7 点至次日早 7 点，封顶 8 元。金银潭地铁站是 2 号线初期的北部终点站，带动了整个常青城附近东西湖中部地区的交通及商业建设。从交通上来说，驾车从金银潭附近进入三环内的道路选择不算丰富，周期性拥堵状况非常突出。上下班将车停在 P+R 停车场，从时间和花费方面都是一个不错的选择。

第二个在繁华的江汉路地铁站，作为传统老汉口商业区，位于武汉交通线路的核心区，提供 245 个停车位。停车场 30 分钟内免费，超过 30 分钟每小时收费 3 元，全天 24 小时封顶 45 元。江汉路商圈的繁华程度自然不必多说，虽然设置了不少的停车位，但恐怕还是不够周边使用。另外，目前江汉路中山大道路段为景观道路，每天限制社会车辆的驶入时间，在限行时间段进入江汉路需要绕行。与黄浦路 P+R 停车场一样，江汉路 P+R 停车场收费相对周边也同样足够实惠。

3. 武汉地铁 3 号线

3 号线北起宏图大道（武汉客厅），南至沌阳大道，连接后湖居民区、香港路金融区、CBD、王家湾商业区、沌口经济开发区、武汉体育中心等。3 号线近似东北—西南走向，呈对角线贯穿武汉，沿途分布众多商圈、居民区，且换乘便利。

3 号线目前提供一个主流 P+R 停车场。

该停车场设置在汉阳客运站地铁站，在近三环线的位置，提供 150 个停车位（见图 6–1）。停车场 30 分钟内免费；早 7 点至晚 7 点，1 小时内收费 3 元，超过 1 小时收费 6 元；晚 7 点至次日早 7 点，收费 8 元；全天 24 小时收费封顶 14 元。

汉阳客运站在位置上，处于沌口开发区与汉阳老城区交汇的地段，毗邻三环线与龙阳大道快速路交汇处，快速交通便利。从沌口地区驾车再向北进入中心城区则会面临更大的拥堵概率，而转乘地铁不失为一个好的选择。

图 6–1　汉阳客运站 P+R 停车场

4. 武汉地铁 4 号线

4 号线东起武汉火车站，西至汉阳黄金口。整条线路呈东西走向贯穿武汉，连接武汉火车站（高铁站）、青山区、楚河汉街、武昌火车站、钟家村、王家湾、黄金口（规划汉阳火车站）。

4 号线目前提供 3 个主流 P+R 停车场。

第一个在汉阳黄金口地铁站，该站为 4 号线汉阳区域的起点站（规划向西延长），该站附近还会建设汉阳火车站新站，提供 350 个停车位。停车场 30 分钟内免费；1 小时内收费 3 元；超过 1 小时，每小时递增 1 元；24 小时封顶 18 元。黄金口地铁站位于蔡甸区与汉阳区交汇的地段，从蔡甸远城区进入中心城区的市民可以在此转乘地铁。虽然目前来说，黄金口一带还不算繁华，但是从规划来看，不需要多久，该区域就会有脱胎换骨般的发展。

第二个在工业四路地铁站，该站距离 4 号线终点站武汉火车站仅 2 站，提供 160 个停车位。停车场 30 分钟内免费；早 7 点至晚 7 点，1 小时内收费 3 元，超过 1 小时收费 6 元；晚 7 点至次日早 7 点，收费 8 元；24 小时封顶 14 元。工业四路地铁站紧邻武汉火车站，虽然说武汉火车站也提供数量充足的停车位，不过需求量也同样旺盛，往往从可以找到的停车位走到火车站内需要一定的距离。而地铁 4 号线则可以直接坐到武汉火车站站内，仅需乘电梯上楼即可到达出发大厅。

第三个在园林路地铁站，该站位于青山区近二环线位置，提供 125 个停车位。停车场 30 分钟内免费；早 7 点至晚 7 点，1 小时内收费 3 元，超过 1 小时收费 6 元；晚 7 点至次日早 7 点，收费 8 元；24 小时封顶 14 元。从园林路地铁站往西即进入武汉二环线范围，对于青山区的居民，或者自二环线驾车前来换乘地铁的市民，都非常便利，收费标准也比武昌核心商业区域要划算得多。

建设时间相对靠后的地铁线路，目前的 P+R 停车场也在陆续建设和投入使用之中。例如地铁 6 号线附近的江城大道站停车场，位于东风本田武汉第二工厂 1 号门对面，距6号线江城大道站B出口100 m，提供430个停车位。目前临时停车收费标准为：30分钟内免费；早7点至晚8点，每小时收费2元；晚8点至次日早7点，每小时收费1元（该时段封顶5元）；24小时封顶15元。

可以看到，由于地理位置的不同，武汉P+R停车场的收费标准各不相同，但是总体上收费都要低于所在地区附近的商业停车场，实实在在给换乘城市轨道交通的乘客带来了实惠。

另外也可以看到，后期建设的城市轨道交通线路所配套的P+R停车场规划更加完善和科学，P+R模式有着美好的前景和迫切的需求，在让广大市民享受有车生活的同时，也为环境保护及减少拥堵尽了一份力。

任务6.1 停车换乘P+R的含义及出行行为意愿调查

P+R即停车换乘，是指为实现小汽车出行方式向公共交通出行方式转换所提供的停车换乘设施，以实现公共交通出行与小汽车出行的衔接，是缓解中心区交通压力的有效手段之一。

P+R交通模式是目前某些大城市的上班族普遍采用的交通模式，P+R系统一般设置在市中心外围，与公共停车换乘设施衔接，收费相对低廉，通过较低的停车费和较为便捷的换乘，鼓励上班族停放小汽车，换乘公共交通进入中心城区。P+R出行一般构成见图6-2。

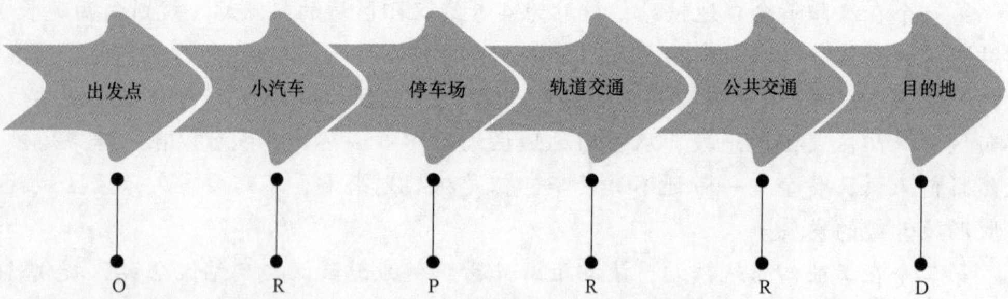

图6-2 P+R出行一般构成

6.1.1 P+R出行行为意愿调查

P+R出行行为意愿调查，一般采用出行者行为（revealed preference，RP）调查及意愿（stated preference，SP）调查。RP调查是已实现的选择行为习惯的调查；SP调查是在假设条件下，选择主体意愿的调查。

考虑到P+R的影响因素，RP调查项目主要包括受访者的性别、年龄、职业、收入、通勤时间和距离。SP调查包括两个假设变量：以当前自驾车的出行时间和出行费用为基准，利用P+R系统的出行时间和出行费用的变化量，两个变化量各设置三个变化水平，即增加、不变和减少。从调查简单性、有效性的原则出发，可以采取正交实验法，从几种组合中筛选出多个具有现实意义的水平组合作为假设情况（见表 6–1），在调查时对各种假设情况下的 P+R 出行行为意愿进行询问。

表 6–1　五种换乘条件

换乘情况	出行费用	出行时间	换乘比例
情况 1	减少 50%	减少 50%	
情况 2		基本不变	
情况 3		增加 50%	
情况 4	基本不变	减少 50%	
情况 5	增加 20%	减少 50%	

实际调查时应选取指定的时间、地点，由调查员对在该停车场内的停车者进行询问，当面填写调查表。另外，鉴于平日和假日的调查对象及其停车行为可能会有所不同，因而在平日和假日分别进行停车行为及停车意愿调查。

6.1.2　选择 P+R 出行行为意愿调查结果分析

一般来说，出行者权衡出行费用、出行时间等因素，认为利用 P+R 系统的效用优于自驾车出行时，才会选择 P+R 系统；而政府决策者会考虑为建设 P+R 系统付出的代价及转移效果等因素，采取最佳的政策方案。以北京市某年工作日调查为例，调查共回收有效样本 1 309 份，对调查结果进行初步分析，具体如下。

1. 不同职业者选择 P+R 系统意愿分析

调查选取工人、事业单位人员、公务员、专业技术人员、企业高级管理者、自由职业者、其他等不同职业者。总体来看，在各种换乘条件下，工人选择 P+R 系统的比例最高；其次是事业单位人员、公务员和自由职业者；企业高级管理者选择 P+R 系统的比例最低。

在出行费用减少 50%的条件下，不同职业者选择 P+R 系统比例随出行时间的增加而减少。从出行时间减少 50%到基本不变，比例变化较大的是企业高级管理者和专业技术人员，变化幅度为 30%和 32%，对出行时间减少变化较为敏感；而在出行费用增加 50%时，其比例变化在 19%内。

总体来看，不同职业者选择 P+R 系统比例随出行时间和出行费用的增加而减少。对出行时间较为敏感的是企业高级管理者和专业技术人员，对出行费用较为敏感的是专业技术人员和公务员。

2. 不同年收入层选择 P+R 系统意愿分析

建立 P+R 系统时，在考虑不同职业的情况下必须考虑受影响的年收入层。在各种换乘条件下，5 万元以下年收入层选择 P+R 系统的比例高于 5 万元以上年收入层，即 5 万元以下中低年收入层对 P+R 系统有较高的转移意愿。在出行时间减少 50%的条件下，各年收入层选择 P+R 系统的比例随出行费用的增加而减少。

总体来看，各年收入层选择 P+R 系统的比例随出行时间和出行费用的增加而减少。选择 P+R 系统的比例随出行时间变化较大，对出行时间较为敏感的年收入层是 3 万元以上。比例随出行费用变化较大，对出行费用较为敏感的年收入层是 7 万元以下。

3. 不同通勤时间和距离出行者选择 P+R 系统意愿分析

P+R 系统的主要服务对象是城市郊区及城市周边的通勤者，故将出发地为城八区外的样本提出来与全体样本进行分析和比较。

由图 6-3 可以看出，全体和城八区外样本比例中，通勤距离在 20 km 以下的居多，分别为 60%、45%。城八区外样本中，20 km 以上距离通勤者仍占到 55%，这 55%的通勤者是将来利用 P+R 系统转移的主要对象。由图 6-4 可以看出，通勤时间在 1 h 以内的通勤者居多，全体和城八区外样本比例分别为 69%、68%。

总体来看，虽然城八区外样本中，40 km 以上距离通勤者比全体样本多出 17%，但长时间通勤者增加的并不多，1.5 h 以上通勤者比全体样本仅多出 4%。这表明人们在居住地选择时已经考虑了通勤出行问题。从全体样本来看，虽然 20 km 以下距离通勤者占到近 2/3，但仍有 1/3 的通勤者通勤时间过长（超过 1 h）。

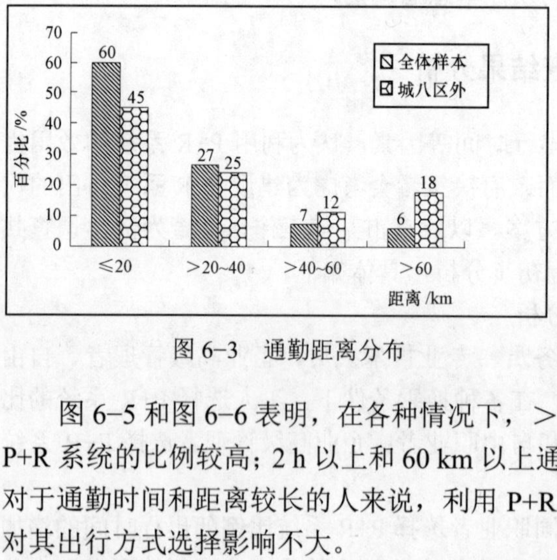

图 6-3　通勤距离分布

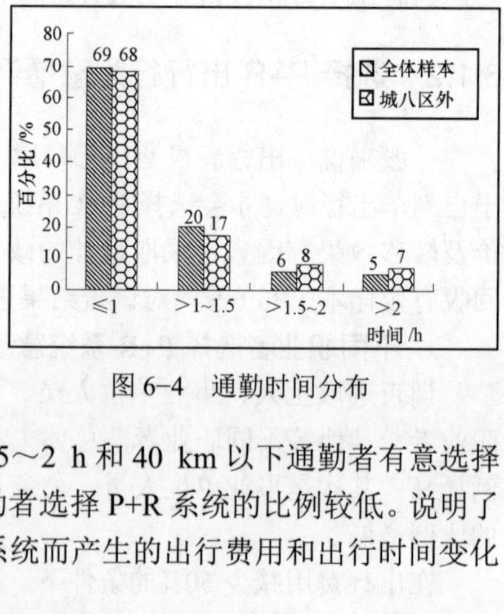

图 6-4　通勤时间分布

图 6-5 和图 6-6 表明，在各种情况下，＞1.5～2 h 和 40 km 以下通勤者有意选择 P+R 系统的比例较高；2 h 以上和 60 km 以上通勤者选择 P+R 系统的比例较低。说明了对于通勤时间和距离较长的人来说，利用 P+R 系统而产生的出行费用和出行时间变化对其出行方式选择影响不大。

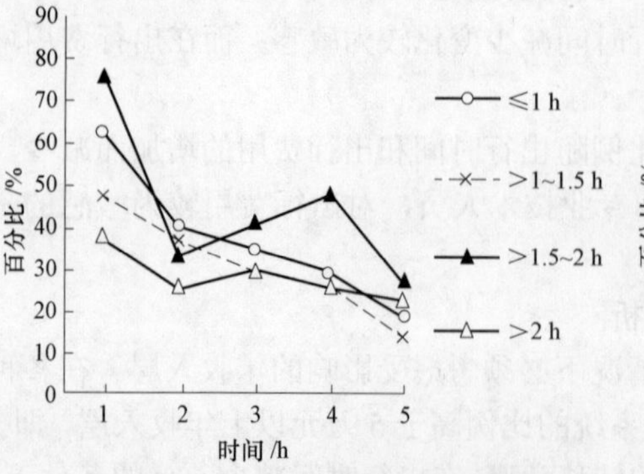

图 6-5　不同通勤时间出行者选择 P+R 系统意愿分布

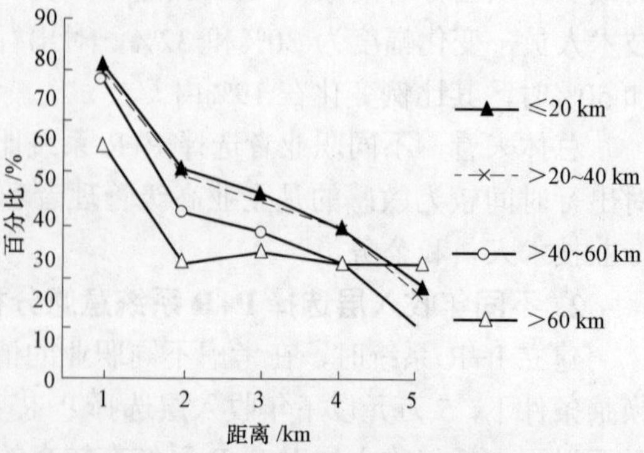

图 6-6　不同通勤距离出行者选择 P+R 系统意愿分布

4. P+R 换乘需求预测

个体特征、出行特征、交通设施服务水平都会影响小汽车出行者 P+R 选择行为，从而影响出行者的效用函数。以下对天通苑北站附近小汽车出行者的出行特性及 P+R 出行选择行为进行了意愿调查，共获得 369 个有效数据。被调查者中，60.4%为男性，39.6%为女性；55%的被调查者年龄在 18～34 岁，37.1%的被调查者年龄在 35～49 岁，7%的被调查者年龄在 49～64 岁，0.8%的被调查者年龄在 65 岁以上；15.2%的被调查者为公务员或企业高管，50.4%的被调查者为企事业人员或工人，21.1%的被调查者为自由职业者，13.3%的被调查者为其他类型的出行人员。从被调查者的年龄、职业可以推断，天通苑的早高峰出行者主要是年轻的通勤出行者。

5. P+R 换乘特性分析

换乘过程中的等待时间和换乘次数是影响换乘选择的一个重要因素，不同的职业人士有不同的等待时间和换乘忍耐次数。

根据统计调查，天通苑周围的公务员或企业高管出行者中，51.7%的出行者可以接受 5 min 以内的换乘等待时间，33.9%的出行者可以接受 10 min 以内的换乘等待时间，10.7%的出行者可以接受 15 min 以内的换乘等待时间，3.7%的出行者可以接受 20 min 以内的换乘等待时间；企事业人员或工人出行者中，43%的出行者可以接受 5 min 以内的换乘等待时间，39.2%的出行者可以接受 10 min 以内的换乘等待时间，13.4%的出行者可以接受 15 min 以内的换乘等待时间，4.4%的出行者可以接受 20 min 以内的换乘等待时间；自由职业出行者中，47.4%的出行者可以接受 5 min 以内的换乘等待时间，37.2%的出行者可以接受 10 min 以内的换乘等待时间，14.1%的出行者可以接受 15 min 以内的换乘等待时间，1.3%的出行者可以接受 20 min 以内的换乘等待时间；其他类型的出行者中，46.9%的出行者可以接受 5 min 以内的换乘等待时间，36.7%的出行者可以接受 10 min 以内的换乘等待时间，12.2%的出行者可以接受 15 min 以内的换乘等待时间，4.2%的出行者可以接受 20 min 以内的换乘等待时间。从等待时间分析可以看出，大部分的出行者愿意等待的换乘时间主要集中在 10 min 以内。

同时，天通苑周围的公务员或企业高管出行者中，8.92%的出行者不愿意接受出行中的换乘，46.4%的出行者可以接受 1 次以内的换乘，42.9%的出行者可以接受 2 次以内的换乘，1.79%的出行者可以接受 3 次以内的换乘；企事业人员或工人出行者中，16.6%的出行者不愿意接受出行中的换乘，50.5%的出行者可以接受 1 次以内的换乘，31.2%的出行者可以接受 2 次以内的换乘，1.61%的出行者可以接受 3 次以内的换乘；自由职业出行者中，15.4%的出行者不愿意接受出行中的换乘，55.1%的出行者可以接受 1 次以内的换乘，28.2%的出行者可以接受 2 次以内的换乘，1.28%的出行者可以接受 3 次以内的换乘；其他类型的出行者中，26.5%的出行者不愿意接受出行中的换乘，44.9%的出行者可以接受 1 次以内的换乘，28.5%的出行者可以接受 2 次以内的换乘，1.9%的出行者可以接受 3 次以内的换乘。从可以接受换乘次数分析可以看出，不论从事何种职业，大多数出行者可以接受 1 次及以下的换乘。

前面的分析表明，性别、年龄、换乘次数、等待时间及职业都对换乘选择具有影响。通过以上分析可以得出以下几点结论：

（1）截至调查统计时间某年底，北京市通勤时间过长的状况仍然存在，约 90%的通勤者可接受的通勤时间在 1.5 h 以内。

（2）出行费用和出行时间对选择 P+R 系统意愿有明显影响。

（3）不同职业者中，工人、事业单位人员、公务员和自由职业者对 P+R 系统有较高的转移意愿。对出行时间较为敏感的是企业高级管理者和专业技术人员，对出行费用较为敏感的是专业技术人员和公务员。

（4）不同年收入层中，5 万元以下中低年收入层对 P+R 系统有较高的转移意愿。对出行时间较为敏感的年收入层为 3 万元以上，对出行费用较为敏感的年收入层为 7 万元以下。

（5）不同通勤时间和距离出行者中，对 P+R 系统转移意愿较高的是 2 h 以下和 40 km 以内的通勤者。

任务 6.2　国外城市地铁站 P+R 的实践

国外方面，P+R 这种典型的停车换乘方式非常普遍。为了扩大城市轨道交通的影响区域，增加向城市轨道交通的换乘量，相关的管理和规划部门往往为出行者创造良好的换乘条件，并对换乘城市轨道交通进入市区的出行者给予优惠，同时对驾驶小汽车进入市区的出行者实行较为严格的限制，以此来达到限制进入市中心小汽车的数量、缓解交通压力的目的。

美国、加拿大的一些大中城市发展特点是低密度蔓延式，城市规模大，人口密度小，P+R 主要为通勤人员服务，提高通勤出行效率，减少小汽车的长距离出行，进而降低能源消耗和城市污染。欧洲国家（英国、法国等）古城众多，城市老城区或中心区交通设施供给能力有限，交通拥堵状况严重，通过规划 P+R 设施，引导小汽车在城外停车，出行者换乘公交出行，能够优化交通方式结构，缓解老城区交通压力，提高出行的便捷性。

1. 美国

在 20 世纪 70 年代初，由于石油价格的上涨冲击了社会对小汽车的依赖性，美国许多大城市开始投资兴建 P+R 设施以促进公交复兴来缓解空气污染、能源消耗、交通拥挤等难题。但是由于美国的郊区人口密度低，造成公共交通的运营成本高，客流量不足，在这些低密度居住区建立完善的、适合每个居民出行的公交系统从投资上来说是不经济的。于是经综合考虑，采取将公交线路集中在一条交通走廊上，由多条线路共用一个换乘设施。由此，美国的 P+R 形式也以小汽车与通勤铁路的换乘较为普遍。此外，还有小汽车与快速公交、小汽车与市内公交及小汽车与合乘车等换乘方式（见表 6–2）。

表 6–2　美国 P+R 常用类型及相关信息

设施类型	规模/泊位	是否收费	使用率情况
通勤铁路（commuter rail）	500～2 000	收费	75%～133%
铁路（heavy rail）	1 000 以上	收费	使用率很高
轻轨（light rail）	400～1 000	收费	26%～99%

续表

设施类型	规模/泊位	是否收费	使用率情况
HOV 专用车道（HOV exclusive lanes）	1 000～2 200	收费	60%～100%范围较广
HOV 普通车道（HOV concurrent lanes）	100～600	收费	
快速公交/支线公交（express and local bus）	25～100	收费	＜50%
合乘车方式（carpool parking）	小型	收费	未知

2. 英国

英国是一个人口密度高并且拥有众多古城的国家，中世纪的道路网络与 21 世纪的汽车交通不仅在时间上形成了强烈的反差，由此带来的中心区的交通拥挤问题也已经严重影响到英国城市的运行效率和城市竞争力的提高。在英国，绝大多数的 P+R 设施设置在城市外围以配合中心区交通限制措施来达到减少市中心交通量的目的。以牛津市为例，牛津是英国首家进行中心区交通管制的城市之一。牛津的许多历史建筑都集中在市区，新建和扩建道路均受到严格的控制。为了减少市中心的交通量，在城市外围建设了一条环状分流干道，控制外围交通进入城市中心区，并结合城市出入口在外围布置了 4 个小汽车换乘站。所有进入市中心的小汽车均在此停靠，出行人群换乘公共汽车进入市中心。4 个换乘站可容纳小汽车 4 000 辆，近些年使用人数按逐年 6%递增。公共汽车每 6～8 min 发一辆车，以满足换乘人员进入市中心的需要。此外，将市中心设置为严格控制停车的区域，仅布置少量的公共停车场，只有居住在市中心的人才允许进入停车。在 20 年的时间里，牛津市中心的交通总量增长并不多，而同时期英国城市的交通总量增长了一倍，牛津换乘站的交通量增长了 90%，17%的小汽车交通量转移到了公交系统。

3. 德国

德国汉堡市为了控制流向城市中心区的汽车交通量，结合调整城市交通结构，也同样采取了换乘的方式。基本规划是通过建设高速铁路网、开设郊外 P+R 停车场、提高换乘的便利性、限制市区内停车等手段，以便和私人交通工具竞争。具体做法上，在郊外的铁路车站（或公共汽车站）设置停车场，通过大运量的运输方式换乘客流。该市的公共运输企业联合体为了推进该项事业，建设了约合 4 000 个车位的 P+R 停车场，并在票价上实行统一的票价体系以便于换乘。在快速城市轨道交通经过的地区，共有 188 个车站。其中，73 个车站有 P+R 设施供出行人群免费使用，所有的车站都设有自行车停放点。3%的乘客通过小汽车与城市轨道交通换乘，1%的乘客通过自行车与城市轨道交通换乘。此外，在郊外的车站附近，还随停车场一起建设了购物中心等服务设施，以提高停车场使用者的便利性。该措施的实施对该市的交通结构产生了较大的影响。

4. 新加坡

新加坡是一个城市国家，人口高度集中，任何大规模道路建设都会严重影响城市居民的正常生活和城市环境。针对这种情况，政府采取了一些新的交通需求管理措施来平衡交通供求关系。在小汽车造成交通堵塞的时间和地点，对这些使用道路的小汽车进行收费。市中心区被划为小汽车行驶限制区，除救护车、消防车及公交车外，全部车辆均需要购买并出示有效许可证。为了配合限制区许可证制度的实施，政府沿市区出入干道设置了 15 个停车场，共计 10 100 个停车位，开通了大运量快速公交系统（MRT）。同时，P+R 设施设置已完全不同于过去那种围绕限制区外围分布，而是选择容易到达地铁站的居住区内的停车场作为换乘停车场，这些停车场都与市中心保持 10 km 以上的距离。到现在，这些设施的使用率还在逐年增长。

5. 韩国

韩国的许多大城市都具有一些显著的共性，即人口密度高、早在工业化之前就已形成较大规模的中心商务区、在远离中心商务区的城市边缘地带形成规模巨大的综合居住区。在距离首尔大约 25 km 的郊区建设有 5 个新镇，搬到新镇的人口很大部分仍然在首尔地区工作。由于忽视了相应功能设施的完善，使得新镇难以摆脱对市区中心的依赖，导致新镇与中心城市之间的出行流量大幅增加。从新镇到首尔的小汽车出行比例达到 46.7%，铁路和公交出行比例分别为 25%和 24.2%。出行流量的增加，尤其是小汽车出行量的增加，加速了新镇与首尔之间交通走廊的拥堵。

在首尔的外围，高峰小时车流量的平均时速为 25 km，市内这一数值为 20 km。为了缓解拥堵，引导小汽车出行者使用公共交通，P+R 设施沿主要通勤铁路系统建设。1999 年，政府在首尔大都市区修建了 15 条铁路线，全长 412.3 km，平均日客流量达到了 600 万人，并在火车站 200 m 半径范围内布置了 69 个 P+R 停车场，共有 15 285 个泊位。大部分 P+R 停车场以联合使用的形式存在，其中 36 个停车场位于首尔市区内，目的是引导小汽车出行者乘坐公共交通出行，以改善交通走廊的拥挤状况。

任务 6.3 城市轨道交通车站 P+R 设施构成

城市轨道交通车站 P+R 设施主要包含集散类设施、站场类设施、安全及舒适性设施和信息诱导设施四大类。以下进行简要介绍。

6.3.1 集散类设施

集散类设施由出入口、内部交通组织、步行系统等部分构成。

1. 出入口

出入口在 P+R 设施内部的合理规划和设计中是非常重要的一个环节。安全高效的出入口对 P+R 设施的成功运营非常重要。P+R 设施的出口和入口宜分开设置，通常在主次干道都可以布置，最好布置在次干道右侧。若必须设置在主干道旁时，应尽量远离交叉口并限制左转车辆进口，避免造成交叉口处交通组织的混乱。

P+R 停车场的出入口规划应考虑以下因素：总平面内车道数量和位置、出入路线的数量、停车换乘设施中的单向交通、车道宽度和转弯半径、环境和视距要求、行人和自行车出入口。

2. 内部交通组织

P+R 设施内是车流和人流集中混杂的场所，设施内部交通组织布局对附近交通有直接影响。因此，必须对内部的交通组织进行详细规划设计，应视停车场的规模、车流量、人流量、用地条件和地形等条件而定。具体组织原则如下：

（1）出入口处应设置明显的行驶方向标志和停车位置指示牌。

（2）车辆布置方式与人行流线有很大关系，为了减少人与车的流动交叉，应采用垂直式按纵向排列。

（3）按单向行驶组织交通，车辆右转驶入并右转驶出，避免产生车辆的交叉冲突。

（4）P+R 设施内部路面应有显著的停车标志和行车方向标志，便于驾驶员自动入位。

3. 步行系统

P+R 设施内应充分考虑步行系统空间，步行系统建设应连续、功能完善，体现“以人为本”的设计思想，具备人性化特点。步行道路是专为行人设计的，为保护行人安全和防止步行道路下的泥土被冲刷，道边应当高于地面 0.1 m 并埋入地下超过 0.15 m，所有的步行道路下都应布置基层。道路表面应有一定坡度以保证排水，并选择块石材料铺装，起到防滑同时保证行人安全的作用。

行人从机动车储存区到候车区的步行距离应控制在 100 m 以内，理想状况为 1 min 的步行时间。此外，在储存区和候车区之间应设置顶棚，遮阳防雨，给乘客提供一个舒适的候车环境。

6.3.2　站场类设施

1. 小汽车停车场

小汽车停车场的轴线应与乘客候车区垂直，停车区离乘客候车区大约 100 m。出行者驾驶小汽车进入机动车停车区，停车后直接步行进入乘客候车区。这样的布局可有效地避免人流与车流的交叉，保证行人安全。

2. 自行车停车场

自行车停车场应紧邻附近街道和乘客候车区，以便骑车者直接进入停车区停放自行车。停车区应尽可能设置车棚（防雨、防晒），内设车架，以便于存放和管理。停车带和通道应有显著的标志，以便车辆出入，避免干扰行人。

6.3.3　安全及舒适性设施

在设计 P+R 停车场时，为乘客提供一个安全舒适的换乘环境是很重要的。安全的换乘环境可以提高舒适性，促进乘客自觉爱护公共设施。在具体设计时应注意照明、安全、人性化设计几个方面。

6.3.4　信息诱导设施

P+R 设施内的信号标志通常安装在固定或移动支撑物上，用文字或符号传递禁令、警告和指示停车场的特定信息。使用者通常都是通过这些信号标志来确定 P+R 设施的方位从而方便地使用。采用信息诱导系统的目的主要是为确保乘客进站、离站的整个过程均能顺利且安全完成。主要信息诱导设施有方向性标志、说明性标志、警告性标志，具体设计时应注意以下事项：

（1）信号标志的内容和位置对车辆和行人流线的流畅非常重要，通常在 P+R 设施临近的道路设置醒目的信号标志以引导乘客使用。

（2）在 P+R 设施内，设计者应当为使用者提供通往车位和换乘区域最直接的信号标志。在使用者进入、穿过、离开 P+R 设施时，信号标志应当和建筑特征共同作用以提供更多的指引。

（3）信号标志的设置应有良好的功能，且与周围环境和谐统一。

任务 6.4　小汽车与城市轨道交通换乘客流规模研究

小汽车与城市轨道交通换乘是 P+R 换乘系统的重要组成部分，对城市轨道交通运转效率和整体效益的发挥具有重要的影响作用，换乘站要满足 P+R 换乘客流需求，并与个体出行行为相符合。

6.4.1　P+R 合理区的确定

确定 P+R 停车场的吸引范围和吸引量是需求预测中一个很关键的环节。确定吸引范围后，就可以根据范围内的土地利用、人口与经济等数据来预测 P+R 的需求。目前由于 P+R 形式多样，功能各不相同，而且吸引范围和吸引量受停车费用、公交网络和拥堵程度等因素影响，无法有一个统一的标准。在借鉴国际经验的基础上，重点分析两类 P+R 的吸引范围：一种是一般 P+R 设施，另一种是远郊 P+R 设施。

1. 一般 P+R 设施的吸引范围

一般 P+R 设施的吸引范围是一个以 P+R 停车场为圆心的抛物线范围，其影响区域大致由两部分组成：

（1）P+R 停车场下游（往 CBD 方向），距离 P+R 停车场 3.2～4.0 km 范围内。

（2）P+R 停车场上游，距离 P+R 停车场 16.1 km 范围内，主要吸引主干道和高速公路的客流。

2. 远郊 P+R 设施的吸引范围

远郊 P+R 设施包括特殊区域边缘的 P+R 和公共停车换乘设施点 P+R，其吸引范围和吸引量由现存 P+R 系统的数据调查分析得出，不同的需求半径与客流的吸引发生量及周边土地利用相关。

6.4.2　与公共交通相关的影响因素

公共交通的连通程度和协同程度等服务水平（如候车时间、行驶速度、站点数量、换乘次数和换乘等待时间）直接影响出行者换乘的效率和舒适性，换乘系统设施的供应是建立在高服务水平的城市客运交通系统上的。

1. P+R 信息的影响

P+R 信息作为停车换乘诱导系统的一部分，对停车换乘行为有重要影响，对提高城市交通系统的效率与功能有重要意义。如果为自驾车出行者提供可靠、准确、及时的信息，就会引导更多的人转向停车换乘。P+R 信息包括停车信息和换乘信息两部分。停车信息包括中心区及 P+R 系统的停车泊位信息、利用率等情况，利于出行者快速找到当时当地最适合的停车位置，减少搜寻时间。

2. 其他影响 P+R 换乘需求的因素

影响 P+R 换乘需求的因素见表 6–3。

表 6–3　P+R 换乘需求影响因素

影响因素	具体分析
早高峰开往 CBD 的班次	班次越多，P+R 的需求越大
小汽车出行成本和公交出行成本的比例	随着小汽车出行成本的提高，而公交出行成本低廉，使得部分出行者转而使用公交出行，增大了 P+R 的需求
P+R 停车场的距离	P+R 停车场和 CBD 距离越大，则 P+R 的需求随之增大
临近高速公路网	临近高速公路网建设的 P+R 停车场将增大 P+R 的需求
白天非高峰时段 CBD 和 P+R 停车场间的可达性	白天非高峰时段 CBD 和 P+R 停车场间可达性的提高会增大 P+R 潜在的需求
吸引量为 50%的范围内的人口数量	随着距离以 P+R 停车场为圆心、半径为 4 km 范围内人口密度的增大，会增大 P+R 潜在的需求
P+R 服务范围内低收入人群的比例	低收入人群的出行主要以公交为主，研究表明低收入人群的比例和 P+R 的需求之间没有很强的线性关系
P+R 停车场与 CBD 间的公交班次间隔时间	公交班次间隔时间短，有助于增大 P+R 的需求，并且可以有效控制公交的行驶速度
支路网的交通容量	增加临近支路的交通容量，可能会增大 P+R 的需求，因为支路交通容量的增大会增加 P+R 下游路网的拥堵，这样就增加了潜在的 P+R 的使用者
在 P+R 吸引范围内基于家的出行	在 P+R 吸引范围内基于家，以上班、上学为出行目的的出行数量的增多，将增大 P+R 潜在的需求
目的地中心区域的就业水平	目的地中心区域的就业水平越高，P+R 潜在的需求就越大，因为 P+R 的大多数使用者以上班为目的
P+R 停车场与目的地间的道路拥堵状况	道路拥堵可以刺激 P+R 的需求，通过特殊的公交优先政策（如 BRT、HOV 等）可提高公交的竞争力
P+R 停车场的使用年限	新建的 P+R 停车场需要一定的时间来吸引客流，而一些建成时间较长的 P+R 停车场如果没有足够的维护和定期的转型，则可能减少 P+R 的需求
P+R 周围区域的人口密度	P+R 周围区域人口密度的增加会刺激 P+R 潜在的需求
P+R 停车场的安全保障	如果停车场安全保障措施不到位，会减少 P+R 的需求

续表

影响因素	具体分析
P+R 停车场内的环境	一个安全舒适的停车换乘环境，会增大 P+R 潜在的需求
P+R 乘客候车设施	完善 P+R 乘客候车设施，可以增大 P+R 潜在的需求
实时的公交信息	实时的公交信息可以有效增大 P+R 潜在的需求
目的地停车费用	提高目的地停车费用，会增大私人小汽车的出行成本，使得人们更愿意乘公共交通出行，增大 P+R 潜在的需求
P+R 停车场的可达性	P+R 停车场的可达性差，会减少 P+R 的需求

复习思考题

1. 简述城市轨道交通车站 P+R 换乘的含义。
2. 简述城市轨道交通车站 P+R 设施的内容。
3. 简述城市轨道交通车站 P+R 换乘的影响因素。

项目 7　城市轨道交通客运组织

知识目标

- 掌握车站日常运作环节；
- 了解车站关站注意事项；
- 掌握车站的客流特点；
- 了解车站的客流日变化规律；
- 掌握车站的客运组织原则；
- 掌握车站的客流组织原则。

能力目标

- ➢ 掌握车站开启流程；
- ➢ 掌握车站巡查的重点内容；
- ➢ 掌握进、出站客流的组织重点；
- ➢ 掌握站台客流的组织重点；
- ➢ 掌握大客流的影响因素；
- ➢ 掌握当车站不能容纳更多乘客时，如何进行客流控制；
- ➢ 掌握当车站还能容纳更多乘客时，如何进行客流疏导；
- ➢ 掌握突发事件下的客运组织措施。

思政目标

- ❖ 树立安全意识与流程意识；
- ❖ 强化岗位责任意识；
- ❖ 培养严谨、认真的工作态度。

典型案例

上海地铁日客流超 700 万人案例

由于不堪大客流重负，上海地铁于 2012 年 4 月初增加限流车站，增加后当时已有超过 30 座车站实施工作日高峰时段限流运营方案，此方案一时成为社会关注的热点。上海从 1990 年开始修建第一条地铁，截至 2023 年 12 月，已建成 508 座车站的运营网络，线路长度居全国第一。地铁列车由于准时、快捷，成为市民出行首选的交通工具。但与此同时，地铁客流量与日俱增，日均客流量增长迅猛。

2012 年 4 月 5 日起，上海部分线路启动高峰限流升级方案。2012 年 3 月 30 日，实施限流措施的上海地铁 6 号线巨峰路站关闭部分进站闸机，乘客排队进站（见图 7–1）。上海地铁运营部门统计数据显示，上海地铁工作日日均客流量超过 670 万人次，最高达 711 万人次。从 2012 年 4 月 5 日起，上海地铁 6 号线、8 号线等启动高峰限流升级方案，包括扩大车站限流范围、关闭部分闸机、站外设置限流栏杆等措施。

图 7–1 乘客排队进站

2012 年国庆期间，在通勤客流和假日休闲等客流的叠加作用下，上海地铁全网络单日客流当年首超 700 万人次大关，达 710.6 万人次，地铁车厢内十分拥挤（见图 7–2）。具体分别为 1 号线 129 万人次、2 号线 139 万人次、3 号线 57 万人次、4 号线 81 万人次、5 号线 15 万人次、6 号线 30 万人次、7 号线 57 万人次、8 号线 70 万人次、9 号线 59 万人次、10 号线 48 万人次、11 号线 25 万人次，换乘客流 277.8 万人次，总计 710.6 万人次。其中，2 号线、9 号线单线客流创下历史新高。

为确保节日运营的平稳有序，上海地铁万余名员工投入一级保驾，信号、车辆、调度、车站等关键设备、关键岗位实施双岗值守，管理人员支援一线运营，全力保安全、保平稳。全网络超过 360 列运用和备用列车投入运营，保证服务供应，满足市民、游客出行的需要。

面对大客流的冲击，为了确保地铁的运营安全和运营秩序，并给乘客提供更好的服务，地铁公司采取了一系列应对措施。

图 7–2　拥挤的上海地铁

（1）编制了新的运行图，提高了地铁运力。

（2）采取了有针对性的客运组织方式。

（3）组织文明疏导员引导乘客有序乘降。

（4）加强了车辆、设备的检修力度。

（5）对 IC 卡系统设备软件进行全面升级，保证大量乘客顺利刷卡进站。

（6）部分线路的部分车站采取暂时限流措施。

任务 7.1　城市轨道交通客运组织概述

7.1.1　城市轨道交通客运组织的概念

1. 城市轨道交通车站客运组织的定义

客运组织是通过合理布置客运有关设备、设施，以及对客流采取有效的分流和引导措施来组织客流运送的过程。

2. 城市轨道交通车站客运组织的内容

车站客运组织的内容主要包括：车站售检票位置的设置、车站导向的设置、车站自动扶梯的设置、车站广播的导向。

3. 城市轨道交通车站客运组织应考虑的原则

（1）合理安排售检票位置，出入口、楼梯、行人流动路线应简单明确，尽量减少客流交叉对流。

（2）使乘客能够顺利换乘其他交通工具。

（3）完善诱导系统，快速分流，减少客流集聚和过分拥挤现象。

（4）满足乘客换乘的方便性、安全性、舒适性等基本要求。

4. 城市轨道交通车站设置与客流组织的关系

车站是城市轨道交通客流的集散地，一般由出入口及通道、站厅层、站台层、设备用房、管理用房和生活用房等几部分构成。

（1）售检票位置与出入口、楼梯应保持一定的距离。

（2）保持售检票位置前通道的宽敞。

（3）售检票位置应根据出入口数量相对集中布置。

（4）设置合理的换乘路线，尽量避免客流对冲。

7.1.2 城市轨道交通客流的概念

客流是指在单位时间内，城市轨道交通线路上乘客流动人数和流动方向的总和。

1. 定义

1）断面客流量

在单位时间内（1 h 或全日），通过城市轨道交通线路某一地点的客流量。

2）最大断面客流量

在单位时间内，通过城市轨道交通线路各个断面的客流量一般是不相等的，其中的峰值称为最大断面客流量。

3）高峰小时最大断面客流量

在以小时为时间单位计算断面客流量的情况下，全日分时最大断面客流量一般是不相等的，其中的峰值称为高峰小时最大断面客流量。

4）车站客流量

车站客流量是指在城市轨道交通车站上下车和换乘的客流量，可细分为全日车站客流量、高峰小时车站客流量和超高峰期车站客流量。

2. 影响客流的因素

（1）土地利用和城市布局发展模式。

（2）人口规模。城市中的客流量与人口规模、出行率也有着密切的关系。因此，除了分析常住人口、暂住人口和流动人口外，还应该分析人口的年龄、职业、居住等特征。

（3）票价。客流对票价的敏感性主要表现为工作日客流受票价提高的影响最小；非高峰尤其是晚上和周末的客流受票价影响最大；乘车距离越远，影响越小。

（4）交通运输政策。大力发展城市轨道交通，控制私人汽车的发展。

（5）网络规模及形态。一条地铁线有若干个车站，车站作为服务于客流的窗口，其分布对城市地域的覆盖范围是非常有限的。如果乘客出行的可达性较差，客流吸引力就比较低。随着地铁网络规模的不断扩大，车站分布的地域覆盖范围也在不断扩展，提高了系统的可达性和客流吸引力，就会使各条地铁线的客流量逐步增加。

（6）运输能力配置。地铁的运输能力配置决定了其交通供给水平。在运能不足时，就会出现行车间隔增大、候车时间增加、列车车厢超员拥挤等现象，致使服务水平降低，部分客流就可能转移至其他交通方式，限制了地铁客流量的增长。

（7）交通衔接配套。建立与其他交通方式之间合理的衔接关系，有利于地铁客流量的增长。

任务 7.2　车站日常运作

车站是乘客乘降、换乘和候车的场所，是乘客进入城市轨道交通系统的节点，因而也是城市轨道交通客运作业的基本单元。每天开始运营前的开站工作、运营结束时的关站工作及运营过程中的巡查工作，既是车站必不可少的日常工作，也是城市轨道交通客运作业顺利开展的重要保证，对于城市轨道交通的正常运营有着重要意义。

7.2.1　车站开启

在车站投入正常运营之前，需要做好准备工作，经检查符合要求后，才能按规定程序开启车站。

1. 开启车站前的准备工作

在车站开启之前，值班站长必须确保：

（1）所有站台端门/屏蔽门已完全关闭且妥善锁定，需要通过手控开关（端门后方）试验确定。

（2）所有消防设备性能良好。

（3）送电前，接触轨下及其附近没有杂物，接地装置已放回原位。

（4）车站公共区不存在安全隐患。

（5）各项设备功能正常。

2. 开启车站的流程

关于车站开启，不同的城市轨道交通运营企业有不同的规定。虽然开始执行各项工作的时间点会略有不同，执行人也会有所不同，但开启车站的流程基本相同，各项工作的执行人都由值班站长指定。所以，在下面的流程介绍中，不涉及具体操作人，涉及时间时以××代替。

（1）首班车到站前××min，需要完成以下工作：

① 试验道岔；

② 试验开关屏蔽门；

③ 检查站台和线路出清情况，确保所有工程领域或影响车站运营的工作都已撤销，所有物品及人员都已撤离轨道，并向行车调度员汇报。

（2）首班载客列车到站前××min，需要完成以下工作：

① 开启车站环控系统（BAS），并检查其运行情况；

② 确认完成对 TVM 的补币、补票工作；

③ 领取票卡和备用金；

④ 各岗位人员到岗。

（3）首班车到站前××min，需要完成以下工作：

① 开启照明；

② 开启 AFC 设备；

③ 全站巡视完毕；

④ 开启出入口大门、扶梯；

⑤ 向乘客广播候车的注意事项。

表 7-1 是某车站的开站流程示例，供参考。

表 7-1 开站流程示例

序号	责任人	工作内容
1	票务员	首班载客列车到站前 45 min 领票，到售票岗位做好开窗准备工作
2	值班站长	首班车到站前 30 min，按规定检查站台和线路出清情况，做好运营前准备工作并报行车调度员
3	值班站长	首班载客列车到达前 20 min，确认环控系统运行情况，开启照明
4	值班站长	首班载客列车到站前 10 min，完成车站巡视，确认出入口、扶梯、AFC、乘客显示器等设备已开启

温馨小贴士

开放车站出入口的注意事项

一般情况下，车站出入口必须在首班载客列车到达车站前 10 min 开放。需要时，可提前开放车站出入口，以方便乘客购票，但开放前必须做好一切运营准备工作。在运营时间内，车站出入口必须开放，但以下情况除外：

① 因实施车站管制而有必要暂时关闭车站和车站出入口；

② 发生紧急情况；

③ 获得运营经理授权（必须通知行车调度员）。

7.2.2 车站巡查

车站巡查是站厅岗站务员和站台岗安全员日常工作的重要内容之一，主要目的是及时查明和消除隐患，避免事故的发生。

车站巡查时，需要定期巡查车站所有公共区。公共区主要包括站台（地面、相关设备、乘客是否在安全线以内候车等）、通道（地面、相关设备、有无乘客在通道内滞留等）、自动扶梯（携带大件行李的乘客、行动不便的老年人等）、垂直电梯（行动不便的特殊乘客）、楼梯升降机（轮椅乘客）、自动人行道等。

1. 巡查规则

车站巡查人员包括值班站长、客运值班员、厅巡员、安全员。

各岗位的车站巡查范围如下：

（1）值班站长：设备区、管理用房、站厅、站台、出入口、票务处。

（2）客运值班员：票务处、站厅、站台、出入口。

（3）厅巡员：出入口、站厅。

（4）安全员：站台。

各岗位的车站巡视频率如下：

（1）值班站长每 2 h 巡视车站一次，相关情况记录在《故障设备设施跟踪处理表》上，且交接班前必须巡视一次。

（2）客运值班员每班巡视四次，相关情况记录在《当班情况登记本》上。

（3）厅巡员每 2 h 巡视出入口、站厅一次，发现相关情况应立即报车站控制室值班员，由值班员将发现的问题记录在《当班情况登记本》上。

（4）安全员在接发车间隙来回巡视站台，交接时接岗人员必须先巡视后接岗。

2. 巡查内容

在进行车站巡查时，应重点关注客流状况，做好乘客管理，尽力消除安全隐患，并做好必要的记录，确保客运工作顺利进行。

1）客流

（1）随时关注客流情况，避免因人多拥挤而构成危险。

（2）发现有阻碍客流的障碍物时，应迅速将其移去。

（3）在发生紧急情况时，要做好疏散乘客的准备工作，包括广播、通告、应急方案等。

2）安全隐患

（1）发现地面有积水、液体、泥泞或其他污渍时，应及时清理。

（2）雨雪天气时，应及时铺设防滑用品并清扫出入口积雪。

（3）当发现湿滑砖面和金属踏板撒有沙粒时，应及时清理。

（4）当安全隐患不能彻底消除时，应设置适当的防护警示标识。

（5）只有在接触轨停电后，才允许人员进入轨行区。例外情况是车站员工获授权处理紧急事宜，前提是必须穿好绝缘鞋并做好自身防护。

3）乘客

（1）防止乘客携带任何危险品、攻击性物品、有害物品或体积过大物品进入车站范围。

（2）防止儿童在车站范围内嬉戏。

（3）防止乘客携带可能会导致意外、滋扰其他乘客或损坏公共设施的物品。

（4）防止携带笨重物品的乘客使用垂直电梯和自动扶梯，以免构成危险。

（5）在停止自动扶梯或自动人行道前，必须确保梯级和踏板上无人，紧急情况下除外。

4）站台

（1）维持站台秩序，确保候车环境舒适、安全。

（2）确保站台设备正常，发生故障及时报修。

（3）提供适当协助，确保列车按运营时刻表规定时间离站；在特殊情况下，协助进行事件处理。

（4）对突发事件、屏蔽门故障等非正常情况保持警觉；在车门和屏蔽门即将关闭时，劝阻乘客切勿冲撞屏蔽门。

（5）提高警惕，留意任何事故或异常情况。

温馨小贴士

站台巡查时的特别注意事项

（1）注意站台边缘或列车附近是否存在任何隐患，例如乘客扒屏蔽门、站在站台边缘或靠在屏蔽门上、在屏蔽门附近摆放物品等。

（2）注意车门、屏蔽门的关闭情况，特别注意是否有乘客被门夹住。

（3）一旦出现异常情况，及时按动站台上的“紧急停车”按钮（见图 7–3）。

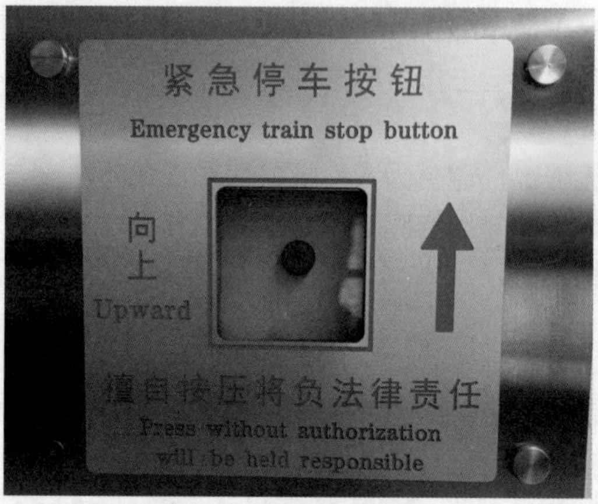

图 7–3 “紧急停车”按钮

5）车站房间

（1）有关员工必须经常巡查其可进入的车站用房，确保已关闭所有不需要的照明。

（2）车站用房内应保持清洁，不应有垃圾。

（3）无其他异常情况。

3. 巡查记录

车站当班员工不仅要做好巡查工作，还需要认真填写巡查表，记录巡查的大致情况。表 7–2 是站台巡视记录表的样例。

表 7–2 站台巡视记录表

车站 日期 检查人：

序号	检查项目	是否正常工作	问题描述及解决情况
1	自动扶梯		
2	楼梯		
3	垂直电梯		
4	屏蔽门		
5	卫生间		
6	广告板		

续表

序号	检查项目	是否正常工作	问题描述及解决情况
7	标识牌		
8	照明		
9	供电		
10	……		

注：① 没有发生任何异常时，在“是否正常工作”栏填写“是”。

② 发生异常时，在“是否正常工作”栏填写“否”，并在对应行的“问题描述及解决情况”栏如实填写。

7.2.3　车站关站

1. 关站的程序

车站在结束一天的运营之前，需要按规定程序进行关站工作。关站的流程如下：

（1）末班车到达前××min，值班站长应安排播放末班车广播，检查站厅、站台等岗位情况；站务员应在进站闸机前摆放停止服务告示牌。

（2）末班车到达前××min，应播放停止售票广播，关闭 TVM，并通知停止售票和进站检票工作；值班站长应确认所有 TVM、进站闸机已关闭。

（3）末班车开出前，值班站长和站务人员应进行检查，确认站台乘客均已上车，向列车司机显示末班车手信号。

（4）末班车开出后，票务员应收拾票、款，整理备品，注销 BOM，回票务室结账。

（5）值班站长应与票务员结账。

（6）运营结束后，值班站长应清站，确认出入口关闭，扶梯、照明、AFC 设备全部关闭。

说明：在上面的关站流程描述中，由于和开站程序一样的原因，在涉及具体的时间时，用“××”代替。

表 7–3 是某车站的关站流程示例，供参考。

表 7–3　关站流程示例

序号	责任人	工作内容
1	值班站长	最后一趟载客列车到达前 15 min，到站厅摆放停止服务告示牌
2	值班站长	在上、下行最后一趟载客列车开出前 10 min，确认末班车广播正在播放
3	值班站长	最后一趟载客列车到达前 5 min，确认停止售票广播正在播放
4	值班站长	最后一趟载客列车到站后，确认站台乘客均已上车，无异常情况
5	值班站长	确认关站广播正在播放
6	票务员	收拾票、款，整理备品，注销 BOM，准备结账
7	值班站长	清站，确认出入口关闭，扶梯、照明、AFC、乘客显示器等设备全部关闭
8	值班站长	与票务员结账

2. 关站的注意事项

末班车开车前，值班站长必须确保：

（1）换乘站的列车接驳按既定方案进行，获行车调度员特别指示的情况除外。

（2）车站内搭乘有关行车线列车的乘客已登上该末班车。

（3）列车司机收到一切妥当的手信号。

末班车离开后，值班站长必须确保：

（1）所有人员必须离开车站范围，不允许非所属站区非当班员工在车站留宿，获授权留下的人员除外，但必须向行车调度员核实该人员是否获授权于非行车时间内留在车站。

（2）最后一名乘客离开车站后，必须锁闭所有车站的出入口，防止闲杂人员进入。

（3）所有出入口必须在整段非行车时间内关闭。

（4）有关员工或获授权的工作队，必须从指定的出入口进入车站，且开启该出入口需使用其获发的钥匙或通行卡，进入车站后必须向值班站长报到。

（5）没有钥匙或通行卡的人员若想进入车站，必须先联系值班站长，经值班站长核实资料，批准进入后，方可进入。

温馨小贴士

最后一班载客列车离站前，不得关闭车站，如须临时关闭车站，值班站长必须：

（1）通知行车调度员和车站员工。

（2）在各出入口展示有关的信息。

任务 7.3　客流与客运

7.3.1　客流的概念与分类

1. 客流的概念

客流是指在单位时间内，城市轨道交通线路上乘客流动人数和流动方向的总和。从客流的概念可以看出，客流既表明了乘客在空间上的位移及数量，又强调了这种位移带有方向性和具有起讫位置的特点，是一个矢量的概念。

城市的客流来源于人们在城市中实现位移的需求，同时也受其经济条件的制约，是建立在有能力支付交通费用的基础上的。因此，城市交通线路上的客流可以认为是被实现了的城市交通需求。

由于位移是为了满足生产、生活的需要，所以由它派生出来的客流在时间和空间分布上表现出一定的规律性：

（1）在时间上，客流按一周内的工作日和双休日、一天内的上下班时间间隔有规律地变化，例如工作日客流就存在早晚客流高峰，而双休日就很少有这个高峰出现。

（2）在空间上，客流表现为在出行方向上和线路分布上的不均衡，这是由城市各区域的土地使用和功能不同所决定的，例如上班时间人们从居住区向工厂、学校移动，下班时间的移动方向则相反。

温馨小贴士

客流是规划城市轨道交通网络、安排工程项目建设顺序、设计车站规模和确定车站设备容量的依据，也是城市轨道交通系统安排运力、编制运输计划、组织行车和分析运营效果的基础。

2. 客流的分类

1）按客流数据的来源分类

按客流数据的来源，客流分为预测客流和实际客流两大类。

（1）预测客流是根据土地利用形态和居民出行现状，通过客流预测模型预测出来的客流。

（2）实际客流是在现场通过客流调查得出的能反映实际交通状况的客流。

开始规划城市轨道交通线路之前，一般都会根据城市轨道交通现状及发展预期，通过客流预测模型对未来城市轨道交通的客流进行预测，以此作为决策是否需要修建城市轨道交通、修建何种类型的城市轨道交通，以及确定车辆形式、列车编组、行车密度、运行车配置数和站台长度等的基本依据。但通常的情况是，预测客流与实际客流会有一定的出入，表 7-4 给出了国内几条城市轨道交通线路的预测客流与实际客流的对比。

表 7-4　预测客流与实际客流的对比

线路	实际客流/（万人次/日）	实际年份	预测客流/（万人次/日）	预测年份	误差/%
上海地铁 1 号线	81	2006	94	2004	16.05
上海地铁 2 号线	49	2005	52	1998	6.10
上海地铁 3 号线	26.2	2005	115	1998	338.93
上海地铁 5 号线	5.5	2007	35	2000	536.36
北京地铁 13 号线	12	2005	37.3	1999	210.83
北京地铁八通线	5	2005	27	1996	440.00
广州地铁 1 号线	42	2007	76.7	1990	82.62
南京地铁 1 号线	18	2008	47.4	1999	163.33
深圳地铁 1 号线	23	2003	47.6	1998	106.96
天津滨海线	2.7	2006	12.7	2001	370.37

2）按客流数据的时间分布特征分类

按客流数据的时间分布特征，客流可分为全日客流、全日分时客流和高峰小时客流。全日客流指全日的总客流，全日分时客流指全日各小时的客流，高峰小时客流指客运高峰的小时客流。

3）按客流的空间分布特征分类

按客流的空间分布特征，客流可分为车站客流和断面客流。

（1）车站客流。

车站客流指在城市轨道交通车站上下车和换乘的客流，包括全日、高峰小时和超高峰期在城市轨道交通车站上下车和换乘的客流，以及经由不同出入口、收费区的进出站客流和不同方向的换乘客流。

温馨小贴士

超高峰期指在高峰小时内存在的一个15～20 min的上下车客流特别集中的时间段。

（2）断面客流。

断面客流指通过城市轨道交通线路各区间的客流。在单位时间内，通过城市轨道交通线路某一断面的客流量称为断面客流量。断面客流量分为上行断面客流量和下行断面客流量。

断面客流中的单位时间通常是指一日或一小时。当单位时间是一日时，则为全日客流。当单位时间是一小时时，通常存在以下两个重要概念：

① 最大断面客流量：单位时间内通过城市轨道交通同一条线路各个断面的客流量通常是不相等的，其中的峰值称为最大断面客流量。

② 高峰小时最大断面客流量：在以小时为时间单位计算断面客流量的情况下，全日分时最大断面客流量一般是不相等的，其中的峰值称为高峰小时最大断面客流量。

温馨小贴士

城市轨道交通的高峰小时一般出现在早晨和傍晚，分别称为早高峰小时和晚高峰小时。高峰小时最大断面客流量是行车组织和车站设备容量确定的一项基础资料。车站高峰小时和超高峰期客流量决定了车站的设计规模，是确定站台、售检票设备、自动扶梯、楼梯、通道、出入口等车站设备容量或能力的基本依据，例如售检票机数量及站台、楼梯与通道的宽度等。

7.3.2 客流的影响因素

1. 城市轨道交通沿线土地利用情况

城市轨道交通沿线土地利用情况与客流的关系是“源”与“流”的关系。沿线土地利用情况对城市轨道交通客流规模存在举足轻重的影响，如果线路行经的区域能将城市的主要居住区和商务区覆盖，那么其客流就有了基础的保障。

温馨小贴士

在香港，大约 50%的居民和大约 55%的职业岗位距离城市轨道交通车站约 10 min 的步行距离，强有力的客流支撑是城市轨道交通运营企业获得收益、成功运营的一个重要原因。

2. 城市布局发展模式

城市布局发展模式对城市轨道交通客流有着重要的影响。在城市由单中心布局发展到单中心加卫星城镇布局，又进一步发展到多中心布局的过程中，通常伴随着客流的大幅增加，这主要是因为城市多中心化布局促进了出行需要。

温馨小贴士

1997 年，上海地铁 1 号线火车站—莘庄段贯通运营，但 1997 年、1998 年的客流增长幅度并不大，主要原因是 1 号线锦江乐园—莘庄段沿线地区的房地产开发刚刚开始。2000 年以后，新建住宅区住户逐渐增多，商业、餐饮业也发展起来，1 号线客流也随之快速增长，2001 年的客流增长率达到 38.1%，远远高于 2000 年的客流增长率 0.5%。

3. 城市人口规模与出行率

城市轨道交通客流与城市人口规模及其出行率存在密切的关系。在考虑人口规模、出行率对城市轨道交通客流的影响时，除了常住人口、暂住人口和流动人口的数量外，还应考虑人口的年龄、职业、出行目的、居住区域等特征。

拓展阅读

不同人群的出行率

不同人群的出行率存在差异，具体表现如下：

常住人口中：

（1）中青年人群的出行率高于幼年与老年人群的出行率。

（2）上班、上学人群的出行率高于退休人群的出行率。

（3）城区人口的出行率高于郊区人口的出行率。

暂住人口、流动人口中：

（1）旅游人群的出行率高于民工人群的出行率。

（2）流动人口的出行率高于常住人口的出行率。

4. 票价

票价与市民的消费能力及收入水平直接相关，由于城市轨道交通的客流主要来自中、低收入人群，而中、低收入人群对票价变动比较敏感，所以高票价对客流的吸引最为不利。当城市轨道交通票价支出占收入水平的比例超过这类人群的心理承受能力时，选择城市轨道交通方式出行的客流量就会下降。

温馨小贴士

早些年，北京地铁票价的每次上涨都会导致其客流量的下降。1987—1995 年间，北京地铁票价为 0.5 元，客流量增长较快，年增长率一般在 4%～15%。1996 年 1 月，地铁票价由 0.5 元调整为 2 元，当年的客流量减少 1.18 亿人次，平均每天减少 32.3 万人次，降幅为 21%。1999 年 12 月，地铁票价由 2 元调整为 3 元。2000 年的客流量又减少了 6 000 万人次，平均每天减少 16.4 万人次，降幅为 12.2%。

5. 服务水平

随着市民收入水平的提高，可选择的出行方式也逐渐增多。城市轨道交通的安全性、舒适性、经济性、换乘便利性及列车的运行间隔、运送速度、正点率等也逐渐成为市民选择出行方式时考虑的因素。城市轨道交通运营企业的服务水平已成为影响客流及潜在客运需求的关键因素。

6. 政府的交通运输政策

为应对交通拥堵的城市问题，大多数大中型城市都在推行“以公共交通为主、个体交通为辅”的交通运输政策。而要实现这一交通运输政策，首先是加快公共交通设施的建设，如提高城市轨道交通线网的密度、建成大型换乘枢纽等；其次是优化现有交通资源的利用，如完善城市轨道交通与常规公交、自行车、私人汽车的衔接换乘，减少与城市轨道交通线路走向重复的常规公交线路等。

温馨小贴士

2001 年，上海因黄浦路过江隧道能力不饱和，取消了几条经隧道开往浦东的常规公交线路。为引导乘客乘坐地铁 2 号线过江，推出了在黄浦江两侧乘坐地铁 4 站以内，优惠票价为 1 元的调控措施，2 号线客流量很快得到大幅度的增加。

7. 交通网的规模与布局

多层次的轨道交通线网、合理的线路布局和走向及功能完善的换乘枢纽对实现城市中心区域 45 min 交通圈、增大城市轨道交通对出行者的吸引力、提高城市轨道交通在公共交通中的运量分担比例有着重要的作用。

温馨小贴士

2002 年以前，北京的城市轨道交通运营线路只有 1 号线和 2 号线。1995 年达到最大年客流量 5.58 亿人次。2002 年 13 号线投入运营、2003 年八通线投入运营后，年客流量稳步增长。尤其在 2007 年 5 号线开通和 2008 年 10 号线一期、8 号线一期、首都机场线相继开通后，全线网年客流量急剧上升。2008 年全线网运送乘客突破 12 亿人次，比 2007 年提高了 75%以上。

8. 私人交通工具的拥有量

在客运需求一定的情况下，利用私人交通工具出行的人越多，则通过公共交通工具出行的人就越少。但从优化出行方式结构、提高公共交通客运比例的角度出发，对私人汽车的使用应通过经济杠杆进行适度控制，鼓励并创造条件让私人汽车使用者以停车换乘方式进入城市中心区。

7.3.3　城市轨道交通的客流特征

车站是乘客出行的基地，乘客上下车、换乘都是在车站进行的，因而车站也是客流的节点。城市轨道交通的客流构成与特点是客流组织与运营的重点和难点，了解城市轨道交通的客流特征，对城市轨道交通的客流组织非常重要。

1. 高度集中性

城市轨道交通的客流是由车站周边的各种出行方式集合形成的，包括步行、自行车、公交车、私家车、出租车等多种交通方式接驳而产生的客流，具有高度集中性。

换乘站除具有普通车站的进出站客流之外，还汇集有相交线路多座车站之间的换乘客流，由此造成换乘站客流集中，导致换乘站客流量往往是普通车站客流量的数倍，具有更高的集中性。

2. 多方向性中带有主导性

普通车站的客流包括进站客流和出站客流，换乘站除进出站客流外还有换乘客流。由于进站客流、出站客流与换乘客流具有不同的出行目的、出行方向，因此车站中的客流具有明显的方向性。

在多方向性客流中，客流方向又具有明显的主导性。例如，连接城郊大型居住区与市中心的线路，早高峰时段的进站客流明显高于出站客流，晚高峰时段的出站客流明显高于进站客流。在换乘站的客流构成中，通常换乘客流占主导地位，在一次抽样调查中发现北京 16 座换乘站的换乘客流约为进站客流的 4 倍，而且在换乘站的多种换乘方式中同样也存在主导性的换乘方向。

3. 空间分布不均衡性

客流的空间分布不均衡性主要表现在以下几个方面。

1）各条线路的客流不均衡性

对于有多条线路的城市轨道交通系统，各条线路的客流不均衡性主要体现在现状客流分布不均衡和客流增长不均衡两个方面。途经繁华地段的线路，客流量相对较大；

途经欠发达地区的线路，客流量则相对较小。线路的客流不均衡，构成了整个城市轨道交通线网客流分布的不均衡。

2）同一车站上下行方向的客流不均衡性

在城市轨道交通线路上，由于客流的流向原因，上下行方向的客流量通常是不相等的，示例见图 7-4。在放射状的城市轨道交通线路上，早高峰和晚高峰时段的上下行方向客流不均衡尤为明显，这种不均衡性通常导致同一车站进出站高峰小时不同。

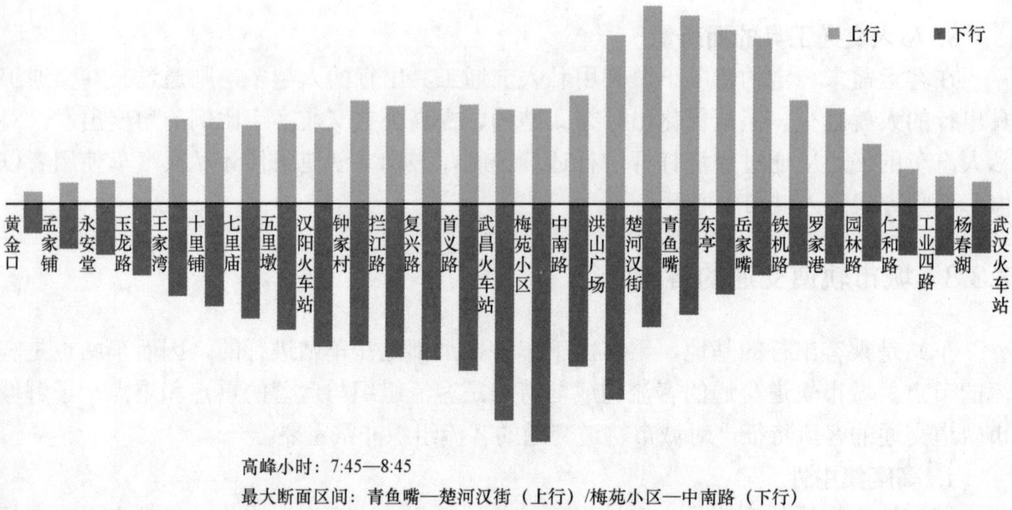

图 7-4　武汉地铁 4 号线早高峰小时断面客流图

3）同一线路各个断面的客流不均衡性

在同一城市轨道交通线路上，各车站上下车人数是不相等的，因此列车经过各断面时的客流量也是不相等的。

在不少线路上，各个车站的乘降人数不均衡现象很常见，个别线路各车站乘降量总和的大部分往往集中在少数几个车站。当新的居民住宅区形成规模和新的城市轨道交通线路投入运营时，也会使车站乘降量发生较大的变化，从而带来不均衡的加剧或产生新的不均衡。客流的断面不均衡性主要有以下四种类型。

（1）“凸”型。各断面客流量以中间几个断面数值为最高，见图 7-5。

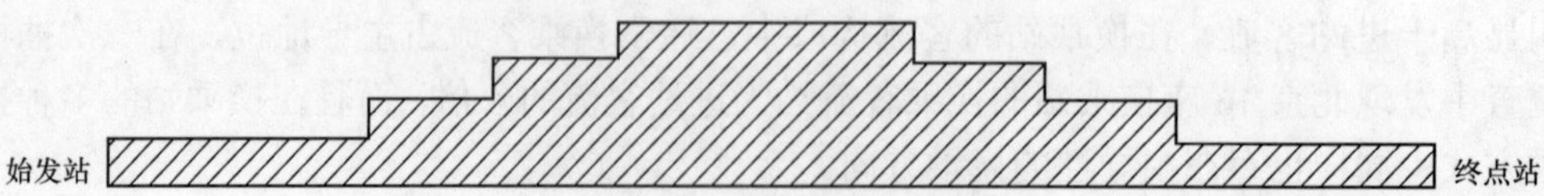

图 7-5　“凸”型断面客流

（2）“平”型。各断面客流量很接近，客流强度几乎在同一个水平，见图 7-6。

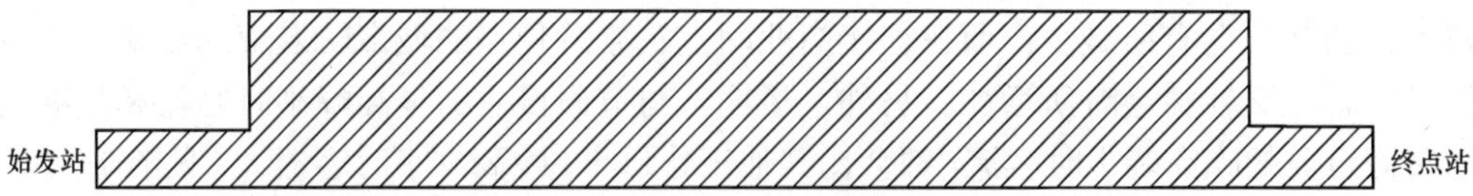

图 7–6 “平”型断面客流

（3）“斜”型。线路上每个断面的客流量由大至小逐渐减少，见图 7–7。

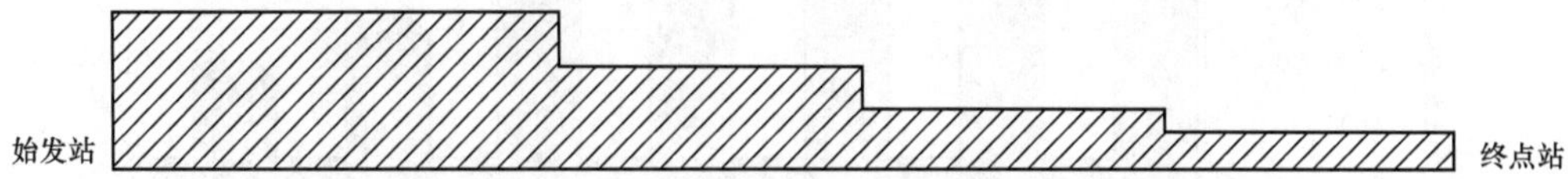

图 7–7 “斜”型断面客流

（4）“凹”型。与“凸”型断面的客流量动态特点正好相反，中间几个断面的客流量低于两端断面的客流量，见图 7–8。

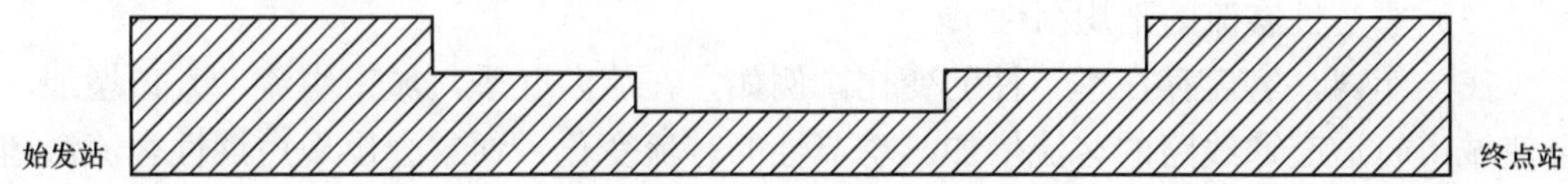

图 7–8 “凹”型断面客流

4）客流的时间分布不均衡性

客流的时间分布不均衡性主要体现在以下几个方面。

（1）一日内小时客流的不均衡性。

小时客流随人们的生活节奏和出行特点而变化，通常呈现以下规律：夜间少，早晨渐增，上班和上学时达到高峰，午间稍减，傍晚因下班和放学又达高峰，此后逐渐减少，午夜最少。这种规律在国内外的城市轨道交通线路上几乎都是一样的，只是程度不同而已（见图 7–9）。

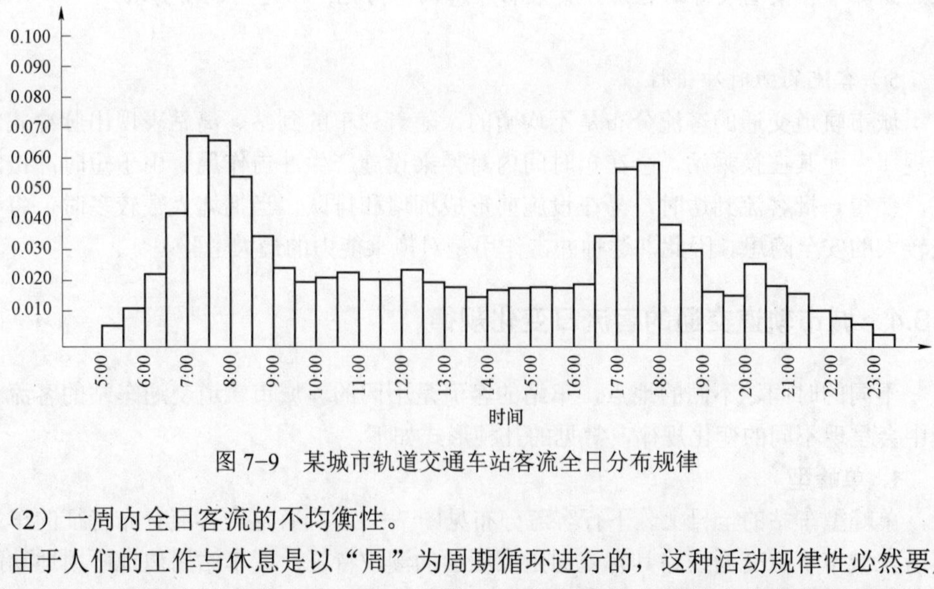

图 7–9 某城市轨道交通车站客流全日分布规律

（2）一周内全日客流的不均衡性。

由于人们的工作与休息是以“周”为周期循环进行的，这种活动规律性必然要反映到一周内各日客流的变化上来。在以通勤、通学客流为主的城市轨道交通线路上，双休日的客流会有所减少；而在连接商业网点、旅游景点的城市轨道交通线路上，双休日的客流又往往会有所增加。另外，星期一与节假日后的早高峰小时客流和星期五与节假日前的晚高峰小时客流，都会比其他工作日早、晚高峰小时客流大（见图 7-10）。

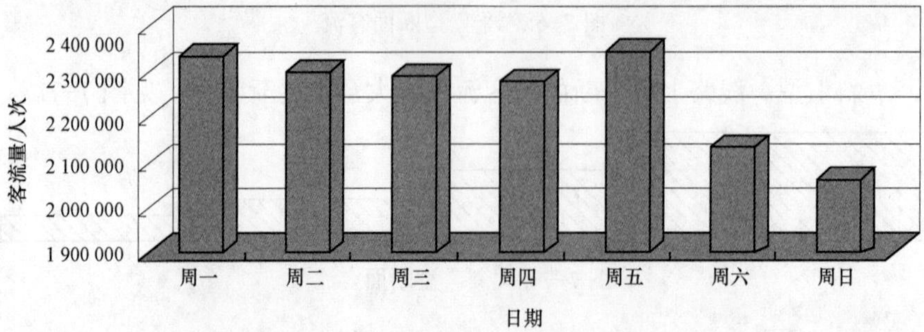

图 7-10　一周内全日客流的不均衡性表现

（3）季节性客流的不均衡性。

在一年内，客流存在季节性的变化。例如，在旅游旺季，城市中流动人口增加，会使城市轨道交通线路的客流增加。季节性的客流变化，通常会出现短期性客流激增的情况。

（4）短期内客流的不均衡性。

在举办重大活动或遇天气骤然变化时，会出现客流在短时间内骤增后归于正常的情况，这种突发性的大客流是对城市轨道交通客运能力的极大考验。

温馨小贴士

当客流在短期内增加幅度较大时，运营部门应临时调整运营计划，并针对某些作业组织环节、某些设备的运用方案采取应急调整措施，以适应运输需求。

5）客流的短时冲击性

城市轨道交通的客流分布是不均衡的，随着列车的到站、离站表现出脉冲式的分布规律，尤其在换乘站，会在短时间内对换乘设施产生冲击作用。由于短时冲击的存在，使得一批客流到达时，易在设施前形成拥堵和排队，当拥堵人数较多时，将会带来较大的安全隐患。因此，这种冲击作用是对换乘能力的最大考验。

7.3.4 城市轨道交通的客流日变化规律

不同的时间、不同的地点，车站的客流是不同的。城市轨道交通车站的客流在一天中会呈现不同的变化规律，常见的几种形式如下。

1. 单峰型

单峰型车站的全日上、下行客流分布见图 7-11。具有这类客流分布特征的车站，其所在城市轨道交通线路具有交通走廊明显的潮汐特征，或车站周边地区用地功能性质单一，车站客流分布集中，有早晚错开的一个上车高峰和一个下车高峰。例如，连接居民区与工业区之间的交通走廊，各车站通常只在上、下班时段单向乘客较多，其他时间乘客稀少，表现出明显的单峰特征。

2. 双峰型

双峰型车站的全日上、下行客流分布见图 7-12。具有这类客流分布特征的车站，通常位于综合功能用地区位，双向客流分布均匀，有两个配对的早晚上、下车高峰。

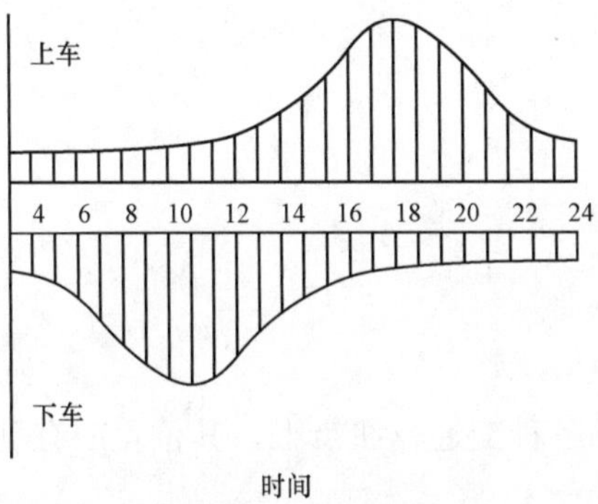

图 7-11　单峰型

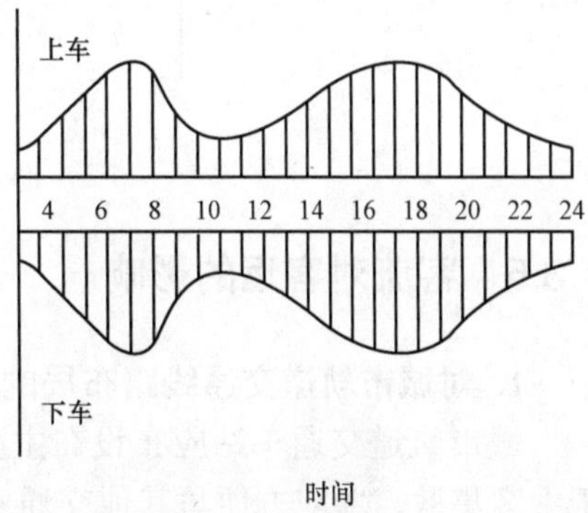

图 7-12　双峰型

3. 全峰型

全峰型车站的全日上、下行客流分布见图 7-13。具有这类客流分布特征的车站，其所在城市轨道交通线路通常位于用地已高度开发的交通走廊，或车站位于公共建筑和公用设施高度集中的 CBD 地区，客流分布无明显的低谷，双向上、下行客流全天都很大。

4. 突峰型

突峰型车站的全日上、下行客流分布见图 7-14。具有这类客流分布特征的车站，通常位于体育场、影剧院等大型公用设施附近，演出或比赛结束时，有一个持续时间较短的突变的上车高峰。

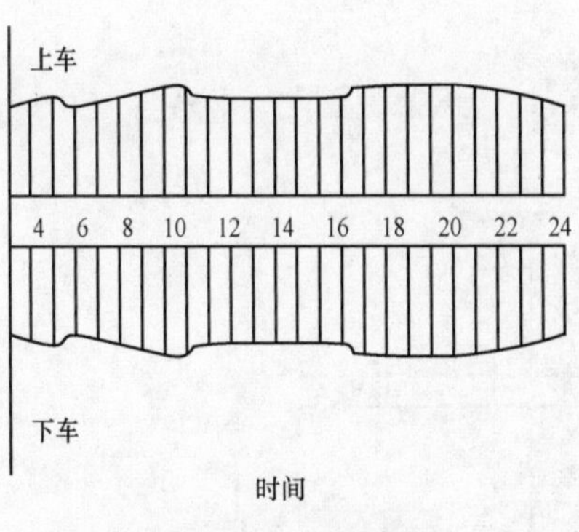

图 7-13　全峰型

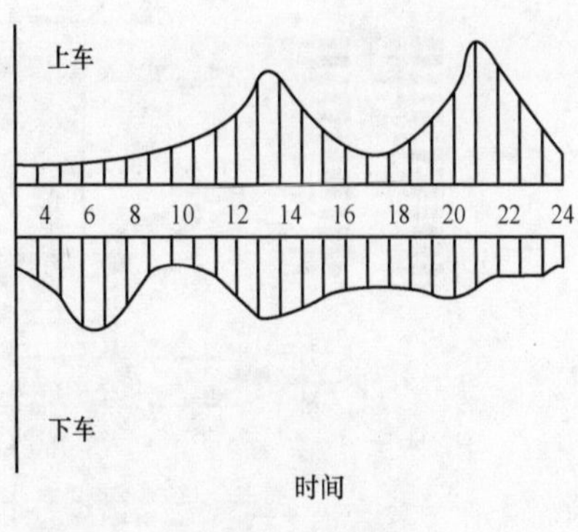

图 7-14　突峰型

5. 无峰型

无峰型车站的全日上、下行客流分布见图 7-15。具有这类客流分布特征的车站，分两种情况，一种是城市轨道交通本身的运能比较小，另一种是车站位于用地还没有完全开发的地区，客流无明显的上、下车高峰，双向上、下行客流全天都较小。

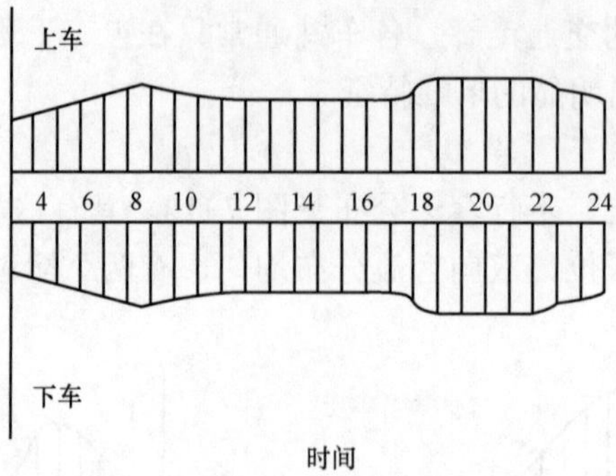

图 7-15　无峰型

7.3.5　客流对客运的影响

1. 对城市轨道交通线路布局的影响

城市轨道交通车站应布设在主要客流集散点和各种交通枢纽点上，其位置应有利于乘客集散，并应方便与其他交通工具换乘。

一般来说，在城市中心区等客流较为密集的地方，车站间距应小一点；而在外围区等客流相对稀疏的地方，车站间距可以大一点。中心区的车站间距一般在 1.0 km 左右，外围区的车站间距一般在 1.5～2.0 km。在超长线路上，还会适当加大车站间距。

想一想：仔细观察如图 7-16 所示的北京地铁线路图，回答以下问题：

① 从车站分布可以看出哪里是中心区，哪里是外围区吗？

② 为什么车站在线路上的布置不是等间距的？

图 7-16　北京地铁线路图（截至 2023 年底）

2. 对列车编组的影响

当城市轨道交通的线路和车站确定后，应根据客流预测结果确定其车辆编组方式。客流与车型、车辆编组的关系见表 7–5。

表 7–5　客流与车型、车辆编组的关系

车型	编组/辆	列车载客量/人	断面客流量/（万人次/h）
A 型	4	1 240	3.72
	6	1 860	5.58
	8	2 480	7.44
B 型	4	950	2.85
	6	1 195	3.59
	8	1 440	4.32
C 型	4	610	1.83
	6	820	2.46
	8	1 030	3.09

3. 对车站的影响

客流对车站的影响，在规划阶段主要体现在对车站布局、站台长度和售检票设备数量的影响；在运营阶段主要体现在车站要根据客流特征安排行车方案，组织乘客乘降。

1）对出入口数量的影响

《地铁设计规范》（GB 50157—2013）规定：车站出入口的数量，应根据客流需要与疏散要求设置，浅埋车站不宜少于 4 个出入口。当分期修建时，初期不得少于 2 个出入口。小站的出入口数量可酌减，但不得少于 2 个。

2）对站台长度的影响

车站站台的有效长度一般由车辆的编组长度加上车辆停靠的误差来决定。例如，对于 A 型车 4 辆编组的列车，其站台长度最少应为 93 m。对于远期列车编组在 6～8 辆的城市轨道交通系统，站台长度一般在 130～180 m。

3）对售检票设备的影响

售检票设备的设置应与车站规模大小配备，既要方便乘客进出车站，又要考虑设备的利用率。售检票设备的数量主要由客流量决定，例如车站需要配备的自动售票机数量由下式计算：

自动售票机数量=（高峰小时使用售票机的人数/售票机的每小时售票能力）×超高峰系数

任务 7.4 车站客运组织

车站是乘客进出城市轨道交通系统的场所，也是城市轨道交通系统对乘客服务的窗口。车站的客运作业直接面向乘客，其客流组织水平、客运服务质量直接关系到乘客对城市轨道交通的满意程度，也反映了城市轨道交通运营企业的管理水平。

7.4.1 车站客运组织基本原则

客运组织应以“保持客流运送过程畅通，尽量减少乘客出行时间，避免拥挤，便于大客流发生时及时疏散”为目的。在进行客运组织时，应遵循以下原则：

（1）客运组织管理工作要与行车组织、线网规划相匹配，以方便乘客为原则。

（2）车站客流组织应有序、可控。

（3）乘客购票、进出闸机顺畅，均匀候车。

（4）尽量减少客流交叉、对流，进站客流与出站客流不交叉，进出站客流与换乘客流分开设计。

（5）合理安排售检票、楼梯及电梯位置，使乘客在站内移动线路简单、明确，最大限度地缩减乘客走行距离。

（6）车站出入口设置应方便乘客换乘其他交通工具。

（7）快速分流，减少客流集聚和过分拥挤现象。

（8）满足换乘客流的方便性、安全性、舒适性等基本要求，对残疾人专门设计无障碍通道。

7.4.2 车站客运组织基本要求

1. 站容整洁

在客运组织工作中，“站容整洁”方面的要求如下：

（1）车站内外应明亮、整洁。

（2）车站内各种设施设备要摆放整齐、有序。

（3）站台、站厅、通道及出入口墙壁应光洁，地面无痰迹和废弃物。

（4）卫生间应清洁、卫生。

2. 导向标识清晰、完备

在客运组织工作中，要求车站内外应有清晰、完备的导向标识系统，为乘客全过程、不中断地提供导向信息，具体要求如下：

（1）车站外应有明显标识引导乘客进站，在车站出入口应设置醒目的城市轨道交通标识。

（2）乘客进站后应有指示客服中心、进站方向、紧急出口等方向的引导标识。

（3）在站台应设置指示列车运行方向、换乘方向的导向标识。

此外，还应设置警示性和服务性导向标识，如城市轨道交通运营线路图、列车运营时刻表、票价信息、卫生间、公用电话、车站周边公交线路与公共设施指南等。

3. 优质服务

在客运管理工作中，应为乘客提供优质服务，具体要求如下：

（1）客运服务人员应遵守职业道德，礼貌且规范地为乘客提供服务。

（2）对老、弱、病、残、孕等需要帮助的乘客，应主动、热情地提供协助，耐心、正确地回答乘客提出的问询，帮助乘客解决疑难问题。

（3）应经常征询乘客的意见，及时完善服务细节，不断提高客运服务水平。

4. 遵章守纪

在客运管理工作中，对客运服务人员的要求如下：

（1）客运服务人员应认真执行各项客运规章制度，服从命令，听从指挥。

（2）执行客运任务时，客运服务人员应按规定着装并佩戴标志，仪表整洁，体现良好的精神风貌。

5. 掌握客流规律

城市轨道交通客运部门应分析客流统计资料，掌握车站客流在时间、空间上的分布与变化规律，对可预见的大客流做好充分的准备工作，及时应对。

6. 与其他部门紧密配合

客运作业人员应与运行控制中心（OCC）、列车司机、故障维修部门、公安部门、消防部门等有关部门加强联系，密切配合，协同工作，确保行车安全与乘客安全。

7.4.3 车站日常客运组织

城市轨道交通的客运组织工作主要在车站完成。尽管不同类型车站的客运组织内容有着较大的区别，例如中小车站的客运组织比较简单，而大车站、换乘站因客流较大、客流方向比较复杂，其客运组织也比较复杂，但不管是高架车站、地面车站还是地下车站，进站乘客最基本的流线是一样的：购票—过检票闸机—通过楼梯或电梯去站台（侧式站台地面站一侧的乘客可直接进入站台）—乘车（见图 7–17）。

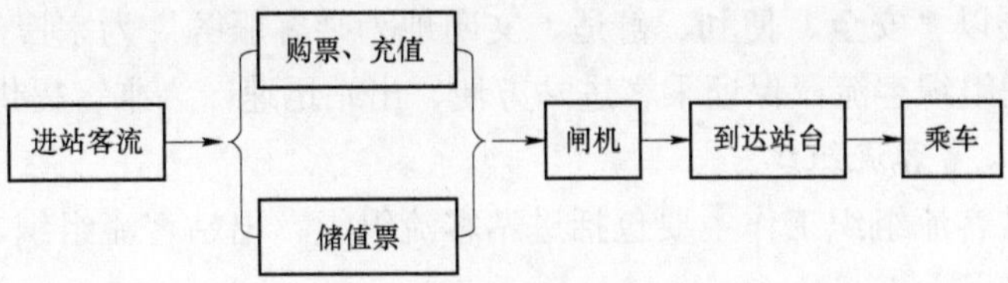

图 7–17 乘客进站流程

如果不考虑换乘因素，乘客的出站流程则与进站流程完全相反（见图 7–18）。

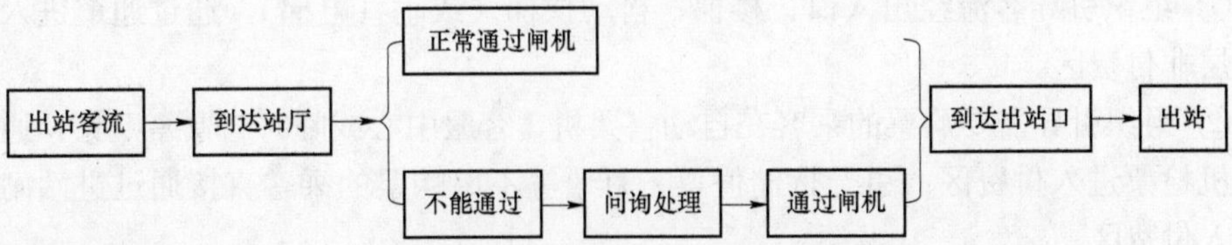

图 7–18 乘客出站流程

换乘站的换乘线路，取决于换乘线路的走向和相互交织形式，常见的换乘方式有付费区换乘和非付费区换乘。不管是哪种换乘方式，乘客从一条线路下车后，都需要沿着换乘线路，移动到另一条线路的乘车站台。区别在于前者的换乘线路一直在付费区，后者的换乘线路需要从付费区到非付费区再到付费区（见图 7–19）。

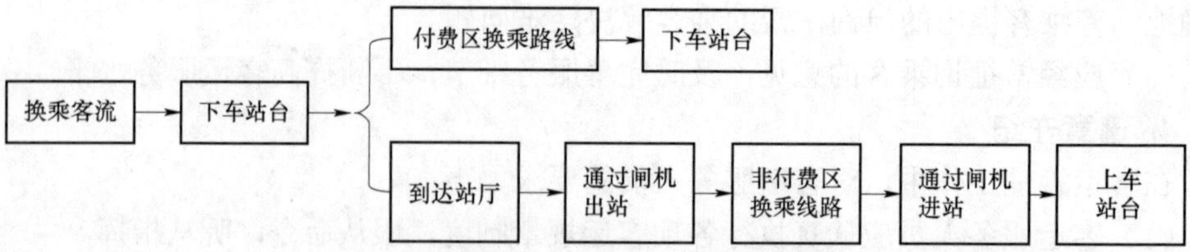

图 7–19 乘客在换乘站的换乘流程

可以看出，城市轨道交通车站的日常客运组织，应把握好购票、进闸、乘车三个环节。因此，车站的日常客运组织工作主要包括客流组织、售检票作业组织、站台作业组织。

1. 客流组织

1）车站的客流组织原则

在车站开展客流组织工作时，应按照乘客进出车站的流程，以人为本，以“满足客流要求、乘降安全、疏导迅速”为基本原则。组织客流路线时，应重点把握以下几个原则：

（1）进、出站客流及换乘客流路线尽量减少交叉和相互干扰。

（2）车站的出入口、通道、站厅、站台等公共区域应保证客流的畅通、有序，满足乘客进站、购票、验票、候车、乘车、出站的条件。

（3）坚持“客流秩序可控、疏散有力”的原则，确定客流警戒线，密切关注客流变化情况，当客流达到或超过警戒线时，及时采取限流措施，保证乘客秩序和客流安全。

（4）车站要以“安全、便利、舒适、文明地为乘客服务”为宗旨，合理使用客运设备设施，合理组织客流，保证乘客进站方便、出站迅速，为乘客提供便利的服务。

2）车站的日常客流组织

车站的日常客流组织工作主要包括进站客流组织、出站客流组织、换乘客流组织三部分。

（1）进站客流组织。

进站客流应按照进站客流的路线流程进行组织，主要有以下几种组织方式：

① 组织引导客流经出入口、楼梯、自动扶梯（或垂直电梯），通过通道进入车站站厅层非付费区。

② 组织引导需要购票的乘客在自动售票机、客服中心或临时售票亭购票，通过进站闸机检票进入付费区；引导持储值票、月票等不用购票的乘客直接通过进站闸机检票进入付费区。

③ 乘客经检票进入站厅付费区后，组织引导乘客再通过楼梯、自动扶梯（或垂直

电梯）进入站台层候车。

④ 乘客到达站台层后，应组织引导乘客站在黄色安全线内候车，通过导向标识和乘客信息系统选择乘车方向和了解列车到发时刻。

⑤ 列车到站停稳开门后，引导乘客按先下后上的顺序乘车。站台工作人员要注意做好引导工作，防止乘客因抢上抢下而引发安全问题或纠纷。

（2）出站客流组织。

出站客流应按照出站客流的流动过程进行客流组织，主要有以下几种方式：

① 乘客下车到达车站站台区后，组织引导乘客经楼梯、自动扶梯（或垂直电梯）进入站厅层付费区。

② 通过出站闸机（单程票出闸时将被收回）或人工验票，乘客进入站厅层非付费区，此时要组织引导乘客（通过导向标识）找到相应的出站口出站。

③ 组织引导车票金额不足或无票乘车的乘客到客服中心办理相关补票事宜，然后引导乘客出站。

（3）换乘客流组织。

换乘客流组织应采取引导标识和分隔控制的设施来保证换乘客流不会与进站或出站客流产生交汇。换乘车站客流进站后，应有清晰的标识引导乘客进入目标线路的付费区，再进入站台候车。

按照换乘地点的不同，换乘形式主要有两种，即付费区换乘和非付费区换乘。

① 付费区换乘。乘客到达换乘站下车后，不需要通过出站闸机，直接在付费区内根据换乘导向标识指引，经楼梯、自动扶梯（或垂直电梯）、换乘通道或平台到达另一站台层换乘候车。付费区换乘一般包括同站台平面换乘、站台立体换乘及通道换乘。这种换乘组织要求有良好的引导标识和通道设计，在容易走错方向的地点安排工作人员值守引导，保证乘客尤其是初乘者安全顺利地完成换乘。

② 非付费区换乘。乘客到达换乘站下车后，根据换乘导向标识指引，经楼梯、自动扶梯（或垂直电梯）到达站厅层付费区，通过出站闸机进入非付费区或出站，到另一线路重新进入付费区或进站进行换乘。

温馨小贴士

这种换乘方式需要最大限度地缩短乘客的走行距离，需要设计良好的衔接引导标识，并且要避免换乘客流与其他进出站客流的交叉干扰。

2. 售检票作业组织

城市轨道交通的售票作业，主要有人工售票和自动售票两种（见图 7-20）。人工售票速度慢，并且需要配备较多的售票人员。自动售票速度快，不仅能减少售票人员数量，而且还能准确地统计票务、收入和客流信息。

1）售票作业组织

售票作业主要是根据城市轨道交通的票务政策，按照既定售票作业方式，借助售票设备，组织票务人员，共同完成乘客售票工作。

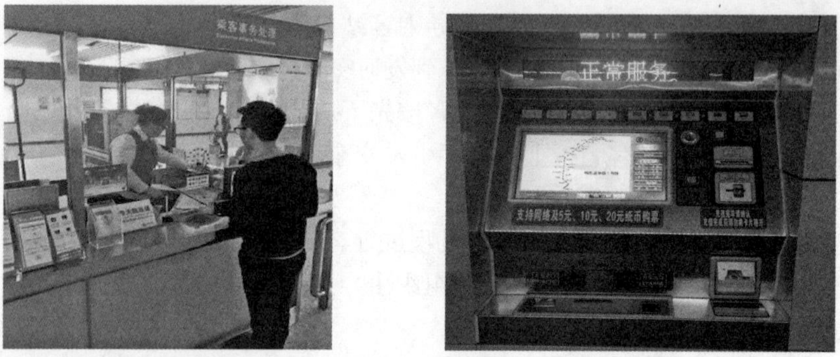

(a) 人工售票 (b) 自动售票

图 7-20 人工售票与自动售票

(1) 对于启用自动售检票系统的车站，乘客可选用半自动售票机或自动售票机购票。车站可利用导流带等设施对窗口购票乘客进行排队组织，也可宣传疏导乘客到自动售票机处购票。必要时，可使用空闲的半自动售票机预制车票，提高售票速度，减少排队长度。

(2) 在自动售票机前组织乘客购票时，要充分利用售票机具，分散购票，避免乘客大量集中于少量机具处排队购票。

(3) 在进行乘客购票组织时，应特别注意团体出行的人群。此人群在购票时，一般由一人购票，其同行人在一旁等待。车站应尽量组织同行人到不影响乘客通行的位置等待购票。

温馨小贴士

为提高票务作业效率，应强化售票人员的业务培训工作，使票务员熟练掌握票务工作的各项规章制度，熟练识别假币，提高售检票作业技能。票务员配置数量应满足高峰时段客流要求，以减少乘客购票的排队时间，方便乘客购票乘车。

2）检票作业组织

检票作业是根据城市轨道交通的检票作业方式，运用检票设施设备，组织票务人员对进站乘客和出站乘客进行车票验证。

进行检票作业时，要根据客流的需要，合理配置足够数量的检票人员和检票设备。由于乘客进出站时都需要检票，为使站内客流最小化，应坚持“出站优于进站”的原则进行检票作业。

(1) 进站检票时，应组织乘客由进站闸机进站，提示乘客注意进站闸机上方显示的绿色箭头（见图 7-21）。乘客刷卡进站时，应指导乘客右手持票，站在闸机通道外，顺序刷卡进站。对于无票乘客，引导乘客至自动售票机或半自动售票机处购票后再检票进站。当大量乘客集中进站时，要组织乘客排队，而且进站乘客队伍不能阻挡出站通道和路径，以确保出站乘客能够顺利出站。

图 7-21　检票进站

（2）出站检票时，应组织乘客由上方显示绿色箭头的出站闸机出站。当乘客使用储值卡时，指导乘客右手持卡，在闸机通道外刷卡出站。当乘客使用一票通时，指导乘客右手持票，将车票投入回收口，验票通过。当大量乘客集中出站时，要组织乘客有序出站。对于持无效票或因储值卡余额不足无法出站的乘客，应引导乘客到票务室，按照票务要求对票卡进行查验和处理。

（3）对于持有大件行李或行动不便的乘客，引导乘客由宽通道通过。对于携带儿童的乘客，应指导儿童先于成人进入闸机通道。当乘客刷卡或投票使闸机开启后，提醒乘客快速通过闸机，避免闸机延时自动关闭而乘客无法进出站。

温馨小贴士

城市轨道交通车站的闸机分为进站闸机、出站闸机和双向闸机。进站闸机和出站闸机按照设计方向使用。双向闸机可根据客流状况进行调整，调整时应优先满足出站客流需求，同时尽量减少进出站客流的交叉，提高通行能力。

3. 站台作业组织

站台客运乘降作业与维持列车正常运行秩序、充分利用线路通过能力，以及确保乘客安全等都有密切的关系。站务员要熟练掌握并遵守站台岗位的各项规章制度，在接发列车作业中加强对乘客的宣传、组织和疏导，遇到突发事件时应采取措施，及时处理，及时报告。

站台作业的主要内容是接发列车、维持站台候车秩序、组织乘客安全乘降、确保列车运行安全，具体工作如下。

（1）维持站台乘客候车和乘降秩序，应提醒乘客“请站在安全线以内候车，不要探身瞭望，以免发生危险”，站台候车安全线见图 7-22。对于有屏蔽门的车站，要防止乘客倚靠或手扶屏蔽门，不要用行李阻挡屏蔽门，避免屏蔽门开启时乘客被夹伤或摔倒。遇有危及行车和乘客安全的险情时，应立即采取安全措施，确保行车和乘客安全。

图 7-22 站台候车安全线

（2）列车到达前，应向乘客说明列车去向，组织乘客尽可能在站台上均匀分布候车，以缩短列车停站时间。

（3）列车到达后，提醒乘客先下后上，并疏导下车乘客迅速出站。当关门提示铃响后，应阻止乘客抢上，请乘客等待下次列车，防止车门夹伤乘客和影响列车正点发车。

（4）列车到达终点站后，要及时做好清客工作，严禁列车带客进入折返线或车辆段。因特殊原因需在中间站临时清客时，要做好宣传解释工作，迅速清客。

（5）当遇屏蔽门故障时，应按相关作业办理程序进行处置。

知识链接

站台岗站务员的岗位服务技巧

站台岗站务员进行客运服务时，需要“三多”“四到”。

“三多”是：

① 多巡：沿安全线内侧来回巡视乘客和线路，自己不越过安全线。

② 多看：多观察设备和乘客动态，及时处理异常情况。

③ 多提醒：主动提醒乘客看管好物品、小孩，不要拥挤，到人少的一端候车，先下后上。

“四到”是：

① 心到：精神高度集中，随时应变异常。

② 话到：提醒乘客按排队箭头候车，不要越出安全线，礼貌疏导客流，向违章乘客解释规定。

③ 眼到：密切注视乘客情况及列车运行状态。

④ 手到：遇到地面有水，及时设置“小心地滑”牌；遇到设备故障，及时设置“暂停服务”牌；地面脏时，及时通知保洁清洁。

4. 清客作业组织

清客是指由于列车不再进行客运业务（列车折返、回场或在特殊情况下），需将乘客清离列车的过程。

清客分正常情况下清客和非正常情况下清客两种。正常运营情况下，当列车运行至终点站，需要折返或回段时，须让全部乘客下车，此时就需要进行正常情况下的清客作业。当由于信号、车辆、电力、轨道和自然灾害等突发事件，列车无法继续担任客运业务，需要全部乘客下车时所做的清客作业，为非正常情况下的清客作业。以下介绍正常情况下终点站的清客作业。

1）清客工作人员

当列车到达终点站需要清客时，主要有以下人员参与清客作业：

（1）列车司机。

（2）站务员。

2）清客模式与清客程序

清客模式有两种：两站务员一司机三人清客模式，一站务员一司机两人清客模式。具体采用哪种模式，与终点站的站台形式、行车间隔和折返时间有关。具体清客程序如下：

（1）司机负责前两节车厢的清客。

（2）站务员负责后几节车厢的清客。

（3）站务员完成清客后，向司机进行手信号显示。

（4）司机确认后关门发车。

任务 7.5　大客流客运组织

大客流是指车站或车站的某一部位，在某一时段客流集中到达，其客流量超过车站现有客运设施或客运组织措施所能承担的流量时的客流（见图 7–23）。

图 7–23　大客流现场

7.5.1　大客流的分类

车站客流是否构成大客流，是通过与本站的正常乘客数量进行比较来判断的。通常情况下，根据大客流产生的影响和后果不同，可分为一级大客流和二级大客流。

1. 一级大客流

当站台聚集人数达到或大于站台有效区域的 80%，并且持续时间大于实际行车时间间隔时，车站客流达到一级大客流标准。这种情况下，会对乘客及城市轨道交通运营安全造成影响，存在明显的安全隐患。

2. 二级大客流

当站台聚集人数达到站台有效区域的 70%，并有持续不断上升的趋势时，车站客流达到二级大客流标准。这种情况下，乘客的正常出行会受到一定影响，车站比较拥挤，乘客感觉比较压抑，但尚未对乘客及城市轨道交通运营安全造成影响。

温馨小贴士

一般来说，大客流出现的时间具有规律性，如每天由于上下班原因引起的早晚高峰，大城市上班高峰在 7:30—9:30，下班高峰在 16:30—18:30。还有外界因素引起的大客流，例如节假日伴随的旅游高峰期、举办重大活动（大型体育赛事、文艺表演等）引起的大客流等。另外，还有一种不可预见的大客流，那就是由恶劣天气引起的大客流。

7.5.2 大客流客运组织影响因素

通常情况下，城市轨道交通运营企业会根据每个车站的位置、站台形式、设备配置方式、客流特点等因素，有针对性地编制该车站的客流组织方案。车站的大客流客运组织主要考虑下列影响因素。

1. 车站出入口及通道的设置

车站出入口及通道的数量、规模和位置在车站设计之初就已经确定，不可能会改变。车站的大客流组织只能根据进出站客流的方向和数量，灵活地选择关闭或开放车站出入口的数量和位置，同时改变或限定通道内乘客流动的方向，以此达到限制进站乘客数量和进站速度的目的。

2. 站厅面积

原则上，站厅的设计应满足远期预测客流的需要。根据城市轨道交通客流组织经验，站厅容纳率一般为 2～3 人/m^2。为保证客运安全，出现大客流时应根据站厅乘客人数控制进入站厅层的乘客数量。

3. 站台面积

原则上，站台的设计应满足远期预测客流的需要，且站台的宽度应满足高峰小时客流的需要。根据实际客流组织经验，站台容纳率一般为 2～3 人/m^2。为保证客运安全，出现大客流时应根据站台乘客人数控制进入站台层的乘客数量。

4. 车站通过能力

城市轨道交通的车站通过能力包括楼梯、电梯的通过能力和自动售检票设备的通过能力，这两种通过能力是车站大客流组织的瓶颈因素，直接制约了车站的乘客接待能力。

5. 列车运能

列车运能是车站大客流组织的主要影响因素，而影响列车运能的因素则是行车间隔和车辆荷载。列车行车间隔越小，车辆满载率越高，其扩容能力就越小，对车站大客流组织的压力就越大。

7.5.3　大客流客运组织应对措施

1. 及时了解大客流信息，制订应急预案

1）及时了解大客流信息

做准备就是要防患于未然。城市轨道交通运营企业要及时了解车站周边大型体育场、大型商业中心、铁路车站及公交客运站等交通枢纽地区、节假日期间的大客流信息，掌握客流的变化规律，了解客流特征，根据不同情况制订相应的客运组织基本方案、预备方案和应急方案，根据客流情况适时应变。

知识链接

节假日客流特点

据运营统计资料显示，节假日客流较平日有明显的增长，高出平日均值 30%～40%。

节假日客流与平日在时间、方向方面也有明显不同：一是早高峰时间推后和延长；二是客流主要流向大型商业网点和旅游景点；三是高峰和低峰之间客流量差距缩小。早高峰一般从 8:30 开始持续到 11:00，晚高峰客流总体较为平缓，在晚间结束运营前后，商业集中区车站的客流会骤增至峰值。

1. 清明节

清明节期间，受清明祭扫活动及市民踏青郊游的影响，城市轨道交通客运量，尤其是通往墓地、公园的客运量增长明显，具有站点集中、时段集中、流向单一的特点。祭扫活动的客流从 8:30—10:00 由全市各车站流向墓地所在车站，10:00 后客流逐渐返回，一般持续到 13:00。

2. 春节

春节是中华民族的传统节日，历来有阖家团圆的习俗。城市轨道交通在春节期间具有以下客流特点：

（1）春节运输一般分为节前、节日、节后三个阶段，客流成分、结构、流量各不相同。

（2）春节期间，受居民探亲访友、逛庙会、逛商场的影响，部分线路、部分车站的客运量有所增长，且呈现时段集中、流向单一的特点。

（3）春节前增加了大量的返乡客流，春节后增加了大量的返城客流，尤其是春节前后的民工客流，多为 20～30 人的小团体，携带大量的大件包裹。这部分客流主要集中在与火车站、长途客运站换乘较便利的城市轨道交通线路车站，客流量增长幅度较大。

3. 运动会、演唱会客流

在大型场馆举办的运动会、演唱会，往往吸引大量的观众前往观看，与此相关的城市轨道交通大客流具有暴发性强、来得快、去得急等特点，往往让会场附近的城市轨道交通车站措手不及。

2）制订大客流组织应急预案

虽然各城市轨道交通运营企业制订的大客流组织应急预案各不相同，但大致内容及程序大体相同，具体如下：

（1）值班站长及时报告行车调度员，行车调度员通过监控系统加强对车站客流情况的监控。

（2）车站应加强现场的疏导工作，增加工作人员，利用隔离带、铁马隔离护栏做好秩序维护和服务组织工作。

（3）车站应在适当位置增设临时售票点，出售预制票，避免 TVM 前乘客排长队购票的情况出现。

（4）车站根据现场情况，利用告示牌、临时导向标识、车站广播设备、手提喇叭，适时做好乘客的宣传、引导工作。

（5）值班员应通过监控系统，加强对现场情况的监控工作。

（6）车站应加强对出入口、站厅、站台客流的监控及疏导，避免站厅非付费区内过度拥挤或流通不畅。

（7）车站应根据客流情况，实行站台、闸机、出入口三级控制。

（8）当站台过于拥挤时，车站应采取关闭部分自动售票机、进站闸机的措施，以减缓乘客购票进站速度，控制进站客流；或在某些出入口实行单向进出控制方式，缓解站内客流压力。

（9）站台安全员应密切注意站台和列车情况，一旦发生列车上乘客拥挤、乘客上车有困难的情况，车站应立即向 OCC 请求加开列车。

（10）列车司机发现有乘客上不了车或存在影响车门、屏蔽门关闭的情况时，应及时报告行车调度员，并通过广播引导乘客有序上车。

2. 采取应对措施

大客流到来时，根据客流实际状况和车站的大客流客运组织影响因素，可有针对性地采取以下应对措施。

1）增加列车运能

列车运能是大客流组织的关键，应根据大客流的流向，利用就近的折返线、存车线组织列车，增加列车运能，从而保证大客流的疏散。

2）增加售检票能力

当进出站客流大于现有售检票能力时，值班站长应安排加强车站客运组织力量，可通过在闸机、售票、通道等重点部位增加人力来疏散大客流，也可以通过增加临时售检票窗口来加快售检票速度（见图 7-24）。此外，值班站长还应根据车站的客流情况，调整闸机的使用情况，将双向闸机设置成有利于客流组织的方式。当进出站客流都很大时，应首先保证出站客流顺利出站。

图 7-24　增加售票能力

温馨小贴士

互联网购票具有购票速度快、操作便捷的优点，越来越受到乘客的喜欢。2017 年清明小长假期间，互联网购票成为西安地铁乘客购票方式的一大亮点。4 月 2 日，全线网通过互联网售票 13 113 张，远超传统自动售票机日均 500 张左右的发售量。

3）做好客流组织工作

进行客流组织时，要掌握车站制约客流通过能力的瓶颈和重点部位，本着“超前控制”的原则，制定限制大客流的控制点。可根据客流情况采取以下五种限流措施：减缓进站速度、分批放入、出入口单向使用、利用临时处置权关闭出入口、临时疏导。

（1）减缓进站速度。本限流措施利用车站现有的导流设施，通过调整出入口和通道的使用宽度，减缓乘客进站速度。对于车站出入口未设铁马隔离护栏等限流设施的车站，可使用导流带组织客流秩序（见图 7-25）。

图 7-25　减缓进站速度

（2）分批放入。当车站站台压力过大或发生其他情况需要限流时，可采取本限流措施。具体操作时，首先由专人关闭出入口，在站外组织乘客排队等待，根据站台乘客滞留情况分批放乘客进站。

（3）出入口单向使用。当进出站的客流集中于某个出入口时，可采用本限流措施将进出站客流分开。对于设定为单向出站的出入口，应设置好导向标识、围栏，配合人工引导及广播宣传引导措施，限制客流的方向，从而保持出入口、通道的畅通及站厅、站台客流的秩序，引导客流按照指定路线进出站。

（4）利用临时处置权关闭出入口。在难以采取有效的措施及时疏散客流时，为保证大客流发生时安全疏散客流，可采用临时关闭出入口的措施，限制进站流量及延长大客流疏散时间（见图 7–26）。

图 7–26 临时关闭出入口

（5）临时疏导。这是应对大客流的一项很重要的措施，疏导位置主要包括车站出入口、站厅层及楼梯、自动扶梯和站台层。疏导措施主要包括设置临时导向标识、设置警戒绳或隔离栏杆、采用人工引导及通过广播宣传引导等。

① 车站出入口、站厅层的疏导主要是为了减缓客流进站速度，缩短购票时间，加快乘客在站厅层的通过速度。

② 楼梯、自动扶梯及站台层的疏导主要是为了尽量保证客流均匀上下扶梯和尽快上下列车，保证乘客站台候车的安全。站务人员应在靠近楼梯、自动扶梯处站岗，并分散在站台前、中、后部疏导乘客（见图 7–27）。

图 7–27 车站客流引导

7.5.4　大客流下进出站客流组织工作

1. 人员分工

1）站长

（1）及时了解产生大客流的原因及大客流的规模、可能持续的时间，合理安排岗位。

（2）在车站出入口、入闸机组、站厅与站台的楼梯、自动扶梯处协助值班站长进行客流控制。

2）值班站长

（1）在车站出入口、入闸机组、站厅与站台的楼梯、自动扶梯处进行客流控制。

（2）及时组织人员维持购票秩序，增设兑零点，对乘客做好疏导、服务工作。

（3）站台拥挤时，应安排其他岗位员工或支援人员到站台维持候车秩序，在站厅与站台的楼梯、自动扶梯处进行客流控制，先让下车乘客出站，再放上车乘客进入站台，控制进站的乘客人数。

（4）若因设备故障造成列车晚点、车站乘客拥挤时，应安排值班员及时通知公安部门协助，安排巡视岗，安排人员在车站出入口、售票处及入闸机组前摆放告示，并将列车延误信息告知购票进闸的乘客，做好退票和公交接驳的准备工作。

（5）由于特殊天气（如暴雨）导致突发性大客流时，应及时安排员工做好滞留乘客的疏散工作。

3）值班员

（1）及时播放相应的广播疏导乘客。

（2）监控 15 min 进站客流变化。如果有突发大客流，协助值班站长通知公安部门，报告行车调度，请求支援。

（3）站台拥挤时要利用广播等途径提醒乘客注意安全，同时加强对乘车、候车的动态监控工作。

（4）在非正常行车时，负责接发列车作业及递送路票等站台层的行车作业。

4）票务员

（1）当一端售票处出现排长队的情况时，适时协助、引导乘客到人少端购票。

（2）听从安排，适当加快或延长售检票时间。

（3）停止售检票后，保护好票款安全，同时做好解释、疏导工作，维护好车站秩序。

5）站务员

（1）在车站出入口、站厅及站台两端“紧急停车”按钮处及站台中部进行客流疏导，听从值班站长的指挥，利用喇叭做好宣传工作，维护好秩序，制止乘客强扒车门上下车，防止乘客跌入轨道。

（2）及时向车站控制室汇报客流情况。

2. 进站客流组织

根据站台是否还能容纳和承受更大的客流，分两种情况来进行进站客流组织工作。

1）当站台还能容纳和承受更大客流时

可采取以下客流组织措施：

（1）增加售检票能力，具体包括：准备足够的车票、零钱，增设临时售票点，增设临时检票口，增加自动售票设备投入，开通互联网购票，等等。

（2）加开进站方向的闸机。

（3）加开通往站台方向的自动扶梯。

（4）申请延长列车停站时间，争取让更多的乘客上车，增加列车运能。

2）当站台不能容纳和承受更大客流时

可采取以下客流组织措施：

（1）暂停或减缓售票速度，关闭部分自动售票机。

（2）暂时关闭部分或全部进站方向闸机。

（3）更改自动扶梯方向，延缓乘客进站速度。

（4）适当延长列车停站时间，让更多乘客上车。

（5）采取限流、进出分流措施，将部分出入口设置成只能出不能进，限制乘客进入，延长站台层大客流的疏散时间。也可在公安人员的配合下关闭出入口，暂停客运服务，安排人员到出入口做好乘客服务解释工作，并张贴车站关闭的通告。

3. 出站客流组织

出站客流组织工作的指导思想是保证乘客出站线路的畅通，加快出站速度，使乘客安全、快速、有序地离开车站。出站客流组织方面可采取以下措施：

（1）改变自动扶梯方向，将部分或全部自动扶梯调整为向站厅层及出口方向运行，加快出站速度。

（2）将部分或全部进站闸机更改为出站闸机。

（3）紧急情况下，可采取票务应急处理模式，如出站免检模式、AFC 紧急放行模式等。

4. 三级客流控制措施

当车站遭遇特大客流时，应遵循“由下至上、由内至外”的客流控制原则。采取站台客流控制、付费区客流控制、出入口（非付费区）客流控制三级客流控制措施。

1）第一级控制——站台客流控制

第一级控制是站台客流控制（见图 7–28），控制点设在站厅与站台的楼梯（或自动扶梯）口处，站务人员应分散在站台的各部，维持候车、出站秩序，协助列车司机开关车门，确保乘客安全上下车。

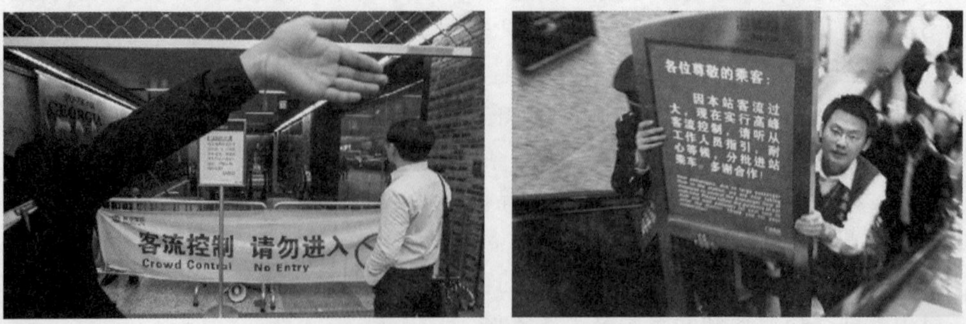

图 7–28 站台客流控制

2）第二级控制——付费区客流控制

第二级控制是付费区客流控制（见图 7-29），控制点设在进站闸机处，站务人员应布置在进站闸机附近，及时处理票务问题，确保进站有序、快捷。

图 7-29　付费区客流控制

3）第三级控制——出入口（非付费区）客流控制

第三级控制是出入口（非付费区）客流控制（见图 7-30），控制点设在车站出入口附近，可在站外设置迂回的限流隔离栏杆，延长购票、进站时间，最大限度地缓解站台层客流压力。极端情况下，在征得上级同意之后，可在出入口放置告示牌，劝说乘客改乘其他交通工具。

图 7-30　非付费区客流控制

只有严格按照上述三级客流控制措施操作，在遭遇特大客流时，才能确保乘客安全和车站有序。

任务 7.6　突发事件下的客运组织

突发事件是指在没有任何征兆的情况下，在城市轨道交通车站内、列车上或其他设备设施内突然发生的危及人身安全的事件，例如地震、投毒、爆炸恐吓、设备故障、失火等事件。

突发事件发生时，车站应根据实际情况采用不同的客流组织办法对乘客进行疏导，合理安排各岗位和地点的具体工作，迅速疏散客流，避免意外发生、扩大和蔓延。

7.6.1 突发事件下的客流组织措施

当城市轨道交通出现严重的设备故障、线路故障或由于不可预知的突发事件，相关设备设施在短时间内无法修复时，应合理控制客流或进行客流疏散，及时启动公交信息通告和公交接驳预案。

当城市轨道交通出现列车延误时，应采取以下措施：

（1）满足乘客的知情权，通过广播、告示及其他通信途径告知乘客事故原因、修复进度等。

（2）当列车延误事件影响到换乘车站的换乘组织工作时，应及时通过广播告知乘客。

（3）车站要及时进行客流控制，分批组织乘车。

当站台的客流达到所能容纳人数的最大值时，应采取以下措施：

（1）关闭自动售票机，关停进站闸机。

（2）如果预计列车较长时间（大于 10 min）无法维持运营，车站应按应急预案进行广播和宣传，并组织、疏导拥挤到站台的乘客到站厅办理退票手续，改乘其他交通工具。

（3）站务员要及时做好引导及解释工作，引导乘客迅速出站，并密切注意在站台逗留的乘客。

当城市轨道交通不能及时恢复正常运营时，应采取以下措施：

（1）启动城市轨道交通与公交接驳的预案，借助地面公交系统完成乘客的载乘。

（2）按公交接驳预案要求，安排工作人员引导乘客从边门出站，并引导乘客到指定出入口的公交接驳点候车。

（3）指定候车点要摆放明显的公交接驳指示牌，车站要在站厅设置前往公交接驳点的告示，告知乘客公交车的行驶方向、途经地点等。

7.6.2 突发事件下的客流组织方法

当突发事件发生时，主要有疏散、清客、隔离三种客流组织方法。

1. 疏散

疏散是指在紧急情况下，利用一切通道和出入口迅速将乘客从危险区域全部转移到安全区域的客流组织办法。按照疏散地点不同，可分为车站疏散和隧道疏散。

1）车站疏散

当车站发生火灾、列车事故、炸弹恐吓、气体泄漏、水淹等事故时，都需要进行紧急疏散（见图 7-31）。

图 7-31　车站疏散

车站疏散时各岗位的工作内容如下。

（1）行车调度员的工作。

① 根据情况需要，呼叫 110、119、120 等紧急服务，协助疏散车站及相邻车站。

② 通知有关车站实施车站疏散，并告知其相关的行车安排、清客安排。

③ 指示疏散车站的值班站长接管该站的环控系统控制权，以便在车站进行控制。

④ 根据情况需要关断有关区段的电力供应。

⑤ 指示列车司机，驶过疏散车站时不要停车。

（2）值班站长的工作。

工作事项 1：确定事故的种类及地点。具体需要做以下工作：

① 通过 CCTV 查看事故现场。

② 派站务人员前往现场，调查事故原因。

③ 上报行车调度员并通知所有车站员工。

④ 确定是否执行紧急疏散程序。

工作事项 2：指挥抢险，进行疏散。具体需要做以下工作：

① 通过 PIS 宣布疏散车站，但应注意避免引起乘客恐慌。

② 在上级领导到达前担任现场指挥。

③ 如乘客被困站台，请求行车调度员安排一列空车前往站台。

④ 通知车站内其他人员，如承包人、施工人员、商铺租户等离开车站，并前往集合地点报到。

⑤ 命令车站员工执行车站紧急疏散计划，组织乘客撤离车站。

⑥ 若车站内有火警或冒烟而需做出紧急通风安排，要取得环控系统控制权，并操作环控设备。

⑦ 视情况需要，执行以下工作：要求行车调度员呼叫 110、119、120 等紧急服务；如果需要救援人员支持，安排一名站务人员到紧急出入口引导救援人员进站；要求行车调度员不要放车进站。

工作事项 3：指挥撤离。具体需要做以下工作：

① 疏散完毕后，检查是否还有乘客滞留，安排员工关闭车站出入口。

② 灾害危及车站员工安全时，组织员工到紧急出入口集合。

工作事项 4：恢复服务。具体需要做以下工作：

① 当事故处理完毕后，确认线路出清。

② 上报行车调度员，得到确认后恢复正常运营。

③ 通过 PIS 系统通知乘客服务恢复正常。

（3）车站员工的工作。

工作事项 1：组织乘客疏散。具体需要做以下工作：

① 在车站 IBP 盘上操作 AFC 紧急放行模式，使闸机扇门全部打开。

② 将 TVM 设为“暂停服务”模式。

③ 开启相应的环控模式。

④ 按停自动扶梯或将其转为适当的运行模式。

⑤ 组织乘客撤离，需要时用扬声器疏散乘客，为伤残人士提供必要的帮助。

工作事项 2：有序关闭车站。具体需要做以下工作：

① 检查所有乘客是否已离开车站。

② 张贴车站关闭通告。

③ 前往集合地点报到。

2）隧道疏散

当列车在区间发生故障，且无法行驶至下一车站时，需要进行隧道疏散（见图 7-32）。

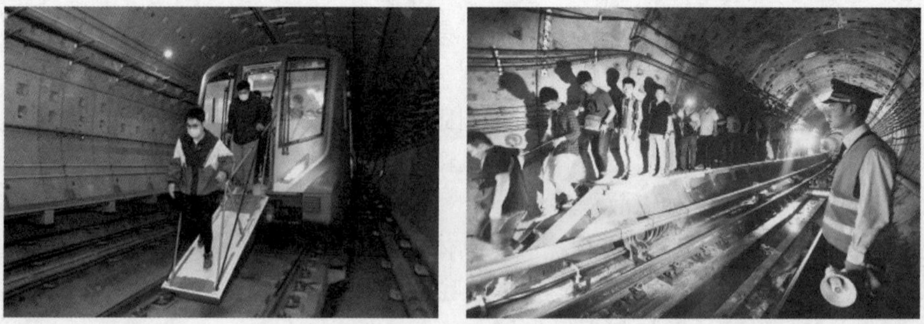

图 7-32 隧道疏散

隧道疏散程序如下：

（1）值班站长在接到行车调度员或列车司机需要隧道疏散的通知后，通知各岗位员工执行车站疏散程序，并在上级领导到达前担任临时现场指挥。

（2）开启隧道灯，需要时开启隧道风机进行排烟（或由环控调度员开启）。

（3）带领车站员工，穿好荧光服，携带应急灯、无线对讲机等设备前往隧道疏散现场，引导乘客前往车站站台疏散。

（4）疏散完毕，在确认乘客全部离开和线路出清后，报告行车调度员，关闭车站。

（5）消防、公安人员到达车站后，告知有关情况，协助参加抢险工作。

温馨小贴士

疏散需要城市轨道交通运营企业各个部门的高度配合，力争在最短的时间内完成客流的转移。对于城市轨道交通运营企业而言，应定期进行疏散现场模拟演练，让每位员工充分了解自己的岗位职责及作业程序。只有这样才能保证在突发事件发生时，疏散工作井然有序，乘客得到安全、快速的转移。

2. 清客

当城市轨道交通发生紧急情况，需要乘客全部从车厢撤离时，就需要做清客工作（见图 7–33）。

图 7–33　清客

1）清客规则

各城市轨道交通运营企业制定的清客程序、人员分工都有所不同，但大致遵循下列清客规则：

（1）清客前必须获得行车调度员的授权，只有在危及乘客安全或与 OCC 的通信中断等情况下，列车司机或车站值班站长才可未经授权进行清客。

（2）列车司机应尽可能将列车驶至下一站或在指定的站台清客，避免在两站之间清客。

（3）清客期间，乘客下车后途经的轨道及乘客可由隧道门或交叉口进入的轨道不得行车，只有当所有乘客全部撤离轨道后，上述轨道才可解除行车限制。

（4）一般情况下，没有车站员工协助不得清客，除非发生了极度紧急、严重威胁乘客生命安全的情况，方可由列车司机单独组织清客。

（5）为防止乘客偏离清客路线或被障碍物绊倒，必须安排员工在道岔、交叉口、隧道口及其他有潜在危险的地方驻守，协助清客的员工应携带手提灯、扩音器、无线对讲机等设备，同时应特别注意疏散过程中伤残人士的安排。

（6）任何员工或乘客进入轨道前，必须亮起隧道灯。

（7）凡是清客至轨道的情况，都必须关断牵引电流。

（8）列车完成在轨道清客的程序后，必须安排车站员工巡查所有下车乘客可能经过的轨段，确保区间内已无任何乘客或障碍物后才可恢复正常行车。

（9）实施清客时，应呼叫公安、消防等应急救援人员协助。

2）非紧急情况下清客

非紧急情况是指清客工作按照正常的途径得到授权，有充裕时间做好相关准备工作。以下介绍非紧急情况下在两站之间清客至轨道的一般处理程序。

（1）行车调度员的工作。

① 停止相关轨道上的所有行车，包括将清客的轨道和乘客离开车厢后可能途经的轨道。

② 指示列车司机做好清客准备：停止所有列车运行，只维持无线电正常工作；前往即将清客的一端候命，等待车站员工抵达。

③ 通知环控调度员：关断牵引电流，做好防护工作。

④ 命令受影响区域的值班站长执行清客程序：亮起隧道灯，关掉鼓风扇，采取相关保护措施；向有关值班站长查证列车停下来的具体位置、清客位置、列车在哪一端清客等信息。

⑤ 与列车司机确认清客已结束：确认所有乘客已离开车厢及是否还有伤残人士留在车上。

⑥ 恢复正常工作。接获值班站长通知轨道已畅通后，做出以下指示：牵引电流送电；列车司机限速将列车驶往下一站；根据情况，部分或全部恢复正常运营。

（2）值班站长的工作。

值班站长接到行车调度员执行清客程序的命令后，按顺序执行以下任务：

① 与行车调度员确定清客事宜，具体包括：ATS 控制台显示所有被停止列车的正确位置，清客的位置，在列车的哪一端清客，牵引电流已关闭，安全保护措施已做好。

② 接管环控系统操作权，视情况需要，关掉鼓风扇，亮起隧道灯。

③ 安排车站员工执行隧道清客程序，根据需要加派员工前往任何有潜在危险的位置做好以下工作：提醒乘客注意安全，在清客范围内协助、引领乘客，引导离开车厢的乘客经站台两端的楼梯前往车站。

④ 向执行清客程序的车站员工确认所有员工和乘客已离开轨道后，向行车调度员报告。

⑤ 接到行车调度员要求“进行轨道巡查”的命令后，值班站长安排两名车站员工步行前往下一个车站，确定该区间畅通无阻，而且每确定一段指定轨道畅通无阻后，都要向行车调度员汇报。

⑥ 接获行车调度员“恢复列车正常运作”的通知后，恢复正常运作。

（3）车站员工的工作。

负责清客的车站员工，需要进行以下工作：

① 前往清客现场。至少两名车站员工共同前往清客现场，出发前应做好两件事：一是带上手提灯、无线对讲机等应急物品；二是确保隧道灯已亮起，牵引电流已关断，保护措施已做好。

② 抵达现场开始清客。车站员工抵达现场后应立即开始清客，具体工作包括：带领乘客前往指定车站，引领乘客使用站台两端的楼梯，以加快疏散速度，若乘客中有伤残人士，还应安排车站员工或自愿协助的乘客陪同；协助列车司机清客，确定车上乘客已全部撤离后，收回逃生踏板。

③ 沿途巡查轨道返回车站。收回逃生踏板后，返回车站，沿途巡视轨道，确保轨

道上没有遗留乘客或障碍物，安全保护措施已拆除；抵达车站后，向值班站长报到。

3）紧急情况下清客

列车因为发生火警停在隧道内、产生烟雾或刺激性气味的浓烟时，必须立即进行清客。若火警发生在车头，清客的位置须在车尾；若火警发生在车尾，清客的位置须在车头；若火警发生在列车中部，则须进行双端清客。下面介绍列车因失火或冒烟停在隧道内须从单端清客至轨道的一般处理程序。

（1）行车调度员的工作。

① 阻截列车进入火警范围，包括：

• 阻截任何其他列车进入受影响的轨道范围。

• 停止以下轨道上的所有行车：事发列车所在轨道相邻的轨道，乘客离开车厢后可能途经的轨道。

② 与列车司机沟通清客事宜，确定清客方向。向列车司机证实轨道安全后，可以开始清客。

③ 通知环控调度员，做好防护安排：

• 关断牵引电流。

• 确定导烟的方向。

• 执行相关火灾模式。

④ 命令受影响区域的值班站长执行清客程序：

• 亮起隧道灯，关掉鼓风扇，做好相关保护措施。

• 向有关的值班站长查证：列车停下的确凿位置，行车调度员指示在何处清客，在列车哪一端清客。

⑤ 如果需要，呼叫 110、119、120 等紧急服务支持。

⑥ 通知受影响列车的司机开始清客。

⑦ 安排导烟、排烟工作。

对于需要导烟的车站，须联络并指示其值班站长：

• 亮起隧道灯。

• 监视环控系统的操作状况。

对于需要排烟的车站，须联络并指示其值班站长：

• 亮起隧道灯。

• 做好准备，一旦浓烟进入站台范围，立即疏散车站。

⑧ 清客期间，最大限度地维持与受影响轨道相邻隧道内的行车。

（2）值班站长的工作。

① 根据行车调度员的指示，亮起隧道灯。

② 烟雾未冲入站台范围时，派人到区间协助清客，引领乘客前往站台；烟雾冲入站台范围后，疏散车站。

③ 密切监视环控系统的操作。

3. 隔离

隔离是指采用某种方式或设备人为地隔开人群或封闭某个区域。根据造成隔离的原因，隔离的组织方法有以下四种。

1）非接触纠纷隔离

乘客发生口头纠纷时，离现场最近的工作人员要立即上前调解，必要时要将纠纷双方分别带到人少的地方（或带到车站会议室），进行劝说和调解。如有其他乘客围观，应及时劝离现场，维持好车站正常秩序。

2）接触式纠纷隔离

乘客发生肢体冲突时，离现场最近的工作人员要立即赶到现场，与车站安保人员一起将冲突双方隔开（见图 7–34）。值班站长应赶到现场处理，将肇事双方移交地铁公安处理。车站要及时疏散围观的其他乘客，并寻找目击证人，填写事件记录。

3）客流流线隔离

当车站某一端排队购票队伍与进出站客流发生交叉干扰时，车站工作人员可利用伸缩铁制围栏、隔离带、警戒绳、铁马等设备器具人为地隔开人群（见图 7–35），保持进出站客流畅通，并利用手提广播引导一部分乘客到人少一端购票进站，避免乘客排长队的现象发生。

图 7–34 接触式纠纷隔离

图 7–35 客流流线隔离

4）疫情隔离

当车站发现有恶性传染疫情时，必须采取隔离组织办法，关闭各出入口，列车通过不停车，对与疑似人员有过密切接触的物品、人员进行消毒、隔离，未经防疫部门的许可不得离开车站。

相关规范、规程与标准

车站运作手册（深圳地铁）

1. 范围

本标准规定了深圳地铁集团有限公司运营分公司（以下简称分公司）车务部各车站岗位工作职责、工作标准及程序，规范了车站行车、客运、票务运作及车站日常管理。

本标准适用于罗宝线和龙华线目前已开通 22 个车站的运作管理。

2. 引用标准

Q/SZDY 0032 深圳地铁行车组织规则

Q/SZDY 0051 运营施工管理规定

Q/SZDY 0153 票务管理规章

Q/SZDY 0092 深圳地铁大客流运营组织办法

3. 车站组织架构

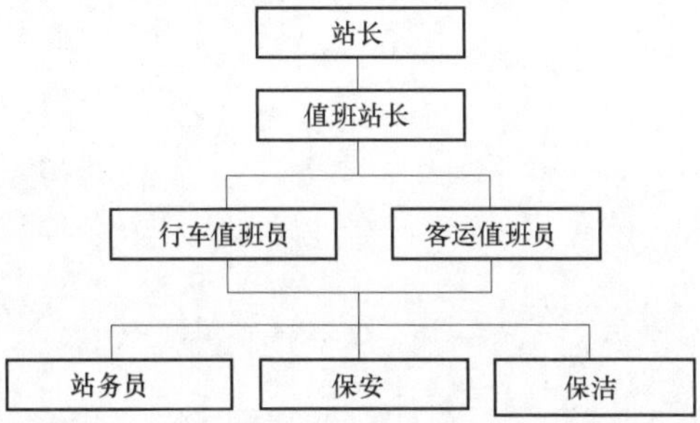

4. 车站各岗位工作标准

……

注：鉴于篇幅所限，不全部列出，可参考网络等相关资料自主学习。

复习思考题

1. 车站日常运作包括哪三个环节？
2. 简述车站的开启流程。
3. 车站巡查重点内容有哪些？
4. 简述车站的关站注意事项。
5. 城市轨道交通的客流特点有哪些？
6. 简述城市轨道交通车站的客流日变化规律。
7. 简述城市轨道交通车站的客运组织原则。
8. 简述车站的客流组织原则。
9. 简述进、出站客流组织重点。
10. 简述站台客流组织重点。
11. 大客流影响因素有哪些？
12. 当车站不能容纳更多乘客时，如何进行客流控制？
13. 当车站还能容纳更多乘客时，如何进行客流疏导？
14. 遭遇特大客流时，实行三级客流控制的控制点在哪里？在各个控制点应该采取哪些措施？
15. 突发事件下的客流组织措施有哪些？

实训任务工单

实训任务 7.1　车站的开启与关闭作业流程演练

学院		专业	
姓名		学号	
组长姓名		小组成员名单	

1. 接受工作任务	成绩：
分小组演练地铁车站开启与关闭作业流程。	
2. 前置知识	成绩：

1）车站运营时间

2）车站出入口数量及位置

3）车站自动扶梯分布情况

4）车站闸机、自动售票机、自动充值机分布情况

5）车站运营前检查内容

6）车站上、下行方向首班车到达本站时间

7）车站换乘末班车时刻表

8）车站自动扶梯、出入口卷闸门设备操作

续表

3. 编制框架	成绩：
1）车站开站作业流程	① 运营前检查并汇报
	② 开启照明、环控系统
	③ 开启 AFC 设备
	④ 开启自动扶梯
	⑤ 开启出入口卷闸门
	⑥ 准备窗口服务
	⑦ 站台巡视岗接发列车
2）车站关站作业流程	① 开始广播
	② 窗口停止售票服务
	③ 关闭 AFC 设备
	④ 清站
	⑤ 关闭自动扶梯
	⑥ 关闭出入口
	⑦ 执行车站节电模式
4. 计划实施	成绩：

1）车站开站作业流程
① 运营前检查并汇报
② 开启照明、环控系统
③ 开启 AFC 设备
④ 开启自动扶梯
⑤ 开启出入口卷闸门
⑥ 准备窗口服务
⑦ 站台巡视岗接发列车

2）车站关站作业流程
① 开始广播
② 窗口停止售票服务
③ 关闭 AFC 设备
④ 清站
⑤ 关闭自动扶梯
⑥ 关闭出入口
⑦ 执行车站节电模式

续表

5. 质量检查		成绩：
实训指导教师检查本组作业结果，并针对实训过程出现的问题提出改进措施及建议。		
序号	评价标准	评价结果
1		
2		
3		
4		
5		
综合评价 （圈住星数）	☆ ☆ ☆ ☆ ☆	
综合评语		
6. 评价反馈	成绩：	
根据在实训中的实际表现进行自我反思和自我评价。 自我反思：		
自我评价：		

续表

实训成绩单

项目	评分标准	分值	得分
接受工作任务	明确工作任务，理解任务在企业工作中的重要程度	5	
前置知识	本次实训前需要掌握的知识程度	10	
编制框架	按照编辑计划要求编写框架	5	
计划实施	1）车站开站作业流程		
	① 运营前检查并汇报	4	
	② 开启照明、环控系统	4	
	③ 开启 AFC 设备	4	
	④ 开启自动扶梯	4	
	⑤ 开启出入口卷闸门	5	
	⑥ 准备窗口服务	5	
	⑦ 站台巡视岗接发列车	4	
	2）车站关站作业流程		
	① 开始广播	5	
	② 窗口停止售票服务	4	
	③ 关闭 AFC 设备	4	
	④ 清站	5	
	⑤ 关闭自动扶梯	4	
	⑥ 关闭出入口	4	
	⑦ 执行车站节电模式	4	
质量检查	学生任务完成，编写过程规范	10	
评价反馈	学生能对自身表现情况进行客观评价	5	
	学生能在任务实施过程中发现自身问题	5	
合计		100	

实训任务 7.2　车站全天运营工作过程演练

<table>
<tr><td>学院</td><td></td><td>专业</td><td></td></tr>
<tr><td>姓名</td><td></td><td>学号</td><td></td></tr>
<tr><td>组长姓名</td><td></td><td>小组成员名单</td><td></td></tr>
<tr><td colspan="2">1. 接受工作任务</td><td colspan="2">成绩：</td></tr>
<tr><td colspan="4">结合地铁车站日常运作要求，模拟车站全天运营工作过程。</td></tr>
<tr><td colspan="2">2. 前置知识</td><td colspan="2">成绩：</td></tr>
<tr><td colspan="4">1）车站概况
① 车站的地图模式
② 车站的结构模式
③ 出入口的分布
④ 上下行方向首班车到达本站时间
⑤ 换乘末班车时刻表</td></tr>
<tr><td colspan="4">2）车站运营前检查内容</td></tr>
<tr><td colspan="4">3）边门管理规定</td></tr>
<tr><td colspan="4">4）站务员岗位职责</td></tr>
<tr><td colspan="4">5）客运值班员岗位职责</td></tr>
<tr><td colspan="4">6）值班站长岗位职责</td></tr>
</table>

续表

<table>
<tr><td>3. 编制框架</td><td>成绩：</td></tr>
<tr><td rowspan="3">1）车站公共区巡视内容和要求</td><td>① 值班站长</td></tr>
<tr><td>② 客运值班员</td></tr>
<tr><td>③ 站务员</td></tr>
<tr><td rowspan="4">2）日常运营</td><td>① 车站边门管理</td></tr>
<tr><td>② 乘客遗失物品</td></tr>
<tr><td>③ 乘客物品掉落轨行区管理</td></tr>
<tr><td>④ 乘客投诉处理</td></tr>
<tr><td rowspan="2">3）早晚高峰客运组织</td><td>① 乘客安检</td></tr>
<tr><td>② 客流组织</td></tr>
<tr><td>4. 计划实施</td><td>成绩：</td></tr>
<tr><td colspan="2">1）车站公共区巡视内容和要求
① 值班站长

② 客运值班员

③ 站务员

2）日常运营
① 车站边门管理

② 乘客遗失物品

③ 乘客物品掉落轨行区管理

④ 乘客投诉处理

3）早晚高峰客运组织
① 乘客安检

② 客流组织</td></tr>
</table>

续表

5. 质量检查		成绩：
实训指导教师检查本组作业结果，并针对实训过程出现的问题提出改进措施及建议。		
序号	评价标准	评价结果
1		
2		
3		
4		
5		
综合评价 （圈住星数）	☆ ☆ ☆ ☆ ☆	
综合评语		

6. 评价反馈	成绩：
根据自己在实训中的实际表现进行自我反思和自我评价。 自我反思：	
自我评价：	

续表

实训成绩单

项目	评分标准	分值	得分
接受工作任务	明确工作任务，理解任务在企业工作中的重要程度	5	
前置知识	本次实训前需要掌握的知识程度	10	
编制框架	按照编辑计划要求编写框架	5	
计划实施	1）车站公共区巡视内容和要求		
	① 值班站长	5	
	② 客运值班员	5	
	③ 站务员	5	
	2）日常运营		
	① 车站边门管理	8	
	② 乘客遗失物品	9	
	③ 乘客物品掉落轨行区管理	9	
	④ 乘客投诉处理	9	
	3）早晚高峰客运组织		
	① 乘客安检	5	
	② 客流组织	5	
质量检查	学生任务完成，编写过程规范	10	
评价反馈	学生能对自身表现情况进行客观评价	5	
	学生能在任务实施过程中发现自身问题	5	
合计		100	

实训任务 7.3　城市轨道交通客流调查

学院		专业	
姓名		学号	
组长姓名		小组成员名单	
1. 接受工作任务		成绩：	
分小组进行地铁车站服务满意度情况调查。			
2. 前置知识		成绩：	

1）客流的概念

2）影响客流的因素

3）客流调查种类

① 全面客流调查

② 乘客情况抽样调查

③ 断面客流调查

④ 节假日客流调查

4）客流调查方法

① 随车客流调查法

② 驻站客流调查法

③ 问讯客流调查法

5）客流调查统计指标

续表

3. 编制框架	成绩：
1）制订调查计划	① 时间
	② 地点
	③ 目的
2）设计调查问卷	
3）客流抽样调查	① 抽样方法
	② 抽样率
4）整理调查资料	获取相关数据，形成调查原始数据
5）数据分析，计算形成统计指标	

4. 计划实施	成绩：
1）制订调查计划 ① 时间 ② 地点 ③ 目的 2）设计调查问卷 3）客流抽样调查 ① 抽样方法 ② 抽样率 4）整理调查资料 获取相关数据，形成调查原始数据： 5）数据分析，计算形成统计指标	

续表

5. 质量检查		成绩：
实训指导教师检查本组作业结果，并针对实训过程出现的问题提出改进措施及建议。		
序号	评价标准	评价结果
1		
2		
3		
4		
5		
综合评价（圈住星数）	★ ★ ★ ★ ★	
综合评语		

6. 评价反馈	成绩：
根据自己在实训中的实际表现进行自我反思和自我评价。 自我反思：	
自我评价：	

续表

实训成绩单

项目	评分标准	分值	得分
接受工作任务	明确工作任务，理解任务在企业工作中的重要程度	5	
前置知识	本次实训前需要掌握的知识程度	10	
编制框架	按照编辑计划要求编写框架	5	
计划实施	1）制订调查计划		
	① 时间	5	
	② 地点	5	
	③ 目的	5	
	2）设计调查问卷	10	
	3）客流抽样调查		
	① 抽样方法	5	
	② 抽样率	5	
	4）整理调查资料	10	
	5）数据分析，计算形成统计指标	15	
质量检查	学生任务完成，编写过程规范	10	
评价反馈	学生能对自身表现情况进行客观评价	5	
	学生能在任务实施过程中发现自身问题	5	
合计		100	

实训任务 7.4 城市轨道交通客流预测

学院		专业	
姓名		学号	
组长姓名		小组成员名单	

1. 接受工作任务	成绩：
根据某地铁客流量，分小组进行客流预测。	

2. 前置知识	成绩：
1）客流预测的意义	
2）客流预测的模式及方法	
3）客流预测在不同阶段的特点	
4）四阶段客流预测方法	
5）影响客流预测的相关因素	

续表

<table>
<tr><td colspan="3">3. 编制框架</td><td colspan="4">成绩：</td></tr>
<tr><td>年份</td><td>2011 年</td><td>2012 年</td><td>2013 年</td><td>2014 年</td><td>2015 年</td><td>2016 年</td></tr>
<tr><td>全年线网客流量/人</td><td>5 632 300</td><td>5 919 750</td><td>6 258 300</td><td>6 629 320</td><td>7 087 560</td><td>7 768 340</td></tr>
<tr><td colspan="7">根据以上数据，采用一元线性回归方法进行客流预测。</td></tr>
<tr><td colspan="7">1）全线网年客流量平均增长率</td></tr>
<tr><td colspan="7">2）该线网年客流量增长曲线</td></tr>
<tr><td colspan="3" rowspan="3">3）采用一元线性回归法建立模型</td><td colspan="4">① 因变量</td></tr>
<tr><td colspan="4">② 自变量</td></tr>
<tr><td colspan="4">③ 函数关系</td></tr>
<tr><td colspan="7">4）2017 年客流量预测</td></tr>
</table>

<table>
<tr><td colspan="3">4. 计划实施</td><td colspan="4">成绩：</td></tr>
<tr><td>年份</td><td>2011 年</td><td>2012 年</td><td>2013 年</td><td>2014 年</td><td>2015 年</td><td>2016 年</td></tr>
<tr><td>全年线网客流量/人</td><td>5 632 300</td><td>5 919 750</td><td>6 258 300</td><td>6 629 320</td><td>7 087 560</td><td>7 768 340</td></tr>
<tr><td colspan="7">根据以上数据，采用一元线性回归方法进行客流预测。
1）全线网年客流量平均增长率
2）该线网年客流量增长曲线
3）采用一元线性回归法建立模型
① 因变量：
② 自变量：
③ 函数关系：
4）2017 年客流量预测</td></tr>
</table>

续表

5. 质量检查		成绩：
实训指导教师检查本组作业结果，并针对实训过程出现的问题提出改进措施及建议。		
序号	评价标准	评价结果
1		
2		
3		
4		
5		
综合评价 （圈住星数）	☆ ☆ ☆ ☆ ☆	
综合评语		
6. 评价反馈		成绩：
根据自己在实训中的实际表现进行自我反思和自我评价。 自我反思：		
自我评价：		

续表

实训成绩单

项目	评分标准	分值	得分
接受工作任务	明确工作任务，理解任务在企业工作中的重要程度	5	
前置知识	本次实训前需要掌握的知识程度	10	
编制框架	按照编辑计划要求编写框架	5	
计划实施	1）全线网年客流量平均增长率	15	
	2）该线网年客流量增长曲线	15	
	3）采用一元线性回归法建立模型		
	① 因变量	5	
	② 自变量	5	
	③ 函数关系	5	
	4）2017 年客流量预测	15	
质量检查	学生任务完成，编写过程规范	10	
评价反馈	学生能对自身表现情况进行客观评价	5	
	学生能在任务实施过程中发现自身问题	5	
合计		100	

实训任务 7.5　城市轨道交通车站大客流演练

学院		专业	
姓名		学号	
组长姓名		小组成员名单	
1. 接受工作任务		成绩：	

某日，毗邻地铁车站的展厅散场，客流集中进站，导致出现大客流，车站立即按照大客流情况下车站组织方案，启动客流应急组织工作。分小组进行大客流应急演练。

2. 前置知识	成绩：

1）大客流的概念

2）大客流的种类

3）大客流的组织措施

4）三级客流的控制方法

5）大客流情况下各岗位的职责

① 值班站长

② 行车值班员

③ 客运值班员

④ 售票员

⑤ 站厅巡视岗

⑥ 站台巡视岗

续表

3. 编制框架	成绩：
站厅巡视岗发现大量乘客从车站 D 口进入站厅，在自动售票机、半自动售票机前排队购票乘客已超过 8 人以上且持续 2 min 以上。	
1）第一阶段：客流引导	① 上报信息，请求支援
	② 站厅引导，加速进站
	③ 支援人员到位
2）第二阶段：客流控制	① 站台滞留乘客较多，启动一级客流控制
	② 站台滞留乘客情况不缓解，启动二级客流控制
	③ 站厅非付费区乘客较多，启动三级客流控制
3）第三阶段：客流缓解	① 出入口客流量已经恢复正常，取消三级客流控制
	② 进站乘客恢复正常，取消二级客流控制
	③ 候车人数正常，且列车出站后站台无滞留人员，取消一级客流控制
	④ 车站运作恢复正常
4. 计划实施	成绩：
站厅巡视岗发现大量乘客从车站 D 口进入站厅，在自动售票机、半自动售票机前排队购票乘客已超过 8 人以上且持续 2 min 以上。 1）第一阶段：客流引导 ① 上报信息，请求支援； ② 站厅引导，加速进站； ③ 支援人员到位。 2）第二阶段：客流控制 在各岗位引导下，乘客迅速进站候车，站台滞留乘客增多。 ① 站台滞留乘客较多，启动一级客流控制； ② 站台滞留乘客情况不缓解，启动二级客流控制； ③ 站厅非付费区乘客较多，启动三级客流控制； 3）第三阶段：客流缓解 ① 出入口客流量已经恢复正常，取消三级客流控制； ② 进站乘客恢复正常，取消二级客流控制； ③ 候车人数正常，且列车出站后站台无滞留人员，取消一级客流控制； ④ 车站运作恢复正常。	

续表

5. 质量检查	成绩：	
实训指导教师检查本组作业结果，并针对实训过程出现的问题提出改进措施及建议。		
序号	评价标准	评价结果
1		
2		
3		
4		
5		
综合评价（圈住星数）	★ ★ ★ ★ ★	
综合评语		

6. 评价反馈	成绩：

根据自己在实训中的实际表现进行自我反思和自我评价。

自我反思：

自我评价：

续表

实训成绩单

项目	评分标准	分值	得分
接受工作任务	明确工作任务，理解任务在企业工作中的重要程度	5	
前置知识	本次实训前需要掌握的知识程度	10	
编制框架	按照编辑计划要求编写框架	5	
计划实施	1）第一阶段：客流引导		
	① 上报信息，请求支援	5	
	② 站厅引导，加速进站	5	
	③ 支援人员到位	5	
	2）第二阶段：客流控制		
	① 站台滞留乘客较多，启动一级客流控制	6	
	② 站台滞留乘客情况不缓解，启动二级客流控制	6	
	③ 站厅非付费区乘客较多，启动三级客流控制	8	
	3）第三阶段：客流缓解		
	① 出入口客流量已经恢复正常，取消三级客流控制	6	
	② 进站乘客恢复正常，取消二级客流控制	6	
	③ 候车人数正常，且列车出站后站台无滞留人员，取消一级客流控制	8	
	④ 车站运作恢复正常	5	
质量检查	学生任务完成，编写过程规范	10	
评价反馈	学生能对自身表现情况进行客观评价	5	
	学生能在任务实施过程中发现自身问题	5	
合计		100	

项目 8　城市轨道交通客运服务

知识目标

◆ 了解城市轨道交通客运服务的重要性；
◆ 了解城市轨道交通客运服务的七大基本特性；
◆ 了解城市轨道交通为残疾人等特殊乘客提供的无障碍服务。

能力目标

➢ 掌握城市轨道交通客运服务规范；
➢ 掌握各岗位的客运服务内容及相关要求；
➢ 掌握乘客投诉处理技巧。

思政目标

❖ 树立安全意识与流程意识；
❖ 强化岗位责任意识；
❖ 培养严谨、认真的工作态度。

典型案例

北京市地铁运营有限公司

北京市地铁运营有限公司前身为北京市地下铁道总公司，是国有独资的特大型专门经营城市轨道交通运营线网的专业运营商，拥有职工超过三万名。

截至 2022 年年中，北京市地铁运营有限公司负责运营管理的线路共有 16 条，包括北京地铁 1 号线、2 号线、5 号线、6 号线、7 号线、8 号线、9 号线、10 号线、11 号线、13 号线、15 号线、八通线、亦庄线、房山线、昌平线、S1 线，运营总里程 538 km，运营车站 330 座。公司运营业务涉及专业有车辆运输、客运组织、行车电力调度、供电、通信信号、机电和线路等。另外，公司还经营以地铁相关资源开发为主的多元化业务，主要包括车辆制造、工程监理、设计研究咨询、广告、地下通信、文化产业、商贸、旅游度假、教育培训、建筑安装及物业等。这些多元化经营业务扩大了地铁的服务领域，也满足了广大乘客的服务需求。

北京市地铁运营有限公司始终坚持“安全、准确、高效、服务”的运营宗旨和“安全第一、预防为主”的运营方针，以及“以市场为中心、以乘客需求为导向”的服务理念。无论是现在还是将来，北京地铁都将不断提高服务水平，竭力为广大乘客提供更加安全、快捷、舒适和便利的服务，为北京率先实现现代化和建设现代化国际大都市做贡献。

典型案例

屏蔽门故障

2005 年 9 月 6 日 11:14，地铁列车 0611 次到达 A 站下行站台后，当值站台保安发现车站下行线尾端墙区域所对应的一排屏蔽门滑动门最开始只开了 40 cm 左右的空隙，延迟 5～6 s 后才正常开启，乘客上下车完毕，车门和屏蔽门关闭时，站台保安突然发现第 29 档滑动门处有一位乘客被夹住脖子大声呼救。站台保安立即向当值司机显示紧急停车手信号，并迅速上前将屏蔽门滑动门推开，将乘客救出；与此同时，站台保安发现第 29 档屏蔽门处对应的列车车门未关。

此时当值行车值班员通过 CCTV 发现列车停站时间超过 30 s，立即向站台保安询问，站台保安因急于处理乘客被夹事件和为尽快让列车开出，只回答列车无法开动，但未进一步说明列车车门未关及屏蔽门夹人情况。行车值班员误认为是往常车站经常出现的屏蔽门与信号接口故障造成列车无法正常动车，就要求站台保安尽快处理以让列车动车。站台保安显示好了信号，列车仍然无法动车。站台保安按行车值班员指示，立即前往端门处询问司机是否需要帮助并将车门未关情况告诉司机。司机也发现三个车门紧急解锁手柄被拉下，立即前往处理，将车门紧急解锁手柄复位，以人工驾驶模式动车。从列车到站至事件处理完毕动车，耗时 3 min 40 s。

原因分析：

（1）主要原因：屏蔽门丧失防夹功能。

（2）站台保安在乘客脱险后，没有及时将详细情况汇报车控室，导致行车值班员及行车调度员对事态了解不全面，不能及时应对、解决事件。

（3）车站值班员臆测现场情况，没有充分询问、掌握现场实际情况，导致在车门打开的情况下指示站台保安显示好了信号。

（4）车站保安缺乏必要行车知识，盲目显示好了信号。

任务 8.1　城市轨道交通客运服务基本知识

城市轨道交通行业属于服务性行业，其核心产品是乘客位移，因为乘客乘坐城市轨道交通的目的就是从出发地到目的地。影响乘客位移这一核心产品质量的是客运服务，例如在进入城市轨道交通车站前站外导向标识的引导、首末班时间通告、购票便捷程度、出站指南、换乘指南、站务员的服务水平等多方面的因素，都会影响城市轨道交通的服务质量。

8.1.1　客运服务的重要性

城市轨道交通作为城市重要的基础设施和大众化交通工具，承担着服务社会经济发展、服务人民生活的重大使命。客运服务是城市轨道交通客运工作的重要组成部分，是客运质量好坏的具体体现，是创造城市轨道交通运营企业社会效益和经济效益的关键，也是客运服务发生矛盾的焦点。

因此，城市轨道交通客运服务工作非常重要，需要秉承“以人为本”的服务理念，“以人为本”地为乘客提供人性化、优质化服务，不仅让每一位乘客感到被尊重，也让每一位乘客感到受重视。客运服务人员必须掌握服务技能，讲究服务艺术，遵守规章制度，立足本职工作，处处维护企业形象，全心全意地为乘客提供优质的服务。

8.1.2　客运服务的法律内涵

城市轨道交通运营企业在为乘客提供位移服务时，从乘客购票时起，即与乘客形成了“服务方”与“被服务方”的客运服务契约关系。在这个关系中，乘客是“被服务方”，城市轨道交通运营企业是“服务方”，服务方应根据被服务方的要求提供服务活动，必须承担相应的责任、义务，为被服务方提供专业化、职业化的帮助。

8.1.3　客运服务的基本特性

客运服务属于服务工作的一种，既有服务工作的共性，也有城市轨道交通客运工作的独有特性，其基本特性主要表现在以下七个方面。

1. 无形性

城市轨道交通客运服务在本质上是无形的，既不能被触摸，也不能被品尝，更不能被嗅到或看到，它只能在乘客发生空间位置移动时被感受到。这种无形性给乘客带来了较大的购买风险，但政府可以通过立法和行政干预手段来规范企业的经营。

2. 易逝性

服务产品具有很强的时效性，一旦未被出售或消费，其价值就永远失去，无法储存。例如，列车上的空座位，不可以保留下来供下一趟列车使用。这就给运营企业的经营带来很大风险，对服务设备和能力的配置提出更高的要求。

3. 参与性

客运服务的参与性有两种含义。一是乘客作为参与者出现在客运服务过程中，因为对于乘客来说，客运服务是发生在服务设施环境（前台作业区）中的乘客体验，如果服务设施的设计符合乘客的需要，就可以提高服务质量；二是乘客在乘车过程中可以发挥积极的作用，他们的知识、经验等都会直接影响客运服务的效果。

4. 同时性

客运服务的同时性是指客运服务的生产过程和消费过程在空间和时间上同时并存，同时进行。从运营企业来说，运输过程就是服务的生产过程；而从乘客的角度来说则是消费过程。一方面，乘客参与服务提供的过程；另一方面，乘客的参与对运营企业的服务时间、服务质量和服务设施的提供都造成了不确定性，从而给服务质量的管理和控制带来了困难。

5. 差异性

客运服务是由客运服务人员通过劳动来完成的，而每位客运服务人员由于年龄、性别、性格、素质和文化程度等方面的不同，为乘客提供的服务也不尽相同，即使是同一员工，在不同的场合、不同的时间，或面对不同的乘客，其服务态度和服务方式也会有一定的差异。服务的差异性会给服务评价带来更多的不可量化性。

6. 不可转移性

服务的不可转移性是指服务产品的所有权不可转移。乘客付出的车费即服务费，直接转化为自身的位移效用，无法转移给第三者体验，这就使得城市轨道交通服务具有不可转移性。

7. 公益性

为了减轻社会生产和生活的负担，城市轨道交通的服务产品价格不能过高。这样一来，在综合考虑人民群众消费水平的前提下，也保证了运营企业及劳动者的基本利益，有利于国民经济的健康发展，这就使得城市轨道交通具有服务的公益性。

认识城市轨道交通客运服务的七个基本特性，根据每天线路的具体情况，对它们进行不同的组合，就可以产生不同的效果。对于城市轨道交通运营企业来讲，可以通过调整服务特性组合来获取市场竞争的优势。

8.1.4 客运服务的分类

1. 按照服务时间分类

对于城市轨道交通客运服务来说，按照服务时间，可将服务分为出行前服务、出行中服务和出行后服务三类（见图 8–1）。

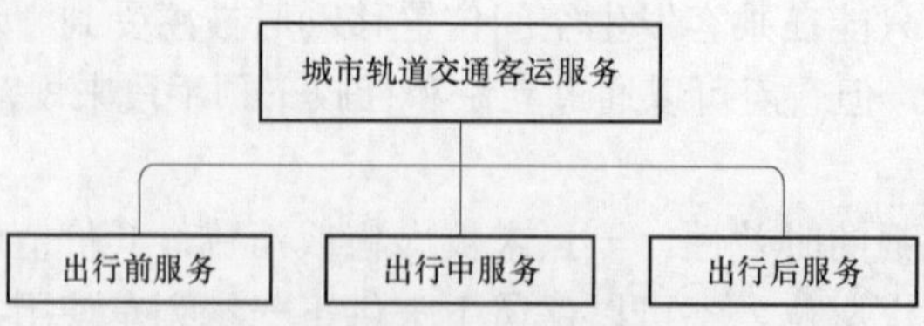

图 8–1 按照服务时间划分服务类别

（1）出行前服务。指乘客进入付费区之前城市轨道交通运营企业为乘客提供的各项服务，包括各种信息的咨询和票务服务，例如城市轨道交通运营企业发布的线路图查询、站点信息、首末车时间等。

（2）出行中服务。指乘客出行过程中城市轨道交通运营企业为乘客提供的各项服务，主要包括乘客进出站引导服务、导向标识服务、候车服务、换乘服务、车站信息服务、列车信息服务等。

（3）出行后服务。指乘客到达目的地，离开付费区后，城市轨道交通运营企业为乘客提供的各项服务，包括服务失败后的投诉处理、补偿，以及失物招领、延误通告等。

2. 按照提供服务的主体分类

按照提供服务的主体，可将服务分为人工服务和自助服务两类（见图 8-2）。

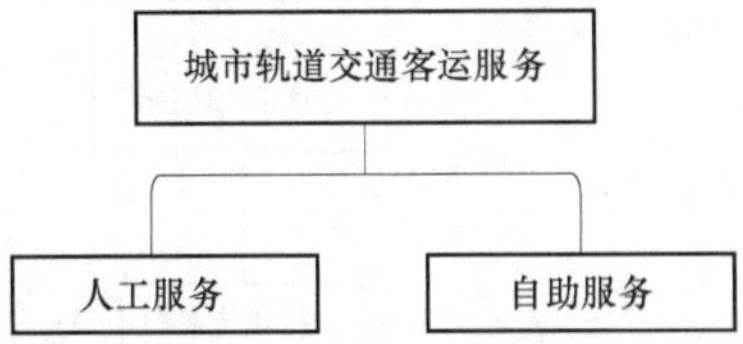

图 8-2　按照提供服务的主体划分服务类别

（1）人工服务。指通过服务人员与乘客进行交流，询问相关信息并提供乘客需要的服务，例如城市轨道交通人工售票、进站安检、站台秩序维护等。

（2）自助服务。指通过自助服务设施向乘客提供服务，乘客可以自主选择需要的服务或想了解的信息，例如城市轨道交通自动售票机提供的售票、充值业务，自动查询机提供的信息查询服务，网站提供的线路信息和公告等。

3. 按照服务接触程度分类

按照服务接触程度，可将服务分为直接接触服务、间接接触服务和无接触服务三类（见图 8-3）。

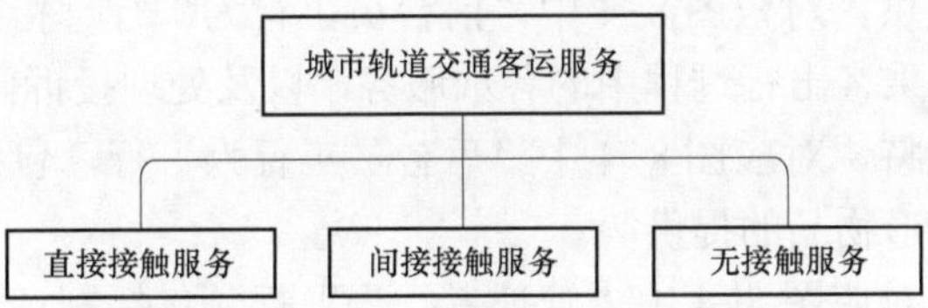

图 8-3　按照服务接触程度划分服务类别

（1）直接接触服务。指乘客来到服务场所接受到的服务，例如人工服务，包括站务员为乘客提供的售票、引导、咨询、安检等服务。

（2）间接接触服务。指乘客参与部分服务过程的服务，例如在自助购票服务中，票制、票价的制定及自动售票机中票卡的放置是乘客没有参与的服务过程，选乘车线路、乘车起讫站点是乘客参与的服务。

（3）无接触服务。指乘客无须参与服务提供过程的服务，例如对服务内容、服务标准的研究与制定工作、城市轨道交通的客运组织工作等。

8.1.5　客运服务蓝图

从广义上说，城市轨道交通的客运服务应包括从管理层服务设计、后台层服务支持、前台层服务提供到乘客的直接感受的所有内容。

服务蓝图是对服务提供系统的总体描述，它用横坐标表示服务流程，用纵坐标表示服务结构，详细地展示了服务是如何组成的，有多少部门参与服务活动（见图 8-4）。

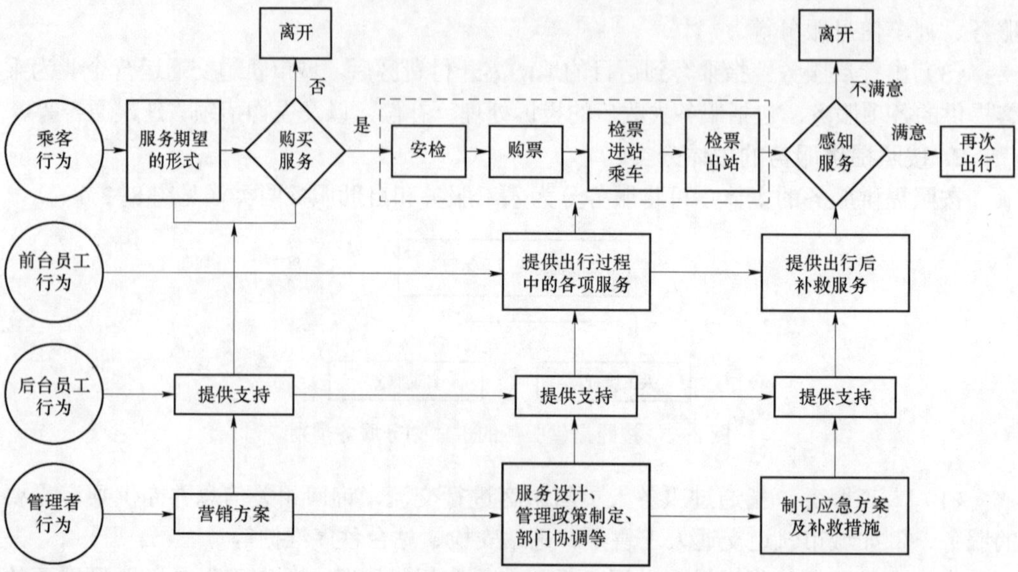

图 8-4 城市轨道交通客运服务蓝图

从图 8-4 可以看出，服务流程在水平方向从左至右用按时间先后顺序排列起来的行为框表示。城市轨道交通的服务结构自上而下依次为：

（1）服务接触，对应图 8-4 中“乘客行为”行，指乘客接受服务的全过程，从服务预期到服务接受，最后到服务感知。

（2）前台服务提供，对应图 8-4 中“前台员工行为”行，指客运服务人员的具体服务工作，包括提供乘客出行过程中的各项服务，以及处理投诉问题等。

（3）后台服务支持，对应图 8-4 中“后台员工行为”行，包括设备资源支持、财务支持，以及相关有形物品的提供等。

（4）管理活动，对应图 8-4 中“管理者行为”行，包括制订营销方案、设计服务内容、制定管理政策、进行部门协调、制订应急方案及补救措施等。

任务 8.2 城市轨道交通客运服务规范

城市轨道交通运营企业应以乘客为中心，引入先进的服务理念，不断丰富完善服务内容，实现服务规范化和标准化，制订完善、明确、详细的服务标准，包括服务的定位和服务的内容，不断进行服务创新，将服务项目和标准向社会公开，并接受监督，还应建章立制，严格考核，落实服务标准，提高服务质量。

8.2.1 客运服务标准与服务范围

1. 客运服务标准

（1）为乘客提供符合服务规范的服务设施、候车环境和乘车环境。

（2）为乘客提供规范、有效的乘客信息。

（3）在非正常情况下，为乘客提供必要的安全信息和指导信息。

（4）为乘客提供的公益或商业服务应以方便乘客、提高服务质量为目标，保证客运服务质量不受影响。

2. 客运服务范围

（1）维护车站秩序，组织乘客有序乘降。

（2）提供兑零、充值、更新等售票工作。

（3）处理乘客投诉、来访及乘客纠纷。

（4）回答乘客咨询，重点关注老弱病残孕乘客。

（5）向轮椅乘客等特殊人群提供相应的服务。

8.2.2 客运服务岗位的总体要求与管理规范

1. 总体要求

客运服务岗位涉及值班站长、站务员和值班员。对服务岗位的总体要求为：乘客为先，有理有节；热忱主动，微笑服务；形象规范，大方得体；坚持原则，灵活处理；首问负责，乘客满意。

2. 管理规范

1）仪表着装规范

城市轨道交通服务人员，不仅要着装合适，还要保证制服的整齐美观、清洁规范、挺括大方，具体要求如下：

（1）整齐美观。制服应合身得体，符合岗位要求。制服内穿非制式服装时，非制式服装不得外露。穿衬衣时，应把衣摆系在长裤或裙子里面，纽扣应全部扣好，不得披衣、敞怀、挽袖、卷裤腿，不得为追求时髦而对制服乱加修改。每天应把皮鞋擦干净，使之保持光亮，破损的鞋子应及时修理或更换。领带、领结、飘带与衬衫领口吻合紧凑，不可系歪。

（2）清洁规范。制服要整洁，不可有污渍、皱褶。每天上岗前要检查制服上是否有菜汁、油渍、笔迹等，尤其要注意领子、袖口是否干净，应养成勤洗勤换的良好习惯。

（3）挺括大方。穿着制服，应注意保持制服挺括，衣裤均要烫平，不起皱，不翘边，裤线烫得笔挺，保持制服线条自然流畅，体现出城市轨道交通服务人员的高雅、端庄。

2）标志佩戴要求

标志佩戴要保持干净整洁，佩戴端正，工号牌应佩戴在左胸正上方。

3）仪容修饰规范

（1）勤洗澡，无汗味；讲究个人卫生，保持口气清新；上班前，不吃有异味食品，不饮酒或含有酒精的饮料；工作中，禁止养成不良习惯。

（2）头发清洁，无异味，发型优美；女士短发不过肩，刘海不过眉，长发须按规定束在发髻内；男士不留怪发，做到前发不覆额、侧发不掩耳、后发不触领。

（3）员工上岗前保持面部干净整洁，男士剃净胡须，女士淡妆上岗，忌用浓烈型香水，禁戴有色眼镜。

（4）双手清洁干净，无污垢。

（5）女士上岗时可佩戴一枚素色戒指，戴一副简单造型的耳钉、耳环，项链以颈链为宜；男士不佩戴任何饰物。

4）行为举止规范

（1）站姿。

站立是生活中常见的姿势，也是服务接待的主要姿势。因为站立服务传递着随时为乘客服务的信息，能体现出对乘客的尊重，正确的站姿（见图 8-5）要领是：

① 双肩平齐，抬头挺胸，目光平视前方，下颌微收，面带微笑。

② 收腹、立腰、提臀，膝盖自然挺直，小腿向后发力。

③ 两臂放松，自然下垂，双手可放于身体两侧、腹前或背后，虎口向前，手指自然弯曲。

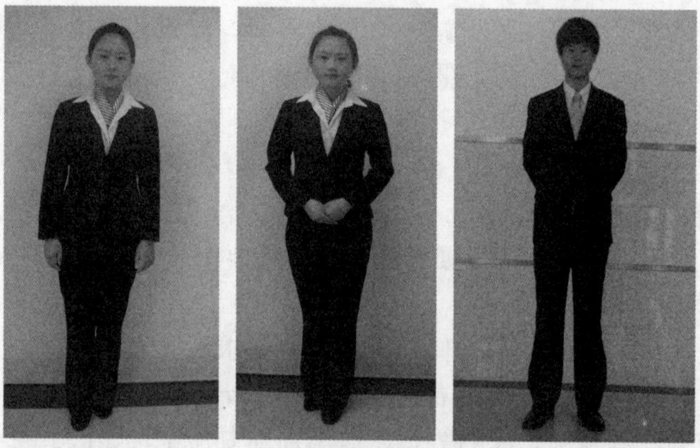

图 8-5 正确的站姿

④ 在站立时，双腿并拢，双脚脚跟靠紧，脚掌呈 V 形，脚尖展开 45° 左右；双手虎口相对，右手轻握在左手上，自然放置在腹前，或双手自然下垂。男士在站立时，可以两脚分开与肩同宽或比肩略窄，双臂自然下垂。

温馨小贴士

站立时间过长，感到疲惫时，可将一条腿向前或向后半步，让身体重心轮流放在两条腿上。

（2）行姿。

行姿是以静态的站姿为基础的，是一种动态的姿势。起步时，上身稍往前倾，身体重心在前脚掌上。行走时，头部端正，面带笑容，双目平视行进前方，双肩水平，上身自然挺直，收腹，两肩微往后拉，两臂自然摆动，身体保持平稳，步幅适中，步频稳定，上身不动，两肩不摇。

服务人员在工作岗位上应注意以下事项：

① 顾及别人的存在，不仅要选择适当的行走路线，和乘客保持一定的方位，而且要保持一定的速度。

② 通道狭窄的地方，服务人员一旦发现自己阻挡了他人特别是乘客的路，一定要请对方先行。

（3）坐姿。

坐姿即人们就座之后呈现的姿势。端正的坐姿能体现服务人员的修养和对乘客的尊重。正确的坐姿要领是：坐姿要端庄，要保持上身正直，身体也可稍往前倾，挺胸直腰，双肩平正，双腿并拢，嘴微闭，面带笑容，双手自然放在双膝上或售票台面上，掌心向下，目光注视乘客，坐满椅子 2/3，两膝相靠，两脚并拢或稍分。

（4）蹲姿。

服务人员需要到低处捡拾东西或做卫生清洁时，需要运用蹲姿。蹲姿和坐姿都是由站姿或行姿变化而来的，城市轨道交通服务人员通常采用的蹲姿为高低式蹲姿。

高低式蹲姿的基本特征是双膝一高一低，在下蹲的时候双脚不要并排在一起，而是左脚在前完全着地，小腿基本上垂直于地面；右脚稍后，脚掌着地，脚跟提起；右膝低于左膝，右膝内侧可以靠在左小腿内侧，形成左膝高右膝低的姿态，女性应靠紧两腿，男性两腿可以适度地分开；臀部向下，基本上以右腿支撑身体。正确的蹲姿见图 8-6。

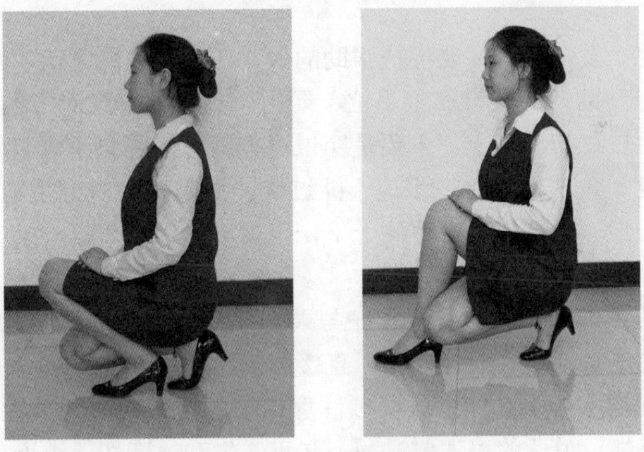

图 8-6　正确的蹲姿

温馨小贴士

采用高低式蹲姿时，应自然、得体、大方，不遮遮掩掩。下蹲时，应使头、胸、膝关节在一个角度上，两腿合力支撑身体，避免滑倒。

（5）手势。

以手势引导乘客时，掌心向上，四指并拢，拇指自然张开，以肘为轴，前臂自然上抬伸直，面带微笑，视线移向指示方向。正确的手势见图 8-7。

图 8-7 正确的手势

（6）目光。

为乘客服务时，目光要平视乘客，坦诚亲切，和谐有神；与乘客视线接触时，点头微笑，以示尊重。

（7）助臂。

在进行乘客服务时，往往需要对老、弱、病、残、孕乘客主动予以搀扶，以示体贴和照顾，这是给予对方的一种特殊照顾。服务人员在进行搀扶帮助时，要注意以下四点。

（1）选准对象。如果不分对象，对任何人都这么做，就难免会令人觉得滑稽，甚至引起非议。

（2）两相情愿。发现确有需要搀扶帮助的人，在为其助臂之前，要先征得其同意。

（3）方法得当。助臂的关键在于手位，要用一只手臂穿过对方的腋下，架着其胳膊，再以另一只手扶在其小臂上，主要是穿过对方腋下的那只手臂轻轻用力。

（4）留意速度。搀扶他人时，步速不能过快，而是应与对方主动保持一致，否则就好似拖着别人在走。还可以经常暂停一下，以便对方缓口气。

5）服务用语规范

语言是服务的第一工具，服务人员在与乘客接触的整个过程中，始终离不开语言交流。服务人员的语言运用、表达能力，直接影响服务的水平。

在城市轨道交通服务中，服务人员须注意语言的规范性、礼节性、完整性、准确性、逻辑性、策略性，说话的声调要温和、文雅、生动、亲切、谦逊，切不可说脏话、粗话、怪话，恶语伤人，更不可用粗野庸俗的话刺激、侮辱乘客，服务用语规范如下：

（1）语音标准。使用普通话，亲切和蔼，口齿清晰，音量适宜，语速适度。

（2）语言文明。对乘客的称呼要文明得体，坚持使用文明用语“十一个字”：请、您、您好、对不起、谢谢、再见。

（3）表达恰当。与乘客沟通交流时应做到语言正确、准确、简练、朴实、生动，避免使用“大概”“也许”“可能”“差不多”等不肯定、不准确的语言。说话要有分寸，不说过头话、绝对话，不说与服务无关的话题。

与乘客沟通时，要用心倾听乘客说话，目视乘客面部。回答乘客问询时，要主动站立、问好，面带微笑，心平气和，耐心解释。行走时遇到乘客问询，要站稳，面向乘客，亲切回答问题，不得不理不睬。

任务 8.3　城市轨道交通的客运服务内容

从狭义上讲，城市轨道交通的客运服务指的是前台层的服务，即指客运服务人员的具体服务工作。以下仅从狭义角度对客运服务流程进行介绍。

城市轨道交通的客运服务在客流组织过程中发生。对于乘客来说，城市轨道交通将其从出发站输送到目的站，乘客需要城市轨道交通在整个输送过程中为其提供舒适的乘车环境和安全、便利、舒适、快捷的乘车服务。

8.3.1　客运服务流程

乘客进出站乘车的流程为：乘客经出入口通过引导标识进入站厅，购票或持一卡通等其他车票的乘客直接经检票口进入收费区，通过楼梯进入站台（侧式站台地面站一侧乘客可直接进入站台）乘车，乘客抵达目的站下车后从站台经楼梯或电梯到站厅，在站厅验票后经出入口出站，若票卡有问题，则需经过补票处理后出站。整个流程见图 8-8。

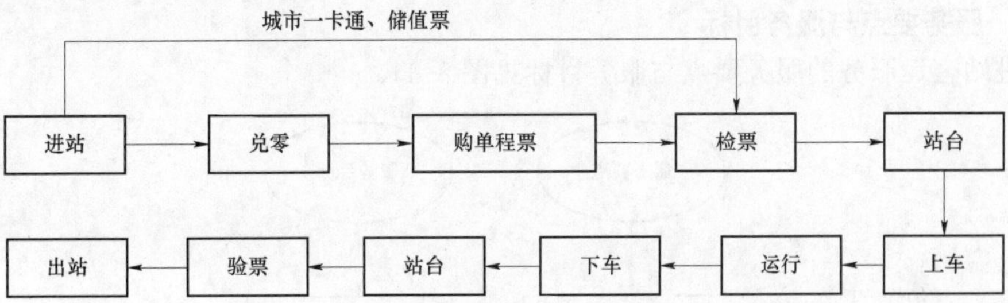

图 8-8　乘客进出站乘车流程

图 8-8 中，未考虑换乘站的乘客换乘流程。换乘指的是乘客在换乘站从一条线路下车后，经过换乘通道进入另一条线路的站台上车的乘车过程。换乘流程见图 8-9。

图 8-9　换乘流程

针对以上流程，城市轨道交通运营企业必须在每一个环节为乘客提供优质的服务，使每一位乘客在从购票乘车到下车出站的全过程中都感到满意。

8.3.2　进站客运服务

1. 服务内容

进站客运服务主要指引导乘客进站，包括客运标识的设置和进站口乘客的引导两方面。

1）客运标识的设置

在车站各出入口设置明显的导向标识，方便乘客识别并根据导向指示进站乘车。

在一些城市轨道交通比较发达的城市，几乎每隔 500 m 就有一个明显的导向标识，指示距离车站的距离及方向，便于乘客选择各出入口进站。示例见图 8-10。

图 8-10 街道上的城市轨道交通车站指示牌

2）进站口乘客的引导

进站口乘客的引导包括维持进站秩序、引导乘客进站、为轮椅乘客等特殊乘客进站提供特殊服务。

2. 服务要点与服务目标

进站客运服务的服务要点与服务目标见图 8-11。

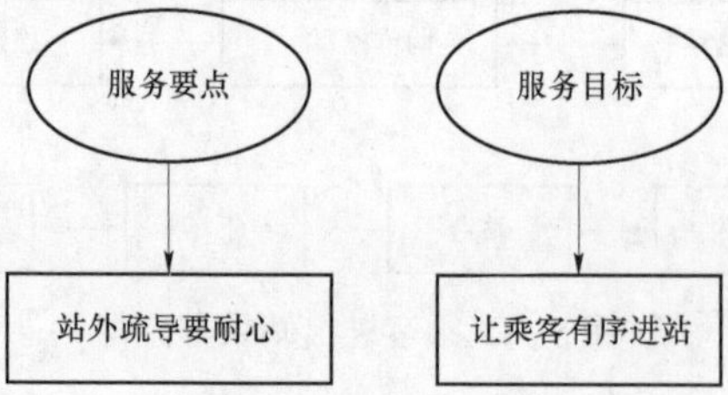

图 8-11 进站客运服务的服务要点与服务目标

3. 服务规范

在进站客运服务过程中，站务人员的服务规范见表 8-1。

表 8-1 进站客运服务规范

服务环节	工作要求	规范语言示例	不当行为/忌语示范
站外疏导	（1）积极宣传疏导，减少乘客误解，争取乘客理解。 （2）限流情况时： ① 面对乘客不满，要耐心劝解； ② 面对不冷静的乘客，要尽快处理，减少影响范围	（1）请您听从工作人员的指挥，顺序进站。 （2）请您不要拥挤，顺序进站。 （3）目前地铁客流较大，我们正在采取限流措施，请您配合	（1）现在人多，慢慢排队吧。 （2）现在限流，我也没办法

4. 服务评价

对于进站客运服务，主要从以下五方面进行评价。

（1）容易看到站外引导标识。
（2）站外引导标识清晰、准确。
（3）车站出入口标识醒目。
（4）限流措施得当。
（5）进站引导热情、周到。

8.3.3　站厅区客运服务

1. 服务内容

站厅区客运服务主要包括安检服务、问询服务和售检票服务。

1）安检服务

乘客进入站厅后，需要做的第一件事就是接受安全检查，因为安全检查是为了保障城市轨道交通的安全。目前，绝大多数城市轨道交通都对乘客携带的物品进行安全检查，部分城市轨道交通线路加大安检力度，进行人、物同检（见图 8-12）。

图 8-12　城市轨道交通人、物同检

2）问询服务

车站的问询服务可分为有人式服务和无人式服务。有人式服务指的是车站的工作人员向问询的乘客提供的服务（见图 8-13）。随着时代的发展，车站的问询服务正在向自助式服务方向发展。无人式服务是指车站设置计算机查询平台，可供乘客对出行线路、票价及各类票卡的金额等进行查询。

图 8-13　人工问询服务

3）售检票服务

目前，世界各国城市轨道交通提供售票服务的主要形式是人工发售或自动为主、人工为辅的方式，而且后者已经成为城市轨道交通售票服务的主流形式。采用自动售检票设备（见图 8-14）替代人工，可以提供更为准确的售票服务，提高服务效率和服务水平，从长远发展角度来看，也可以提高企业的经济效益。

图 8-14 自动售检票设备

2. 服务要点与服务目标

站厅区客运服务的服务要点与服务目标见图 8-15。

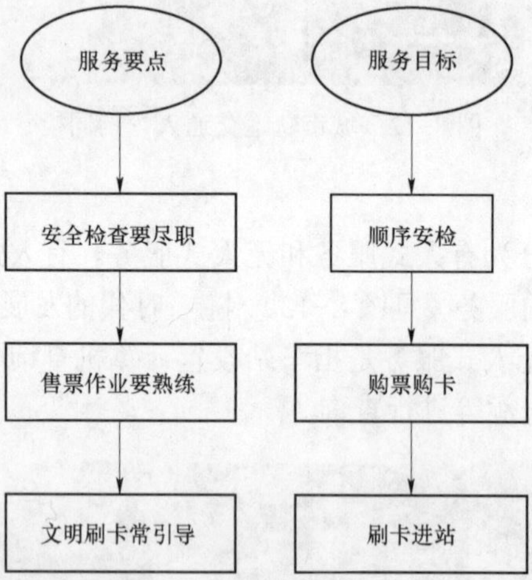

图 8-15 站厅区客运服务的服务要点与服务目标

3. 服务规范

在站厅区客运服务过程中，站务人员的服务规范见表 8-2。

表 8-2　站厅区客运服务规范

服务环节	工作要求	规范语言示例	不当行为/忌语示范
安全检查	（1）主动宣传，耐心解释，恪尽职守。 （2）当有乘客寻求其他帮助时，不能不理不睬、拒绝推诿	正常疏导： （1）您好。 （2）谢谢合作。 （3）乘客您好，请您顺序安检，谢谢合作。 （4）为保证乘车安全，请您自觉接受安检，谢谢合作。 遇拒检情况： （1）您好，为保证乘车安全，请您接受安检，谢谢配合。 （2）您好，依据《××市城市轨道交通运营管理办法》第××条的规定，请您接受、配合安检。 （3）您好，您的箱包（挎包、箱子、行李等）需要进行开包检查，请您打开箱包，谢谢合作。 遇乘客携带禁、限带品时： （1）您好，您携带的物品属于城市轨道交通运营企业公示的禁、限带品，不能携带该物品进站。 （2）请您换乘其他交通工具，谢谢合作。 乘客寻求帮助无法解答时： 对不起，我正在执岗，无法离岗，请您询问其他工作人员	忌语示例： （1）这是规定，不检不行！ （2）你不听，就报公安！ （3）不知道，问别人去。 （4）这不归我管
解答线路问询	熟知城市轨道交通路网线路、车站及周边换乘等相关信息，准确提供线路咨询服务	您好。您先要乘坐去往××方向列车，到××站下车后，换乘××线，再乘坐去往××方向列车，到××站下车，就可以了	不当行为： （1）错误告知乘客信息。 （2）简单回复“不知道”
人工售票	售票服务过程： （1）问清购票张数、乘车路线。 （2）唱收票款金额及购票张数。 （3）找零准确。 售卡、充值过程： （1）问清乘客购卡张数、充值金额。 （2）通过语言及乘客显示器请乘客确认，充值过程准确。 （3）将卡、找零、水单、发票一同交给乘客。 收款、找零规范： （1）将收取票款放在售票台面上乘客可见处。 （2）找零做到有新不给旧、有整不给零。 （3）严禁拒收旧钞、零币、分币。 （4）当有乘客等候已久或表现出不耐烦的情绪时，应进行适当安抚	（1）您好。 （2）请您稍等。 （3）请您按顺序排队购票。 （4）您好，请问您买几张票？ （5）收您××元，您的钱正好。 （6）找您××元，请收好（将卡、找零、水单、发票同时交给乘客）。 （7）您好，请问您充值多少元？ （8）您充值××元，请您确认（说话过程中，用手指向屏幕给乘客看）。 （9）请您换一张，这张钱币残缺超标（这张纸币有问题）。谢谢。 （10）对不起，让您久等了	忌语示例： （1）我们这里没零钱。××元，我们找不开。 （2）等会儿，我这里数钱呢。 （3）这钱太脏、太破啦，换一张。 （4）这张是假币。 不当行为： 对乘客不耐烦情绪视而不见

续表

服务环节	工作要求	规范语言示例	不当行为/忌语示范
自动售票机售票	（1）乘客自助购票区，应有站务员站在乘客容易观察到的位置，为乘客购票提供必要服务。 （2）细心观察，主动为不熟悉自助购票操作的乘客提供服务。 （3）遇有多名乘客同时寻求帮助时，不慌乱，不怠慢，按顺序依次提供服务	（1）您可使用自动售票机进行自助购票/充值。 （2）请稍等，我逐一为大家处理。 （3）您可依据自动售票机的提示自助购票。 （4）我这里可以为您提供换币服务。 （5）我可以帮助您使用自动售票机	不当行为： （1）乘客自助购票发生困难时，视而不见。 （2）乘客要求帮助时，推诿搪塞。 忌语示例： （1）我这里忙着呢。 （2）自己看机器说明
检票进站	（1）细心观察，微笑服务，主动热情。 （2）乘客遇票卡问题时，要耐心安抚，快速处理	（1）请您右手持卡，有序刷卡。 （2）带小孩的乘客请让小孩先行（走在前面）。 （3）请您刷卡（投票），快速进站	忌语示例： 谁知道你怎么刷的啊

4. 服务评价

对于站厅区客运服务，主要从以下五方面进行评价。

（1）进入站厅过程是否顺畅。

（2）问询服务是否周到。

（3）安检是否顺畅。

（4）购票是否便捷。

（5）检票是否通畅。

典型案例

因未听清楚乘客要求而被投诉

1. 事件

某日，乘客在地铁车站要求为交通卡充值 50 元，并递给票务员一张 100 元的纸币。票务员收下后立即进行了充值 100 元的操作，随后将卡递还给乘客。在此过程中票务员并未向乘客确认充值的金额。当乘客表示“充错了”时，票务员说：“钱已经加进去了，我也没办法。”由此乘客不满，投诉至热线。

2. 分析

此案例中票务员的行为存在以下问题：

（1）在进行充值操作时应严格按照规范程序进行。本案例中票务员在没有明确乘客要求的前提下就进行操作，违反了最基本的岗位要求。

（2）票务员岗位作业标准要求：对交通卡充值必须进行两次确认，即充值前请乘客确认卡内余额，充值后确认现有金额。本案例中票务员未做到两次确认，违反了作业规范。

（3）票务员在发现服务失误后，应及时进行服务补救。但此案例中票务员发现自己出现差错后，不但没有积极采取补救措施，而以“没办法”为借口推脱，造成了严重的服务失误。

3. 可采取的措施

针对票务员在工作中存在的问题，建议采取如下措施：

（1）在充值后发现自己工作失误，应积极主动地向乘客表示歉意，承认是由于自己工作失误造成了乘客的损失。

（2）及时向乘客表达歉意，并以诚恳的态度与乘客沟通，在尊重乘客意见的基础上，与乘客商量合理的补救措施。

（3）如果乘客提出的补救措施自己无法实施，可以请值班站长出面解决，避免激化矛盾。

8.3.4　站台区客运服务

1. 服务内容

站台区客运服务内容包括乘降组织和信息服务。

1）乘降组织

目前，多数城市轨道交通已经采用屏蔽门技术，既可以为乘客提供一个舒适的候车环境，又能保障乘客的候车安全。同时，在屏蔽门与候车区之间设有明显的候车安全线，并标注上车候车区和下车区，协助乘客有序上下车（见图 8-16）。

在候车期间，站务员负责维持站台候车秩序，提示乘客在列车未进站停稳、车门未完全打开之前，不要越过安全线，以防发生意外。

图 8-16　屏蔽门与安全线、候车线

2）信息服务

站台区的信息服务通常有两种形式：一种是自动广播系统，当后续列车驶入车站接近区段时，广播系统自动工作，为乘客预报下次进站列车的方向；另一种是在站台设置同位显示器（见图 8-17），向乘客预告列车运行情况及还需几分钟到站。

图 8-17 同位显示器

2. 服务要点与服务目标

站台区客运服务的服务要点与服务目标见图 8-18。

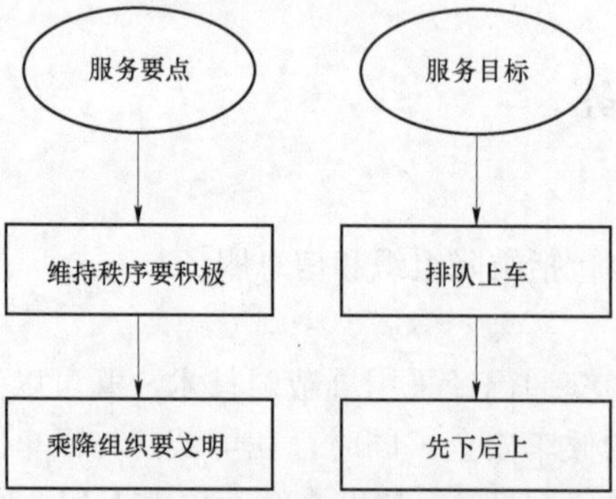

图 8-18 站台区客运服务的服务要点与服务目标

3. 服务规范

在站台区客运服务过程中，站务人员的服务规范见表 8-3。

表 8-3 站台区客运服务规范

服务环节	工作要求	规范语言示例	不当行为/忌语示范
乘降组织	（1）积极宣传，组织乘客分散上车、文明候车、乘降。 （2）发现异常情况及时汇报，果断采取措施	候车组织： （1）请您站在安全线以内候车。 （2）请您不要倚靠屏蔽门，以免发生危险。 （3）请您按照候车线指示，排队候车。 （4）请您分散候车，谢谢合作。 乘降组织： （1）现在是乘车高峰时段，请您分散车门上车。 （2）请您抓紧时间上下车，先下后上，谢谢合作。 （3）请不要抢上抢下，顺序上下。 （4）请往车厢中部走。 （5）车门即将关闭，上不去车的乘客请让开车门，退到安全线以内耐心等候下次列车，以免发生危险。 （6）请不要冲撞屏蔽门，耐心等候下次列车	不当行为： 发生异常情况，臆测原因，随意向乘客解释。 忌语示例： （1）别磨蹭！ （2）干吗呢！

续表

服务环节	工作要求	规范语言示例	不当行为/忌语示范
信息服务	（1）对站台候车乘客广播排队候车、安全乘车的信息。 （2）列车进站时广播列车开行方向、安全候车的信息	站台候车： （1）去往××方向乘客请注意，本次列车为末班车。 （2）开往××方向的列车即将进站，请您注意安全。 换乘引导： （1）乘客您好，换乘××号线，请按照导向标识，从××处进行换乘。 （2）去往××号线××方向的乘客请注意，××号线××方向已无车，请改乘其他交通工具	不当行为： （1）广播语气生硬、急促。 （2）广播过快，咬字不清。 （3）广播内容有误

4. 服务评价

对于站台区客运服务，主要从以下六个方面进行评价。

（1）进入站台区的标识是否清晰。

（2）站台区的标识信息是否清晰。

（3）候车时间是否过长。

（4）上车过程是否无序。

（5）车次预告是否准确。

（6）能否做到先下后上。

8.3.5　乘车客运服务

1. 服务内容

城市轨道交通车站之间的区间距离为 1～2 km，站间运行时间短，因此不在车上设服务员。乘客在列车中完成乘车过程，要求列车运行平稳、车内不拥挤、整洁舒适，且能随时了解列车的运行情况及到站信息等。所以乘车途中的客运服务主要包括两方面的内容。

（1）提供舒适、适宜的车厢环境。

（2）提供准确的信息服务，包括到站信息预告和正确的线路图、换乘信息。

2. 服务要点与服务目标

乘车客运服务的服务要点与服务目标见图 8-19。

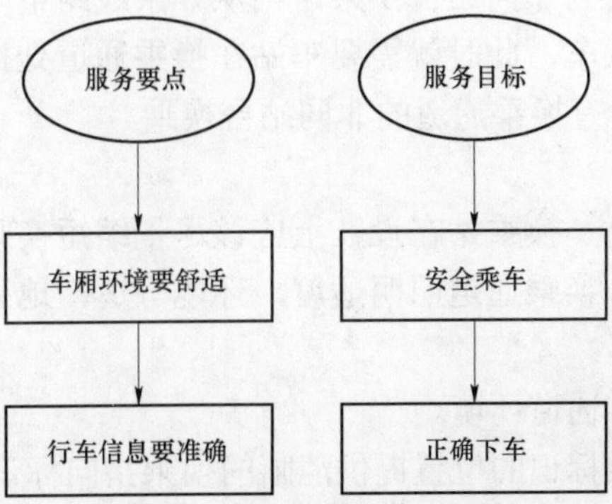

图 8-19　乘车客运服务的服务要点与服务目标

3. 服务规范

在乘车客运服务过程中，城市轨道交通的服务规范见表 8-4。

表 8-4 乘车客运服务规范

服务环节	工作要求	规范语言示例	不当行为/忌语示范
车厢环境	（1）提供清洁、舒适、安全的乘车环境。 （2）提供准确的行车信息和线路信息。 （3）发现异常情况及时汇报，果断采取措施	（1）各位乘客，尊老爱幼是中华民族的传统美德。乘车时，请将座位让给老、幼、病、残、孕等乘客，谢谢您的合作。 （2）各位乘客，乘车时，请不要吸烟、吐痰、乱扔废弃物，谢谢您的合作	不当行为： （1）发生异常情况，臆测原因，随意向乘客解释。 （2）报错站
信息服务	（1）车厢应在适当位置显示静态或动态的城市轨道交通线路图。 （2）广播系统播放换乘、到站信息	（1）列车运行前方是××站，下车的乘客请提前做好准备。 （2）下一站是××站，乘客可换乘××线或××线	

4. 服务评价

对于乘车客运服务，主要从以下六个方面进行评价。

（1）座位及扶手设置是否合理。

（2）报站是否清晰、准确。

（3）车厢内线路图是否正确。

（4）车厢内温度是否适宜。

（5）车厢内是否整洁、无异味。

（6）车厢内广告是否音量适中。

8.3.6 换乘客运服务

换乘是指乘客从一条线路的列车下车后再乘坐另一条线路的列车。换乘分同站台换乘和非同站台换乘两种：若为同站台换乘，则无须穿过换乘通道，站台区客运服务就可以满足换乘需要；若为非同站台换乘，则从一条线路下车后需要穿过换乘通道才能到另一条线路的站台候车，此时就需要车站在换乘通道处提供额外的换乘服务，这里所说的换乘服务适用于有换乘通道的非同站台换乘。

1. 服务内容

从换乘的便捷性考虑，换乘站在设计上应该尽量缩短换乘距离，换乘引导标识的指示方向要明确、清晰，换乘通道照明适度，环境舒适，地下通道通风良好。因此，换乘服务的主要内容包括：

（1）提供舒适的换乘通道环境。

（2）在需要设置换乘标识的位置提供清晰的换乘指向标识。

（3）换乘需要搭乘电梯时，乘梯组织要到位。

2. 服务要点与服务目标

换乘客运服务的服务要点与服务目标见图 8-20。

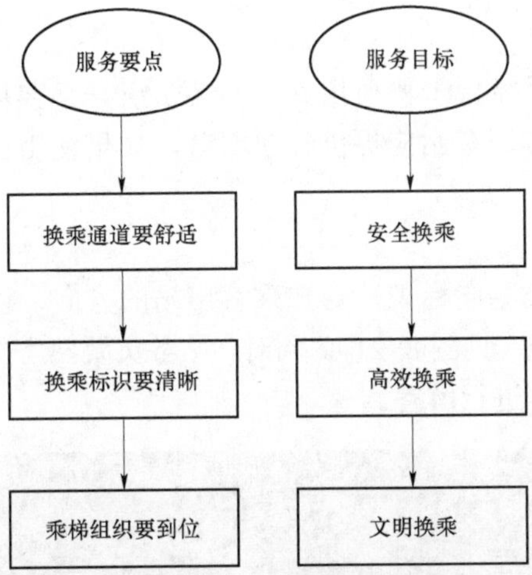

图 8-20　换乘客运服务的服务要点与服务目标

3. 服务规范

在换乘客运服务过程中，城市轨道交通的服务规范见表 8-5。

表 8-5　换乘客运服务规范

服务环节	工作要求	规范语言示例	不当行为/忌语示范
乘梯组织	（1）宣传引导乘客文明乘梯。 （2）发现异常情况及时汇报，果断采取措施	（1）请您文明乘梯。 （2）请注意安全，扶（握）好扶手。 （3）请您站稳、扶好。 （4）请您靠右站立，左侧通行。 （5）请照顾好老人及儿童	忌语示例： 你怎么不站稳了啊
信息服务	换乘指向标识要清晰、易辨认		

4. 服务评价

对于换乘客运服务，主要从以下六个方面进行评价。

（1）换乘指向标识是否醒目。

（2）换乘指向标识的指向是否明确。

（3）换乘路径是否过长。

（4）换乘通道的乘梯组织是否到位。

（5）换乘通道的空气是否清新。

（6）换乘客流是否与进出站客流交叉。

8.3.7 出站客运服务

1. 服务内容

1）检票出站

乘客到达目的站后，持票卡检票出站，站务员引导乘客从所需的出入口出站。对所购票卡票款不足的乘客，车站应提供补票服务。如果使用自动售检票系统，车站还须提供票卡分析服务。

2）信息服务

车站出入口应有各类导向标识，告知乘客出站的方向，以及从哪个出口可以在出站后到达所要前往的地方（见图 8-21）。同时，站务员要熟悉周边环境及地面公交换乘信息，为前来咨询的乘客进行解答。

图 8-21　出站标识

2. 服务要点与服务目标

出站客运服务的服务要点与服务目标见图 8-22。

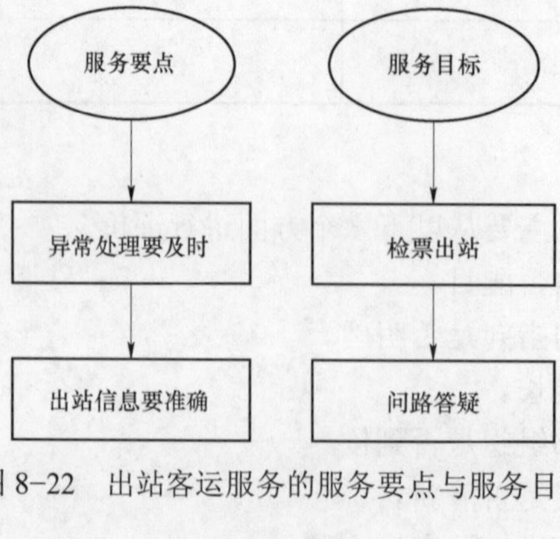

图 8-22　出站客运服务的服务要点与服务目标

3. 服务规范

在出站客运服务过程中，城市轨道交通的客运服务规范见表 8-6。

表 8-6　出站客运服务规范

服务环节	工作要求	规范语言示例	不当行为/忌语示范
检票出站	（1）细心观察，微笑服务，主动热情。 （2）遇乘客有票卡问题，要耐心安抚、快速处理	（1）请您右手持卡，有序刷卡。 （2）带小孩的乘客，请让小孩先行（走在前面）。 （3）车票回收，请您投票出站。 （4）请您刷卡（投票），快速出站	忌语示例： 谁知道你怎么刷的啊
解答线路问询	熟知城市轨道交通路网线路及车站周边换乘等相关信息，准确提供线路咨询服务	（1）您好。您从××口出站后，先要乘坐去往××方向列车，到××站下车后，换乘××线，再乘坐去往××方向列车，到××站下车，就可以了。 （2）您要去的××处，应该在××出口外	不当行为： （1）错误告知乘客信息。 （2）简单回复“不知道”

4. 服务评价

对于出站客运服务，主要从以下六个方面进行评价。

（1）出站标识是否清晰。

（2）出站口信息是否准确、清楚。

（3）检票出站是否方便。

（4）票务问题处理是否快捷。

（5）问询服务是否热情。

（6）出站后换乘公交是否方便。

8.3.8　特殊乘客的无障碍服务

城市轨道交通是为广大市民提供运输服务的准公共产品，因此日常客运服务工作中总会遇到身体残疾、乘坐轮椅等的残障乘客进站乘车。对于这类特殊乘客，需要为其提供无障碍乘车服务。

特殊乘客的无障碍服务，主要涉及三个方面：无障碍标识、无障碍通道、无障碍服务支持。

1. 无障碍标识

根据国家有关规定，所有的城市轨道交通车站都应同步建设电梯、楼梯升降机、盲道、扶手等无障碍设施，协助需要帮助的残障乘客掌握通往各个区域的信息和线路，安全、通畅、方便地将他们引导到要去的地方。图 8-23 为城市轨道交通车站常见的无障碍标识。

为方便盲人搭乘城市轨道交通，在城市轨道交通车站里还设计有盲文标识（见图 8-24）。

图 8-23 城市轨道交通车站常见的无障碍标识

图 8-24 城市轨道交通车站里的盲文标识

2. 无障碍通道

城市轨道交通设计规范规定，每个车站至少要有一条无障碍通道。这条无障碍通道需要能从车站出入口到达候车站台，全程满足残疾人的乘车需要。

无障碍通道由无障碍电梯、轮椅坡道及扶手、盲道、无障碍卫生间组成（见图 8-25）。

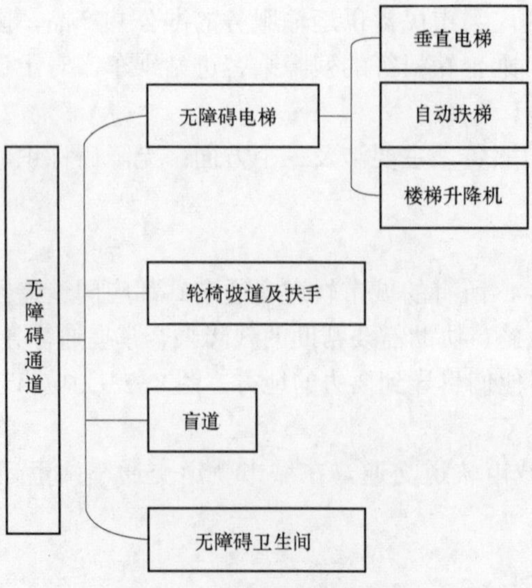

图 8-25 无障碍通道的组成

1）无障碍电梯

电梯是理想的垂直通行工具，可以很容易地实现车站出入口与站厅层、站厅层与站台层之间的垂直位移。

2）轮椅坡道及扶手

坡道是用于联系地面不同高度空间的通行设施，在城市轨道交通车站的各出入口及无障碍电梯处供轮椅通行的地方，通常设置为直线型、直角型或折返型坡道，在坡道的两侧设置扶手，在扶手栏杆下端设置不小于 50 mm 的坡道安全挡台，方便轮椅乘客等特殊乘客使用。

图 8-26 是无障碍电梯标识及其配套坡道和扶手。

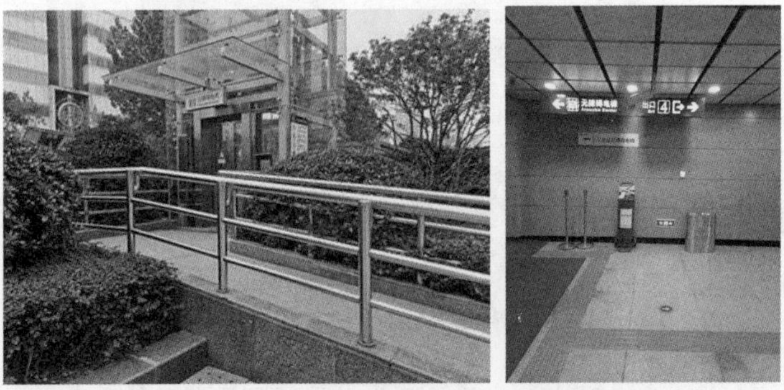

图 8-26　无障碍电梯标识及其配套坡道和扶手

3）盲道

站内盲道接轮椅坡道设计，通向售票处、检票闸机、候车线，为盲人乘车提供便利。站外盲道则从车站出入口直通市政盲道，实现盲人出行无障碍连接。图 8-27 为城市轨道交通车站站台上的盲道。

图 8-27　城市轨道交通车站站台上的盲道

4）无障碍卫生间

卫生间是任何建筑中都不可缺少的重要组成部分之一，绝大多数城市轨道交通车站都设置有无障碍卫生间。在无障碍卫生间中，通常设置有供轮椅乘客使用的空间，在洁具周围设置有直径为 3～4 cm 的安全抓杆，抓杆应安装牢固，且距墙面至少 4 cm，方便残疾人使用。无障碍卫生间及其标识见图 8-28。

图 8-28 无障碍卫生间及其标识

典型案例

南京地铁 1 号线的无障碍设计

在南京地铁 1 号线各车站中，参照规范要求设置了两部无障碍电梯。一部设置于地面出入口附近，供残障乘客由地面下行至人行通道内，再经人行通道行至站厅非付费区另一部电梯处，最终由第二部电梯送至站台层候车，到达目的站后沿相反方向离站。

无障碍电梯候梯厅和电梯轿厢的设计标准如下：

（1）乘轮椅者到达候梯厅后需转换位置再等候，因此候梯厅的设计深度均不小于 1.8 m 或朝向站厅开阔区域，且候梯厅的呼叫按钮的高度在 0.9～1.1 m 范围内，以方便乘轮椅者使用。在电梯入口处铺设提示盲道，以告知视障乘客电梯入口的准确位置。为保证乘轮椅者顺利进入电梯，电梯门洞设计宽度均不得小于 0.9 m。

（2）为方便轮椅乘客进入电梯轿厢，电梯门开启后的净宽均不小于 0.8 m。为方便轮椅在电梯厢内回转调头，电梯轿厢深度不小于 1.4 m。电梯轿厢内三面设有高为 0.85 m 的扶手，扶手易于抓握且安装牢固。

3. 无障碍服务支持

城市轨道交通的无障碍通道、无障碍标识，均属于无障碍服务的硬件设施。要真正实现无障碍服务，还需要有相应的服务支持。

无障碍服务支持包括政策层面的无障碍支持和面对面服务层面的无障碍支持两种。

1）政策层面的无障碍支持

这源于城市轨道交通运营企业的决策层，例如设计轮椅乘客乘车免费、盲人乘客乘车免费、开辟残障乘客专用通道等政策，从制度层面为残障乘客提供服务。

2）面对面服务层面的无障碍支持

这指的是站务人员对残障乘客提供的面对面服务。例如，在无障碍服务过程中，针对进站乘车的残疾人采取“一对一”服务措施。当残疾人到达车站时，通过拨打车站各出入口、电梯处的爱心服务热线与工作人员取得联系，工作人员及时地帮助残疾人进站乘车，同时在残疾人登车以后，及时通知目的地车站做好接应准备，帮助其顺利出站（见图 8–29）。

图 8–29　站务员为残障乘客提供乘车服务

任务 8.4　车站投诉案例及分析

8.4.1　乘客投诉概述

1. 乘客投诉定义

当乘客乘坐城市轨道交通时，对出行本身和企业提供的质量服务、服务设施、服务环境等都抱有良好的愿望和期望值，如果这些愿望和要求得不到满足，就会失去心理平衡，由此产生抱怨和不满，通过一定方式或途径，对服务质量表示不满或批评，这就是乘客的投诉。

2. 乘客投诉处理原则

（1）乘客的投诉调查处理工作要及时、客观、公正。

（2）处理乘客投诉应按“四不放过”原则，即投诉原因分析不清不能放过、责任人和其他员工没有受到教育不能放过、没有制定防范整改措施不能放过、领导责任没有追究不能放过。

（3）处理乘客投诉必须牢固树立“乘客至上，服务为本”及“双赢”的思想。

（4）正确处理投诉首先应遵循“先处理情感，后处理事件”的原则，即做到站在乘客角度加以理解，站在第三人的角度加以评价，站在企业的角度加以讲解。

（5）在受理投诉的时候，做到态度情切，语言得体，依章解释，按时回复。

8.4.2　乘客投诉处理

对于城市轨道交通服务者来讲，投诉的处理是一项非常具有挑战性的工作，如何有效地处理乘客投诉也是一项亟待解决的问题。妥善处理投诉的六大要点具体如下：

（1）态度真诚地接待乘客。

（2）对乘客表示同情和歉意。

（3）根据乘客的要求决定采取的措施。

（4）感谢乘客的批评指教。

（5）快速采取行为，补偿乘客投诉损失。

8.4.3 乘客投诉案例

1. 案例一

2003 年 3 月 10 日，乘客反映在××站出站因携带两个大的箱子，抬下楼梯不便，于是询问服务员："可否将二楼到一楼的自动扶梯向下开？"服务员回答："不行的，我们有规定，我也没办法。"乘客不得不从楼梯搬箱子下去，故而进行了投诉。

1）案例分析

作为服务性行业，不仅要做好服务，更要诚心服务，对于乘客提出的要求，应尽可能提供帮助。本案例中，自动扶梯由于客流组织的要求向上开，不可能为了个别乘客的便利而改变运行方向，但服务员应当向乘客做好解释工作并取得乘客谅解。

2）应采取的措施

（1）向乘客说明自动扶梯使用的有关规定，并取得对方谅解。

（2）可将乘客的要求交由当班站长妥善处理。

（3）在无法改变自动扶梯走向的前提下，应热情帮助乘客搬运行李，让其感受到服务的诚意，用优质的服务来打动乘客。

2. 案例二

一乘客手持 10 元纸币前往售票窗口购票，由于列车将要进站，乘客急于赶乘列车，急忙中只拿了找零 7 元，而未拿车票。到进站口发现后，又返回售票处向售票员反映未拿车票的情况。售票员则态度生硬地认定是乘客自己将车票弄丢了，而不予处理，乘客只得气恼地重新购票进站。

1）案例分析

根据岗位作业标准"一验、二售、三找、四清"的要求，售票员未确认一次作业完成。再者，其服务意识淡薄造成态度冷漠、生硬。

2）应采取的措施

（1）注重本岗位的作业标准，坚持按作业程序操作，避免类似问题发生。

（2）热情接待乘客，重视乘客反映的情况。

（3）核实票款，给予解释处理。

3. 案例三

2004 年 5 月，一乘客到车站用 2 个 5 角、10 个 1 角硬币购买车票。售票员虽没说什么，但板着脸，且给票时力气很大，车票滑到了地上，也没对乘客道歉。

1）案例分析

售票员虽没有明确表示拒收零币，但用冷漠的表情和生硬的体态语表达了不满，并且车票滑到地上，售票员也没有意识到是自己工作的不足，未及时采取补救措施。这两点都说明其服务意识淡薄，未树立起“乘客至上，服务为本”的服务理念。

2）应采取的措施

（1）坚持作业规范，不得拒收零币。

（2）交给乘客钱款、车票时，要轻轻递给，不要重手重脚，坚持文明服务。

（3）通过班组学习等途径加强售票员的服务意识教育，使每位职工牢固树立“乘客至上，服务为本”的服务理念。

（4）如果发生车票滑落等情况，售票员应意识到这是自己工作的失误，意识到乘客因此感到自己未受到尊重。正确的做法是及时道歉并为乘客捡起这张车票，取得对方谅解。

4. 案例四

乘客在××线一车站准备购票，车站 4 台 TVM 坏了一半，乘客不会用，等了半天才有站务员过来，乘客询问如何购票，站务员回答“你自己想办法”，乘客只得钻闸机进站。

1）案例分析

（1）车站遇设备故障没有及时报修，站长遇设备故障较多时未合理布岗。

（2）站务员没有做到“四类零距离服务”。在乘客需要帮助时，应积极主动地迅速上前指导。

（3）站务员不但使用了服务忌语，而且违反了有关票务规章制度，对乘客钻闸机进站的现象，也不管不问。

2）应采取的措施

（1）站务员即使忙于处理其他事务，也应向暂时无法提供服务的乘客讲：“请稍等。”

（2）站务员应严格遵守有关票务规章制度，遇需要帮助的乘客应主动上前指导乘客在 TVM 上购票。

（3）站务员发现设备故障应及时报修。

5. 案例五

某日，客流高峰期，乘客非常多，车门即将关闭的提示音已经响起，一位乘客企图冲上车，被一位站务员拦住了。因为站务员觉得很危险，拽了这个乘客一下，可能是弄痛了乘客。这位乘客非常气愤，直接就骂了句粗话：“你以为你是谁啊，你凭什么拉我，弄伤了你负责啊……”站务员态度也不是很好：“你没看见车门关上了啊……”两个人争吵了起来。

1）案例分析

站务员为了乘客的安全阻止乘客上车，这个出发点是对的。但在阻止乘客上车时，不应有大幅度的肢体接触，对乘客的做法要解释利害关系，不应与乘客争吵。

2）应采取的措施

在阻止乘客上车时，应尽量避免和乘客发生直接肢体接触，减少纠纷的发生。遇有乘客说粗话骂人时，不应给予直接反击，而是应友善提醒乘客，否则只能使冲突升级。

6. 案例六

2010 年 1 月，有两位乘客持同一张公交一卡通进站，一名乘客刷卡进站后，把一卡通给了同行的人，另外一名乘客无法刷卡进站。因客流量较大，进站站务员没有问清原因，直接对该张一卡通进行了进站更新，另外一名乘客也顺利进站。但出站时被出站站务员发现，乘客不满意，认为已经刷过两次卡并扣完票款了，坚持不肯补票。出站站务员则认为乘客属于违规使用车票，故意逃票。

1）案例分析

（1）进站站务员帮助乘客更新车票时，没有了解和确认原因，乘客一票多人进站，给后来纠纷的发生埋下了种子。

（2）乘客不清楚票务政策，认为已经扣过两次票款，导致乘客和出站站务员发生争执。

（3）出站站务员主观意识过强，认为是乘客故意逃票，导致乘客和出站站务员的纠纷升级。

2）应采取的措施

站务员在处理乘客车票时，应加强工作的责任心，当乘客持一卡通无法进站时，应确认乘客是否一票多人进站。

发现情况后，不能主观臆断，应先了解原因，向乘客做好票务政策的解释，注意在和乘客沟通的过程应耐心使用礼貌用语。

7. 案例七

2005 年 1 月，两名成年人抱着两个大纸盒进站，经站务员询问后，纸盒内装的是电脑显示器。站务员礼貌提醒："先生您好，为了您和其他人的安全，按规定我们不能让您进站。"乘客不理解，不满地说道："为什么不可以？新买的显示器能有什么危险？"该乘客认为站务员故意刁难，于是同站务员发生争执。

1）案例分析

站务员虽坚守地铁的规章制度，但没有耐心地与乘客交流，为乘客解释地铁的相关规章制度，造成了乘客的不满。乘客同站务员争执，不重视自身安全和他人的人身安全，安全意识淡薄。

2）应采取的措施

地铁的规章制度是不能违反的，在地铁里站务员应时刻记住"安全第一，乘客至上"的原则，即在保证地铁安全的前提下，尽量满足乘客需求。

态度强硬、固执的乘客偶尔是有的，作为地铁站务员还是应该耐心地解释地铁的相关规定，让乘客了解他们的情况站务员很难处理，但不能埋怨，要从乘客的角度去考虑，了解乘客的需求。本案例中，如果乘客已经购票，可退回票款，收回票卡；乘客如果认为东西太重不便搬运，不愿意出站，可以寻求其他站务员帮助处理。总之，作为地铁服务人员，一定要从乘客的角度出发，考虑问题的解决方案。

8. 案例八

2009 年 1 月，××车站的客服中心前排起了长队。原因是有一位乘客丢失贵重物品请求工作人员帮助，好不容易办完了此项业务，刚要给排队的乘客办理售票，另一名工作人员又带领一位乘客过来，这位乘客的车票不能出站，售票员随即给这位乘客办理。此时排在队首的乘客变得不满："你们是怎么做服务的？怎么先给后来的人服务啊？"售票员急忙解释："按公司规定，我们需要先为不能出站的乘客服务。"乘客不听解释："让你们领导过来！我要投诉！"恰好值班站长经过，听了售票员的解释以后，对乘客说："您好，我们的售票员没有做错，公司确实是这样规定的。"乘客不满意，继续进行投诉。

1）案例分析

值班站长到场时，没有耐心倾听，便急着向乘客解释售票员没有做错，忽视了乘客的建议和投诉。

值班站长漠视乘客的抱怨，没有从乘客角度出发，没有耐心倾听投诉是导致乘客进一步投诉的主要原因。

2）应采取的措施

售票员在为丢失物品的乘客服务时，花费时间较多，应及时联系车站控制室，请求其他工作人员协助。

当发现乘客有不满意的情绪时，应第一时间给予安抚，并请求其他工作人员协助办理，而不应第一时间向乘客解释，推脱自己的责任。

值班站长到场时，应先耐心倾听乘客的投诉，并表示虚心接受乘客的意见。

值班站长不能直接指出售票员没有错，而是应向乘客委婉地解释说明，并表示歉意，给乘客一个能够接受的理由。

9. 案例九

某日，一位妈妈带着孩子在站台上候车，孩子刚喝完饮料，妈妈随手将饮料瓶扔到了地上，给孩子擦完嘴之后，又随手把纸巾扔到了地上。站务员上前制止，要求其捡起东西放进垃圾桶里，并且嘀咕道："真没素质，孩子还在身边呢，以后怎么教育孩子。"这位乘客妈妈不乐意，于是和站务员争吵了起来。

1）案例分析

站务员制止乘客乱扔东西的行为值得肯定，但是在制止乘客时带有主观情绪，对乘客犯错进行直接指责，态度不好，得理不饶人，让乘客觉得难堪。

2）应采取的措施

（1）在发现乘客有违规行为时，要特别注意服务态度，使用礼貌用语。

（2）要以宽容的心对待乘客的错误，耐心对乘客进行解释教育和提醒，给乘客一个承认错误、改正错误的机会。

任务 8.5　客伤事件案例及分析

8.5.1　客伤事件概述

客伤事件是指城市轨道交通范围内发生的外部人员及非在岗员工发生的人身伤害及伤亡事件的总称。

1. 客伤分类

客伤按程度分为三种：轻伤、重伤、死亡。

2. 客伤事件处理原则

（1）车站在处理客伤事件时要以维护城市轨道交通企业形象、保护企业最大利益为原则，本着“以人为本”的原则给予乘客必要的帮助。

（2）车站在处理客伤事件时要第一时间进行取证，尽可能得到旁证及当事人签字确认。以事实为依据，客观记录，留下充分的原始资料。

（3）及时将（前期）处理结果报告相关部门，以备后续处理。

8.5.2 客伤事件案例

1. 案例一

某天，王先生于某地铁站上车时，不小心被车上乘客刘先生放在车厢门口的行李绊倒，导致右臂骨折。因为不了解车厢内的报警系统，王先生没能及时与车站工作人员联络。列车到站时，细心的工作人员李某发现情况，立即拨打了 120 求救。

1）案例分析

乘客摔伤导致右臂骨折，是由于被其他乘客物品绊倒所致，并且列车运营秩序正常，各类设施未发生故障。因此，此事的责任不在城市轨道交通运营企业。

2）应采取的措施

（1）在确认此事件责任不在城市轨道交通运营企业的前提下，可与乘客家属进行协商，给予一定的经济补偿。

（2）签订客伤处理协议，约定补偿后双方不再在经济等各方面发生任何关系。

2. 案例二

某日，在地铁站台内，一块天花板突然掉落，将一名候车乘客头部砸伤。事发后地铁工作人员和派出所民警迅速赶到，对该乘客进行询问，伤者表示自己无法行动。随后，地铁工作人员把该名伤者带到休息室，后送至医院。民警在现场拉起警戒线，疏导乘客离开此危险地带。

1）案例分析

乘客在正常候车情况下，城市轨道交通车站在运营时间，公共区域的天花板突然掉落，此事件责任在城市轨道交通运营企业。

2）应采取的措施

（1）在确认此事件应由城市轨道交通运营企业承担全部责任的前提下，责任方应与乘客进行赔偿协商，给予乘客相应的经济补偿。

（2）签订客伤处理协议，约定补偿后双方不再在经济等各方面发生任何关系。

3. 案例三

某日，乘客刘小姐到达某站 B 口，她将要乘坐 10 min 后到达本站的地铁列车，刘小姐经常乘坐这次列车，熟知列车到达的时间。由于她急着赶车，不慎在出入口处滑到。此时站务员看到了这名乘客的摔倒过程，急忙将乘客扶起，带至休息室休息。

1）案例分析

乘客因自身原因着急赶车，大意疏忽，没有保护好自己是造成事件的主要原因。因此，此事件的责任不在城市轨道交通运营企业。

2）应采取的措施

（1）在确认此事件的责任不在城市轨道交通运营企业的前提下，可与乘客进行协商，给予一定的经济补偿。

（2）签订客伤处理协议，约定补偿后双方不再在经济等各方面发生任何关系。

4. 案例四

某日，一名患有小儿麻痹的患者李先生在××地铁站乘坐××线。地铁列车在运行期间，司机突然刹车，导致李先生摔倒在地，后有其他乘客将其搀扶到座位上。当地铁列车行驶至××地铁站时，该站工作人员接到前方工作人员信息，将李先生送至医院。经医院治疗，几天后李先生恢复并出院。

1）案例分析

首先，司机突然刹车，导致李先生摔倒在地，是造成这起事件的主要原因。其次，残疾人乘车，应更加注意乘车安全车，乘客未尽到自我保护义务，也是造成事件的原因之一。

2）应采取的措施

（1）在确认此事件由城市轨道交通运营企业承担主要责任的前提下，可与乘客进行协商，给予适当的经济补偿。协商时要尽量避免责任的归属问题。

（2）签订客伤处理协议，约定补偿后双方不再在经济等各方面发生任何关系。

5. 案例五

某日，××地铁站入口处，一名 3 岁左右的小孩在家人将包放入安检机过安检时，将右手误伸入安检机内被机器夹住。地铁工作人员立即开展救援措施，将机器拆开，拉出小男孩的右手。在地铁工作人员的陪同下，小男孩与家长打车前往最近的医院。经检查，小男孩右手并无大碍。

1）案例分析

安检机处于正常运行状态，造成事件的主要原因在于家长疏忽大意，没有尽到监护人的责任。因此，此事件责任不在城市轨道交通运营企业。

2）应采取的措施

（1）在确认此事件责任不在城市轨道交通运营企业，而是纯属意外的前提下，可与乘客进行协商，给予适当的经济补偿。

（2）签订客伤处理协议，约定补偿后双方不再在经济等各方面发生任何关系。

6. 案例六

某日，一名女乘客带着儿子在上站厅层付费区上行自动扶梯时，违反安全乘坐扶梯的要求，其 2 岁的儿子因为好奇，站在梯级左侧，左手紧握扶手带。由于扶手带的运行速度滞后于梯级运行速度，而小孩感觉到身体向后时更加紧张地握紧扶手带不放，最后掉倒到梯级上，并被梯级倒拖着，造成多处擦伤。站务员在发生事故时第一时间赶到现场，并立即将小孩送至医院。

1）案例分析

自动扶梯扶手带的运行速度滞后于梯级运行速度，是造成此次事件的主要原因。同时家长也未尽到监护人的责任，没有看管好小孩，是造成此次事件的次要原因。

2）应采取的措施

（1）在确认此事件由城市轨道交通运营企业承担主要责任的前提下，可与乘客进行协商，给予适当的经济补偿。

（2）签订客伤处理协议，约定补偿后双方不再在经济等各方面发生任何关系。

7. 案例七

某日，地铁列车在驶入某站站台时，一名 40 多岁的中年男性乘客突然跳下站台，与进站列车相撞，该乘客当场死亡。事发后，该站工作人员立即拨打了 120、110 和 119 电话，组织现场施救和乘客疏散工作。现场的 120 急救人员确认，男子已经当场死亡。随后，消防人员将男子尸体抬上担架，抬出候车站台。

1）案例分析

事故发生时车站运营秩序正常，发现中年男子跳下站台后，站务员立即采取紧急措施，因此此次事件责任不在城市轨道交通运营企业。

中年男子违反了相应的城市轨道交通管理规定，擅自进入列车运行区，本起事件由中年男子负全责。

2）应采取的措施

（1）在确认此事件的责任不在城市轨道交通运营企业的前提下，考虑到中年男子特殊情况，出于人道主义，可与其家属进行协商，给予一定的经济补偿。

（2）签订客伤处理协议，约定补偿后双方不再在经济等各方面发生任何关系。

8. 案例八

某日，地铁列车正在关门作业，列车警示用蜂鸣器同步响起。突然，一名中年女性乘客在即将关门之际，将手伸进门中，欲强行上车，导致手腕被夹。站台员发现后，立即跑到站台端，按下站台紧急停车按钮，然后其他工作人员帮助打开车门，取出被夹女乘客的手后，立即将其送往医院。此事件导致列车延误一个多小时。

1）案例分析

（1）事发时列车正在关门作业，列车警示用蜂鸣器同步响起，提醒乘客列车车门即将关闭，乘客在列车车门即将关闭之际强行上车。

（2）该乘客违反了相应的城市轨道交通管理条例，强行上下车，是造成事件的主要原因。

2）应采取的措施

（1）在确认此事件的责任不在城市轨道交通运营企业的前提下，可与乘客进行协商，给予一定的经济补偿。

（2）签订客伤处理协议，约定补偿后双方不再在经济等各方面发生任何关系。

9. 案例九

某日，一名女乘客在地铁站上车，当时正是地铁高峰期，上下车人多，该名女乘客被周围乘客挤到车门旁。当地铁行至某站时，下车的人群一拥而下，站在车门边的女乘客被挤得重心不稳，一脚踏空，踩到了地铁站台和车厢之间的缝隙里，整个右腿卡在缝隙中动弹不得。

1）案例分析

（1）站台与列车之间无法做到完全贴合，留有适当空隙可保证列车行驶安全，在设计的允许范围内。

（2）造成事件的主要原因在于其他乘客的推拉所致，并且当时车站运营情况正常，各类设施未发生故障，因此造成本事件的责任不在城市轨道交通运营企业。

2）应采取的措施

（1）在确认此事件的责任不在城市轨道交通运营企业的前提下，可与乘客进行协商，给予一定的经济补偿。

（2）签订客伤处理协议，约定补偿后双方不再在经济等各方面发生任何关系。

复习思考题

1. 简述城市轨道交通客运服务的七大特性。
2. 简述城市轨道交通客运服务范围。
3. 按照服务接触程度，城市轨道交通客运服务分为哪几类？各有什么特点？
4. 简述城市轨道交通客运服务标准。
5. 简述城市轨道交通客运服务流程。
6. 简述进站客运服务的内容及规范。
7. 简述站厅区客运服务的内容及规范。
8. 简述站台区客运服务的内容及规范。
9. 城市轨道交通为身体不便乘客提供了哪些无障碍服务？
10. 乘客投诉内容分为哪几类？如何进行补救？

综合技能工作页 A　车站客流组织实施

任务书

根据引导文“某换乘车站客流组织方案——‘疏、控、限、封’分级客流组织措施”，结合当地城市轨道交通运营企业车站岗位设置及大客流组织程序，补充、完善换乘车站大客流组织实训演练报告，利用实训室设备，分角色模拟演练车站大客流组织。

（1）按照值班站长、车站值班员、站务员、车站助理、安检人员等角色分工，明确其岗位职责。

（2）按照引导文，在车站站厅、站台平面示意图上标注各角色值岗位置。

（3）依据各级别客流组织方案，补充关键行动、沟通对话等内容，完成实训演练报告撰写。

（4）依据实训演练报告，利用实训室设备，分角色开展车站“疏、控、限、封”分级客流组织模拟演练。

（5）车站大客流模拟演练要点。

① 首先明确各岗位职责和关键行动指引。

② 根据行动指引，参照“知识链接　某城市轨道交通运营企业无线通信规范（节选）”中的相关要求，完善岗位、乘客间沟通对话。

③ 各岗位人员熟练配合。

④ 各岗位人员熟悉车站大客流“疏、控、限、封”分级客流组织措施的各项指引及程序流程。

⑤ 各岗位人员能够利用实训室相关设备设施，严格按照行动指引进行设备操作。

⑥ 各岗位人员在操作过程中使用专业术语，并能合理掌控时间。

知识链接

某城市轨道交通运营企业无线通信规范（节选）

1. 无线通信要求

在无线电话通信过程中，须采取下列方法确保传递信息的准确：

（1）引起注意。

（2）传递的信息简单明了。

（3）行动指示要求明确。

（4）如有必要，重复、澄清信息内容。

2. 身份识别

（1）每段无线通话开始时，进行通话的发送者和接收者必须表明身份，以确保正确传递信息。

（2）使用无线电设备时，必须采用编配给使用设备者的呼号来识别身份。

3. 无线通信数字发音

见表 A–1。

表 A–1　无线通信数字发音

数字	0	1	2	3	4
发音	dòng	yāo	liǎng	sān	sì
数字	5	6	7	8	9
发音	wǔ	liù	guǎi	bā	jiǔ

4. 无线通信常用术语

见表 A–2。

表 A–2　无线通信常用术语

术　语	含　义
请注意	表示将发送信息
正确	表示信息已被正确接收
明白	表示收到和清楚明白该信息
请复诵	表示接收者必须复述信息，确保理解正确
请回话	表示在信息完结时需要回话
请再讲一次	要求发送者复述信息
请稍候	表示在通话期间稍做停顿
确认后继续	要求确认收到一段较长信息的一部分

续表

术 语	含 义
照办	表示收到和清楚明白该信息，并将依指示执行
错误	表示信息接收错误
通话完毕	表示在信息完结后不需要回话
通信测试	测试确定某通信台收到信号
接收正常	表示在无线电通话测试中，某通信台所接收的信号正常
接收困难	表示在无线电通话测试中，某通信台所接收的信号微弱
接收不清	表示信息并未得到确认
紧急事件	表示为紧急信息

5. 通话范例

见表 A–3。

表 A–3　行车调度员向个别列车司机发出指示

发送者	信息
行车调度员	行调，呼叫 002 列车，请回话
002 列车司机	002 列车，请回话
行车调度员	行调，请复诵，到达 A 站后清人，请回话
002 列车司机	002 列车，到达 B 站后清人，请回话
行车调度员	行调，错误，我再讲一次，请复诵，到达 A 站后清人，请回话
002 列车司机	002 列车，到达 A 站后清人，请回话
行车调度员	行调，正确，通话完毕

6. 手台呼号编制原则

一般规定，每个无线电信息必须使用编配给个别岗位或设备的呼号，以助于识别发送者和接收者的身份，例如中关村站值班站长的手台呼号为中关村 01。手台呼号编制原则见表 A–4。

表 A–4　手台呼号编制原则

使用者	呼 号
值班经理	值班经理
行车调度员	行调
值班站长	01
车站名称	11～99

续表

使用者	呼　号
车站员工	行车值班员：11，12，… 站厅站务员：21，22，… 客服中心站务员：31，32，… 站台站务员：41，42，… ……
车站维修	101～109
保安	保安 11～99
列车	列车 01～99

任务分组

建议 10～12 名学生为一组，明确任务分工（见表 A–5），共同完成车站大客流组织实训演练报告和模拟演练等相关任务。

表 A–5　学生任务分配表

班级			组号	
组长			学号	
组员	姓名	学号	姓名	学号
任务分工	岗位	姓名	职责	
	值班站长		控制全局，做出正确判断，下达正确指令	
	行车值班员			

获取信息

引导问题 1　回顾城市轨道交通客运组织的概念。

____

____

____

引导问题 2　城市轨道交通客运组织工作必须实行________________的原则。____________负责全线的客运组织工作，车站的客运组织由____________负责。

引导问题 3　车站客流组织、客流疏导工作应以____________________、“节点控制、区域联动”为原则。

引导问题 4　车站值班站长是车站客流组织第一责任人，具有__________、限流解除、__________的权力。

引导问题 5　客流组织工作遵循“________________________________”的信息上报原则。

引导问题 6　车站出入口如果只有一部自动扶梯，按照“____________”的原则，自动扶梯应调整为上行方向。

引导问题 7　判断下列关于安检组织的说法是否正确。

（1）安检区域应尽量设置在站厅中部。（　）

（2）安检设备应集中布置，以方便操作和应急处置。（　）

（3）地铁车站各安检口的安全等级不同。（　）

（4）安检点应布置于进站主客流流线上，且不应妨碍客流的正常通行和疏散。

（　）

引导问题 8　若发现疑似爆炸物，利用________________________进行现场处置，并上报公安机关；若检测出民用易燃易爆物品，则对乘客进行劝阻，______________，经劝阻拒不出站的，需报告执勤民警依法进行处置。

引导问题 9　判断下列关于售票、检票组织的说法是否正确。

（1）在自动售票机前组织乘客购票时，要尽可能充分利用自动售票机，使乘客分散购票，避免乘客大量集中于少量售票机处。（　）

（2）在进行检票组织时，应遵循“出站优于进站”的组织原则。（　）

（3）在乘客排队进站时，队伍可阻挡出站通道和路径，以确保进站乘客能够顺利进站。（　）

（4）对于持有大件行李或行动不便的乘客，引导其由宽通道闸机通过。（　）

（5）对于携带儿童的乘客，提示其儿童先于成人进入闸机通道。（　）

引导问题 10　站务人员主要从______________、有序乘降、__________和意外处置四个方面来进行乘降组织。

引导问题 11　判断下列关于乘客乘降组织的说法是否正确。

（1）工作人员特别要注意站台车尾位置，避免有乘客跳下或跌下站台而发生危险。

（　）

（2）对于站台两端客流不均衡的车站，应在客流较为集中的一端增加宣传疏导力量，引导乘客到站台中部或站台另一端分散候车。（　）

（3）当站台较为狭小时，为保障乘客通行，应设置格栅区域，乘客不得在此停留，仅供通行。（　）

（4）乘客物品掉入道床，应及时使用工具为乘客提供拾、捡服务。（　）

引导问题 12　换乘车站要做好相关两线各方向末班车的广播及乘客提示，并安排专人在________值守，做好换乘（某一方向有车或无车）宣传解释。

引导问题 13　判断下列关于常态化限流的说法是否正确。

（1）常态化限流组织，一般主要表现为早晚高峰限流。（　）

（2）常态化限流设施不需要满足乘客紧急疏散要求。（　）

（3）常态化限流车站须提前公示限流时间，按时启动限流措施，并做好对乘客的宣传解释工作。（　）

（4）常态化限流时，需关注老、弱、病、残、孕等有特殊需要的乘客，开辟绿色通道，主动引导特殊乘客乘车。（　）

（5）常态化限流车站一经确定，不得更改。（　）

引导问题 14　按照换乘地点不同，客流换乘形式主要分为两种，即________和________。

引导问题 15　城市轨道交通不同线路间的换乘方式主要有________、站厅换乘、________、站外换乘和________五种类型。

引导问题 16　一站同站台换乘可通过________、________等多种换乘车站设计方式来实现，能实现________个方向的客流同台换乘，另一半换乘客流需要通过________才能实现换乘。

引导问题 17　连续两站同站台换乘可以满足________个方向的换乘客流同台换乘，换乘极为方便，相邻两站一般会采用________的同站台换乘设计。

引导问题 18　在所有站台换乘方式中，________的换乘能力最大，适用于优势方向换乘客流较大的情形；________的换乘能力最小，其制约因素是________。

引导问题 19　下列有关站厅换乘描述，正确的是（　）。

A. 乘客下车后，无论是出站还是换乘，都必须经过站厅，再根据导向标志出站或进入另一个站台继续乘车

B. 站厅换乘方式中，下车后客流走行方向一致，乘客行进速度快

C. 站厅换乘距离比站台直接换乘距离短

D. 若换乘过程中需要进出收费区，检票口的能力可能成为限制因素

引导问题 20　慈寿寺站是北京地铁 6 号线和 10 号线的换乘车站，其中 10 号线站台在上方，6 号线站台在下方，请根据图 A-1 回答下列问题。

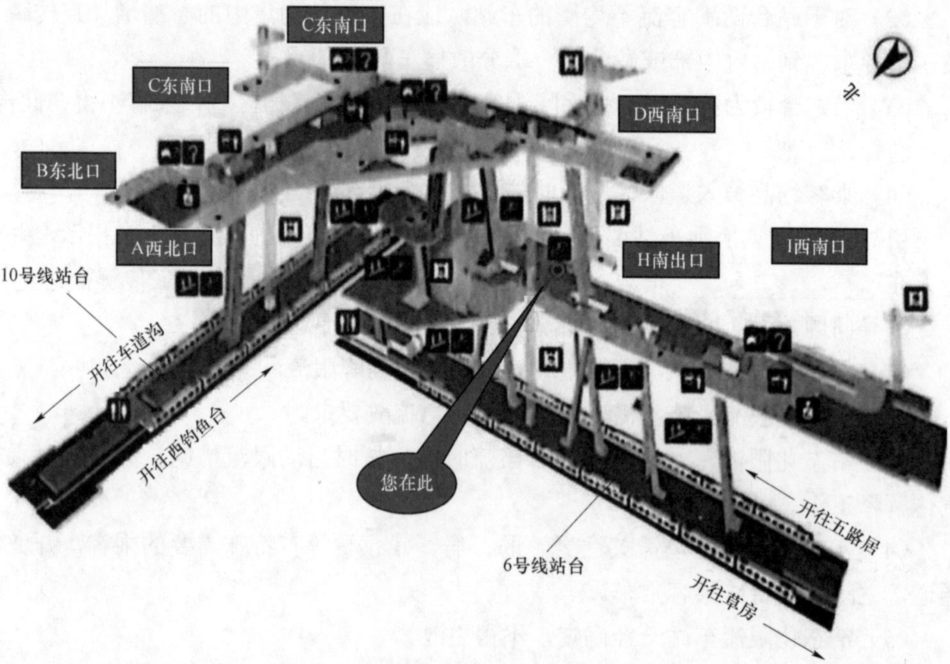

图 A-1　北京地铁慈寿寺站

（1）两线站台均为__________站台，两线为__________上、下层站台换乘，10 号线换乘 6 号线直接通过站台端部的楼梯、自动扶梯换乘，6 号线换乘 10 号线则需____。

（2）简述此种换乘方式的优缺点。____
____
____

引导问题 21　车公庄站是北京地铁 2 号线和 6 号线的换乘车站，请根据图 A-2 回答下列问题。

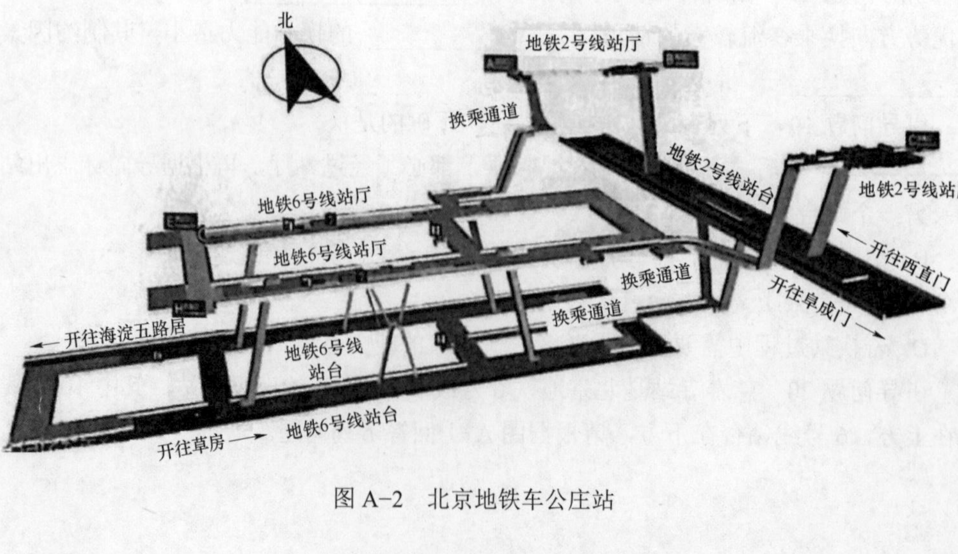

图 A-2　北京地铁车公庄站

（1）2 号线站台是（　　），6 号线站台是（　　）。

A. 岛式站台　　B. 侧式站台　　C. 混合式站台　　D. 分离岛式站台

（2）2 号线和 6 号线两条线路呈________相交的方式，2 号线换乘 6 号线的换乘方式为________，6 号线换乘 2 号线的换乘方式为________。

（3）简述此种换乘方式的优缺点。________________

____

____

引导问题 22　换乘通道可直接连接________，这种方式换乘距离较近，换乘时间较短；通道还可连接________，换乘距离相对较远，换乘时间较长。

引导问题 23　一般情况下，换乘通道长度不宜超过________，换乘通道的宽度可根据客流状况加宽。

引导问题 24　简述共同管理换乘车站协同处置的原则。

____

____

引导问题 25　通道换乘式共管车站，换乘通道栅栏门一般采取________的方式锁闭；同台换乘式共管车站，客运组织一般由________。

引导问题 26　共同管理换乘车站需要为乘客办理退票时，双方均应以________为原则，及时为乘客办理退票服务。

引导问题 27　换乘车站客流组织的评价指标有________、干扰度、________、舒适性、安全性等。

引导问题 28　车站大客流的定义是什么？车站大客流出现的时间有哪些？

____

____

引导问题 29　按是否可以预见分类，大客流可分为________和________。

引导问题 30　突发性大客流是指________，引起突发性大客流的原因有________。

引导问题 31　________负责地铁线路的客流组织工作，车站的客流组织由________负责。

引导问题 32　可根据预测客流量，提前编制针对大客流特殊情况下的列车运行图，从运能上保证大客流的运营组织。________是大客流组织的关键。

引导问题 33　采取哪些措施可提高售检票能力？

____

____

引导问题 34　当发生进站大客流，站台还有一定容纳能力时，可采取哪些客流组织方法？________________

____

引导问题 35　当发生进站大客流，站台容纳能力不足时，可采取哪些客流组织方法？

____

____

____

引导问题 36　当发生出站大客流时，可采取哪些客流组织方法？

____

____

____

引导问题 37　当车站同时发生进站大客流、出站大客流时，应遵循“__________”和“__________”的原则实施客流控制。

引导问题 38　三级客流控制方法是指______________和______________，正好符合地下车站大客流组织“____”的原则。

引导问题 39　当车站发生换乘大客流时，按照“______________________________”的原则进行客流组织。

引导问题 40　车站换乘大客流组织的方法有哪些？

____

____

____

引导问题 41　车站采取的临时疏导措施主要有哪些？

____

____

____

引导问题 42　疏导客流有哪些措施？

____

____

____

引导问题 43　控制客流有哪些措施？

____

____

____

引导问题 44　限制客流有哪些措施？

____

____

____

引导问题 45　封闭车站有哪些措施？

____

____

____

____

引导问题 46　车站大客流组织措施启动的时机和触发点有哪些？

____

____

____

____

____

____

任务实施

某换乘车站客流组织方案——“疏、控、限、封”分级客流组织措施

某车站为地铁 1 号线和 2 号线的换乘车站，车站主体为地下二层结构，站厅层位于地下一层，分为南北两部分，中间不连通；站台层位于地下二层，为局部分离岛式站台。该换乘车站采用通道换乘方式。2 号线车站南北端站厅分别有一条换乘通道与 1 号线车站站厅连接，南端换乘通道开口于 1 号线车站站厅中部，北端换乘通道开口于 1 号线车站站厅西部。结构示意图见图 A–3，高峰期人员配置见表 A–6。

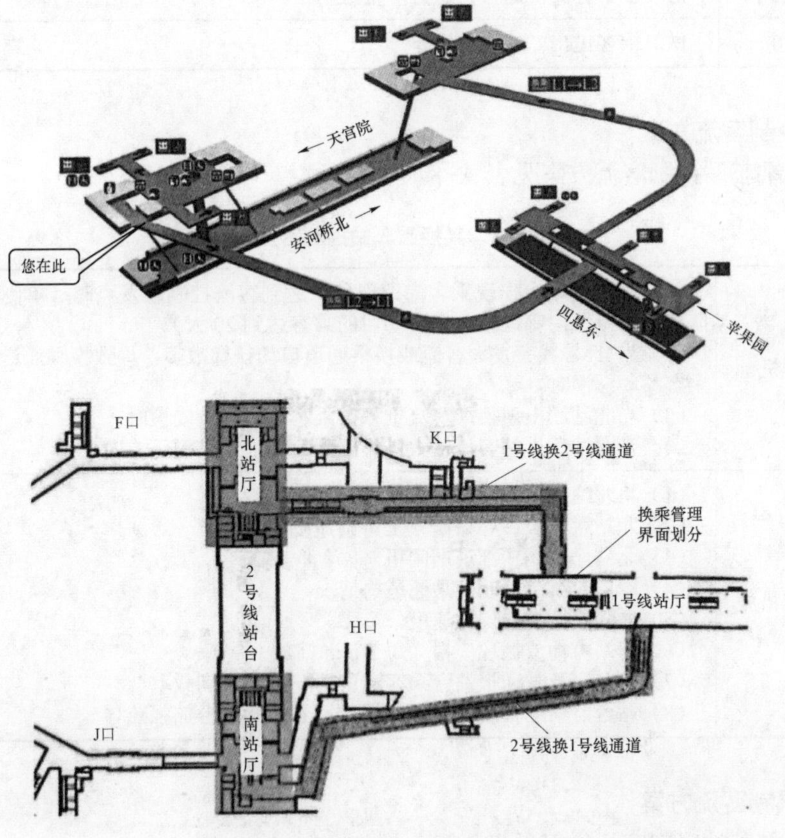

图 A–3　某换乘车站结构示意图

表 A–6 某换乘车站高峰期人员配置

值班站长	车站值班员	站务人员	车站助理	安检人员	安保人员	保洁人员
1 人	2 人	5 人	7 人	14 人	1 人	6 人

1. 疏导客流方案

某换乘车站疏导客流方案见表 A–7。

表 A–7 某换乘车站疏导客流方案

岗位	岗位职责
车站控制室	严密监控车站控制室内所有设备的运行情况，每 20 min 利用 CCTV 监控车站所管辖区域。早高峰期间重点关注上行站台、南站台及 2 号线换乘 1 号线情况。晚高峰期间重点关注北厅进站、下行站台及 1 号线换乘 2 号线情况
客服中心售票	正常售票、充值，为乘客处理问题票卡
自动扶梯岗（车站助理）	关注自动扶梯运行情况，对携带大件物品乘客及老人、儿童提前做好提醒。发现危及乘客安全的情况，第一时间按压急停按钮
北站台	对进站及换乘乘客加强宣传疏导，避免乘客在北站台聚集，均衡乘车。监控站台门、车门及列车运行情况
站台监察亭	监控上下行列车运行，做好广播宣传
闸机岗	做好乘客进出站的引导工作

2. 控制客流方案

某换乘车站控制客流方案见表 A–8。

表 A–8 某换乘车站控制客流方案

启动时机	（1）当单侧站台出现乘客滞留现象，达到客流控制触发点时（单侧站台乘客排队到达网格线，等候在单扇滑动门的乘客达到 20 人）。 （2）当 1 号线突发大客流或换乘通道自动扶梯故障，导致换乘通道客流较大，乘客移动缓慢时。 （3）当北站厅出现换乘客流堆积，乘客排队影响安检时。 （4）当北站厅进站客流较大，排队到 F 口通道坡道下方时
客流组织措施	（1）将北站厅自动售票机关停 3 部。 （2）北站厅客服中心减慢人工售票速度。 （3）北站厅关闭 3 部进站闸机。 （4）K 口人员监控北换乘通道内情况。 （5）通知安检减慢安检速度。 （6）车站内播放循环广播（每 3 min 播放一次）。 （7）站台岗及时通报站台乘客滞留情况及列车满载率。 （8）站台监察亭预制好循环广播后，到达北站台加强疏导

3. 限制客流方案

某换乘车站限制客流方案见表 A–9。

表 A-9　某换乘车站限制客流方案

启动时机	（1）当初级措施不能缓解车站压力，客流达到车站最大通过能力的 70%时，站台单侧每个门排 4 队，且单侧站台乘客排队长度距离承重墙仅能供 1 人侧身通行时（每扇滑动门滞留约 17 人）。 （2）当北站台乘客滞留到达北站台楼梯下方梯形网格线处，影响楼梯及北站台上行自动扶梯正常使用时。 （3）当北站厅人员堆积已到达北换乘楼梯口水篦子处时。 （4）当北换乘客流在换乘通道内堆积，乘客堆积到达 K 口时。 （5）当北站厅进站安检客流排到 F 口出口设备用房处时
客流组织措施	（1）将 F 口改为只出不进，进站乘客绕行 J2 口进站，F 口张贴通告指引乘客前往 J2 口进站。 （2）安排车站保安及一名北站厅安检人员在 F 口通道处值守，通知进站乘客绕行 J2 口进站。 （3）通知北站厅客服人员停止售票，负责组织北站厅客流并兼顾票务处理，根据值班站长指令，分时段开启北站厅换乘自动扶梯。 （4）安排北站厅车站助理于北站厅至北站台下行扶梯上部值守，提醒乘客注意安全。 （5）自动售票机及进站闸机关停北站厅。 （6）通知北站厅换乘处值岗车站助理关停自动扶梯。 （7）如客流无缓解，关停北站厅至北站台下行自动扶梯。 （8）K 口人员监控北换乘通道内情况。 （9）值班站长将情况通知 1 号线车站控制室、行调。 （10）循环播放广播（每 1 min 播放一次），告知乘客出入口及换乘通道限流情况。 （11）通知南客服中心人员提前预制单程票，视情况在南站厅增加临时售票点，通知南站厅安检放置导流围栏。 （12）必要时，车站控制申请人力后援。 （13）在 F 口只出不进，引导乘客由 J2 口进站的措施下，可根据 J 口安检点乘客积压情况，在 F1 口外进行分时段放行

4. 封闭车站方案

某换乘车站封闭车站方案见表 A-10。

表 A-10　某换乘车站封闭车站方案

启动时机	（1）当客流骤增超出车站最大通过能力时。 （2）当站台堆积大量乘客，造成站厅层乘客无法进入到站台层，且换乘通道内聚集乘客超过北换乘通道拐弯处时。 （3）当车站长达 20 min 没有列车进站，客流仍然持续增加时。 （4）当车站出现紧急情况，需要进行疏散时。 （5）当车站发生突发情况，值班站长认为需要对车站进行关闭时
客流组织措施	（1）关闭车站所有出入口，出入口只出不进，同时通知 1 号线运营方，并关闭换乘通道。 （2）关闭车站所有进站闸机。 （3）关闭车站所有自动售票机。 （4）车站南北站厅客服中心停止售票。 （5）南北站厅客服中心售票人员疏导站厅层乘客尽快出站。 （6）站台站务员疏导站台层乘客尽快出站。 （7）播放封站广播（每 1 min 播放一次），安排安检人员值守车站各出入口，阻止乘客进站；安排保洁、车站助理等前往出入口张贴封站通告。 （8）将情况上报行调。 （9）关闭所有进站方向自动扶梯

引导问题 47 根据车站大客流组织演练方案进行角色分工，按照手台呼号的编制原则为每个岗位（值班站长、车站值班员、站务员、车站助理、安检人员等）编制手台呼号，并写在表 A−11 中。

表 A−11 手台呼号编制表

岗位编码	姓名	岗位编码	姓名
值站 01			

综合技能工作页B　车站突发事件客流组织实施

任务书

根据以下演练情境，结合当地城市轨道交通运营企业车站岗位设置、规章制度，设计、完善各岗位行动指引和岗位间沟通对话，完成实训演练报告，利用实训室设备分角色模拟演练区间清客作业任务。

（1）任务演练情境及简要流程。

① 某年某月某日 15:10，某线路供电系统故障，造成车站 D—车站 E 区间接触轨无电，运营服务中断。上行 2078 次列车正运行在该区间，且供电系统故障短时间内无法恢复，需进行列车区间疏散作业。列车服务只能维持车站 A—车站 C、车站 F—车站 Z 区间实行短交路运营。

② 2078 次列车司机向行车调度员报告：“列车迫停于车站 D—车站 E 区间，距车站 E 上行站台约 100 m 处，无法移动，后备电池不可用，车厢内乘客情绪稳定、无异常，请求区间清客。”

③ 行车调度员接到司机报告后，授权司机由列车头部向车站 E 进行疏散，通知司机向乘客播放广播，安抚好乘客情绪，做好清客前准备工作。

④ 行车调度员通知车站 E 值班站长派站务人员协助司机做好区间疏散。

⑤ 行车调度员立即向值班经理汇报，通知公安人员；通知当值事务经理到达车站 E，担当事故现场负责人。

⑥ 行车调度员通知全线所有车站和在线列车司机事故具体地点和注意事项，全线列车实行短交路运营（车站 A—车站 C、车站 F—车站 Z）。

⑦ 车站 E 进行清站，停止运营服务。

⑧ 值班站长与行车调度员确认车站 D—车站 E 区间接触轨已经断电。

⑨ 值班站长安排符合资质的人员对接触轨进行接地保护工作，确认完成后，值班站长安排站务员携带手台、手电等备品由上行站台尾端进入区间，到达列车迫停地点，进行区间疏散。

⑩ 值班站长于车站 E 上行尾端端墙处建立事故控制站、工程控制站，同时担任临

时事故现场负责人。

⑪ 列车司机用人工广播通知乘客疏散，引导乘客由列车头部进行疏散，协助照顾行动不便乘客；站务员协助乘客疏散，并引导乘客上到站台；司机与站务员共同确认乘客全部撤离，并统计人数上报给值班站长。

⑫ 车站确认区间清客完毕、人员全部撤离区间后，向行车调度员报告。

⑬ 当值事务经理到达现场接任事故现场负责人，接管车站后续工作。

⑭ 维修人员赶到进行抢修。

⑮ 修复后抢修人员告知事故现场负责人。

⑯ 事故现场负责人与行车调度员确认供电系统是否恢复正常。

⑰ 当值事务经理与行车调度员联系，进行车站 D—车站 E 区间变电所停电，确认停电后指示车辆工程师与维修人员及 1 名站务人员返回 2078 次列车，进行逃生门复位。

⑱ 车辆工程师及 2078 次列车司机确认 2078 次列车逃生门复位良好且登乘列车后，站务员返回车站拆除接地装置并向事故现场负责人汇报。

⑲ 事故现场负责人将现场情况告知行车调度员，并告知行车调度员可以送电。

⑳ 全线列车恢复服务，车站恢复服务。

（2）小组成员确定角色扮演分工、佩戴工牌等身份标识。组员可分别扮演行车调度员、值班站长、行车值班员、客运值班员、站务员、列车司机、事故现场负责人、安保员、安检员等岗位。安保员、安检员等可由一人兼任。

（3）若干学生扮演乘客角色，配合区间清客演练。

（4）结合演练场地，设计车站控制室、列车迫停地点、区间、站厅、站台、客服中心、出入口、换乘通道等值岗位置。

（5）配备手台、手持喇叭、手电照明、反光服、告示、路线指示标等疏散备品。

（6）调试、熟练运用实训室广播、CCTV 监控设备、ATS 工作站设备、综合后备盘（IBP 盘）、接触轨接地装置等设备，做好演练准备。

（7）各岗位按照区间疏散、清客程序，明确岗位职责，补充岗位行动指引和各岗位间沟通对话，完成实训演练报告撰写。

（8）依据实训演练报告，设计实训室场地跑位，操作相关实训室设备，开展区间清客客流组织模拟演练。

（9）区间清客演练要点。

① 首先明确各岗位职责和关键行动指引。

② 根据行动指引，完善各岗位间沟通对话。

③ 各岗位人员熟练配合。

④ 各岗位人员熟悉区间清客的各项指引及程序流程。

⑤ 各岗位人员能够利用实训室相关设备设施，严格按照行动指引进行设备操作。

⑥ 各岗位人员在操作过程中使用专业术语，并能合理掌控时间。

任务分组

建议 8～10 名学生为一组，共同完成相关任务，填写表 B-1。

表 B–1　学生任务分配表

<table>
<tr><td>班级</td><td colspan="2"></td><td>组号</td><td></td></tr>
<tr><td>组长</td><td colspan="2"></td><td>学号</td><td></td></tr>
<tr><td rowspan="6">组员</td><td>姓名</td><td>学号</td><td>姓名</td><td>学号</td></tr>
<tr><td></td><td></td><td></td><td></td></tr>
<tr><td></td><td></td><td></td><td></td></tr>
<tr><td></td><td></td><td></td><td></td></tr>
<tr><td></td><td></td><td></td><td></td></tr>
<tr><td></td><td></td><td></td><td></td></tr>
<tr><td rowspan="10">任务分工</td><td>岗位</td><td>姓名</td><td colspan="2">职责</td></tr>
<tr><td>行车调度员</td><td></td><td colspan="2">向各个部门下达指令</td></tr>
<tr><td>值班站长</td><td></td><td colspan="2">接行车调度员指示，指挥车站员工进行疏散</td></tr>
<tr><td>行车值班员</td><td></td><td colspan="2">车站控制室值守</td></tr>
<tr><td></td><td></td><td colspan="2"></td></tr>
<tr><td></td><td></td><td colspan="2"></td></tr>
<tr><td></td><td></td><td colspan="2"></td></tr>
<tr><td></td><td></td><td colspan="2"></td></tr>
<tr><td></td><td></td><td colspan="2"></td></tr>
<tr><td></td><td></td><td colspan="2"></td></tr>
</table>

获取信息

引导问题 1　突发事件发生时，城市轨道交通运营企业的应急处置指导思想是：____。

引导问题 2　突发事件现场应急处置的重点是____________________，组织人员撤离和抢救受伤人员。

引导问题 3　突发事件坚持就近处理的原则，在上一级事故处理负责人到达现场前，由以下人员担任现场指挥，担任临时事故处理负责人职责，补充表 B–2。

表 B–2　现场临时事故处理负责人

序号	事故发生处所	现场临时事故处理负责人	序号	事故发生处所	现场临时事故处理负责人
1	列车上（列车在区间）		4	区间线路上	
2	列车上（列车在车站）		5	车场	
3	车站		6	其他场所	

引导问题 4 简要说明车站突发事件的报告原则。

____

____

____

引导问题 5 判断下列说法正误。

（1）车站内发生突发事件时，车站员工应立即报告当值值班站长，值班站长接到报后应立即将相关情况转报行车调度员。（ ）

（2）列车运行中发生突发事件时，列车司机应立即报告前方值班站长。（ ）

（3）如事发现场需要公安、消防、医疗急救等救援，且因故无法联系行车调度员时，现场人员也不得自行联系。（ ）

（4）在明确发生火灾后，现场人员应立即拨打 119。（ ）

（5）行车调度员应与事故处理负责人保持联络，实时掌握事件处置进展，协调呼叫公安、消防、医疗急救等部门对事件处置进行支持。（ ）

（6）行车调度员需协调安排接触轨或接触网断电事宜。（ ）

（7）行车调度员应担任事故现场负责人。（ ）

（8）值班站长应根据行车调度员要求进行车站限流、疏散或临时封闭车站。（ ）

（9）工程人员只服从工程主管人员的安排，不听从行车调度员的指示。（ ）

（10）工程人员必须在开始施工前，与事故处理负责人确认接触轨或接触网停送电及接地保护的情况。（ ）

引导问题 6 简要说明报告事故前应采取的行动。

____

____

____

引导问题 7 简要说明突发事件的报告内容。

____

____

____

引导问题 8 疏散是指______________________。按照疏散地点可分为__________和__________，按照突发事件引起的后果可以分为__________和______________。

引导问题 9 事故控制站的主要组成人员有：事故处理负责人由__________担任，事故处理负责人助手由______________担任，还有通信维修技术人员、工程人员等。在上级领导未到来之前，由______________担任事故处理负责人。

引导问题 10 结合当地城市轨道交通运营企业车站岗位设置和工作责任划分，梳理、总结行车值班员或客运值班员在车站疏散程序中的行动。

（提示：可从人员安排、设备操作两个方面梳理总结。）

人员安排：______________________________________

____

____

设备操作：______________________________________

____

____

引导问题 11 结合当地城市轨道交通运营企业车站岗位设置和工作责任划分，梳理、总结值班站长在车站疏散程序中的行动。

（提示：可从与行车调度员沟通联络、落实工作人员到岗到位、现场指挥处理等方面梳理总结。）

与行车调度员沟通联络：______________________________

____

____

落实工作人员到岗到位：______________________________

____

____

现场指挥处理：____________________________________

____

____

引导问题 12　简述实施区间疏散须遵循哪些原则。

____

____

引导问题 13　行车调度员应与环控调度员确认事发区段的通风风向，疏散方向原则上为______________________________。

引导问题 14　值班站长在接到行车调度员下达区间疏散乘客的命令后，应确认以下设备状态：______________________________

____

____

引导问题 15　在接到行车调度员进行区间疏散的指令后，值班站长立即安排人员穿戴好防护用品，并携带__________、__________、__________前往疏散列车。

引导问题 16　车站关闭模式下，所有 AFC 设备__________，进站闸机、出站闸机__________，PA 系统播放__________。

引导问题 17　车站紧急模式下，所有 AFC 设备__________，所有闸机__________，PA 系统播放__________。

引导问题 18　安排员工在以下地点驻守：__________、道岔及交叉口__________。防止乘客偏离疏散路线或被障碍物绊倒。

引导问题 19　判断下列说法正误。

（1）站务人员要和司机一起进行疏散乘客人数清点工作。（　　）

（2）区间疏散时不需要启动另一侧站台紧急停车按钮。（　　）

（3）区间疏散一般不需要其他车站人力支援。（　　）

（4）紧急疏散情况下，不能关闭车站自动扶梯，要加快乘客出站速度。（　　）

（5）疏散完毕后，要派两名车站员工步行前往下一个车站，以便确定该区间畅通无阻。（ ）

引导问题 20 车站事故应急备品一般有哪些？

____
____
____
____

引导问题 21 简述清客的定义。

____
____
____

引导问题 22 ____________属于计划性清客，____________________属于非计划性清客。

A. 电力故障清客　　B. 终点站清客　　C. 临时小交路运行清客
D. 车辆故障清客　　E. 折返站清客

引导问题 23 清客前必须获得________________的授权，除非在危及乘客安全或与 OCC 的通信中断等紧急情况下，________________才可未经授权进行清客。

引导问题 24 在条件允许的情况下，列车司机应尽可能________________，避免在区间清客。

引导问题 25 判断下列说法正误。

（1）一般情况下，司机可以在没有车站员工协助的情况下开始清客。（ ）

（2）司机还应向行车调度员报告列车内所载乘客的大致数量，便于车站安排接应人员。（ ）

（3）值班站长应派出一名车站员工赶赴现场，协助司机进行清客。（ ）

（4）地铁员工或乘客进入隧道前不需点亮隧道灯。（ ）

（5）一般情况下，清客的方向应该是朝正常的行车方向，引领乘客步行前往下一站，除非情况极度紧急（列车失火或冒烟）或前方车站距离太远。（ ）

（6）司机得知车上有伤残人士，必须向行车调度员报告。（ ）

（7）非计划性清客时，参与清客的人员越多越好。（ ）

（8）如果采用列车客室门、疏散平台疏散乘客，可将一侧车门全部打开，加快乘客疏散速度。（ ）

（9）凡是清客作业都需要关断牵引电流。（ ）

（10）一旦启动区间清客程序，必然在短时间内无法恢复正常运营秩序。（ ）

引导问题 26 协助清客的员工应穿戴好防护用具________________，携带手提灯、扩音器和______________等设备。

引导问题 27 清客期间，以下轨道不得行车：______________、______________。

引导问题 28 隔离是指__________________。

引导问题 29 隔离可采用哪些设备？

____

____

____

引导问题30 隔离可以分为非接触纠纷隔离、__________、客流流线隔离和__________。

引导问题31 简述接触式纠纷隔离客流组织的要点。

____

____

____

引导问题32 紧急停车按钮一般设置在______________、站台监察亭和__________。

引导问题33 简述紧急停车按钮的功能。

____

____

引导问题34 紧急停车按钮为__________按钮，须使用钥匙使其复位。当按下站台处紧急停车按钮后，__________和__________对应站台的指示灯也同时点亮，表示该紧急停车按钮被激活。

引导问题35 简述站台紧急停车按钮触发的条件。

____

____

____

引导问题36 在操作任何车门或站台门之前要得到__________和__________的同意。

引导问题37 站务人员应在距离紧急停车按钮__________半径范围内值岗，可及时处理突发事件。

引导问题38 值班站长接到乘客紧急报警器被启动的通知，须向行车调度员核实以下信息：______________________，列车是否需要退行。

引导问题39 简述车门隔离操作的作用。

____

____

____

引导问题40 结合当地城市轨道交通运营企业规定，简述单个车门无法关闭下站务员处理流程。

____

____

____

引导问题41 值班站长接到行车调度员“全列车门无法打开”的故障通知后，应立即携带必要备品__________、__________、__________前往站台列车后端驾驶室。

引导问题42 当全列车门无法关闭时，原则上应进行__________，如遇特殊情况遵循行车调度员指示处理。

引导问题 43　当乘客坠落物品不影响行车时，应

____

____

引导问题 44　当乘客坠落物品影响行车时，应

____

____

引导问题 45　分析对比车站照明全部熄灭下客流组织与车站疏散客流组织异同，指出两种客流组织有哪些特殊要求。

____

____

____

任务实施

引导问题 46　根据演练任务情境，结合当地城市轨道交通运营企业岗位设置、工作责任划分、实训场地和设备，补充、完善区间清客行车调度员行动指引（见表 B-3）。

表 B-3　区间清客行车调度员行动指引

<table>
<tr><th>负责人/值岗地点</th><th colspan="2">行动指引</th><th>所需设备</th></tr>
<tr><td rowspan="8">行车调度员/运行控制中心（OCC）</td><td rowspan="4">关键行动</td><td>行动 1：接到 2078 次列车司机报告，对司机下达区间清客指令。
行动 2：向车站下达协助区间清客指令。
行动 3：向值班经理汇报，通知公安人员、当值事务经理到达事故现场。</td><td rowspan="4">调度电话</td></tr>
<tr><td></td></tr>
<tr><td></td></tr>
<tr><td></td></tr>
<tr><td rowspan="4">沟通对话</td><td>行动 1 对话：
列车司机：“2087 司机，列车迫停于车站 D—车站 E 区间，距车站 E 上行站台约 100 m 处，电池故障无法移动，车厢内乘客情绪稳定、无异常，请求车站协助清客，请回话。”
行车调度员：“行调，2087 司机，现授权你由车头上行方向疏散至车站 E，车站会派人协助，请回话。”
行动 2 对话：
行车调度员：“行调，E 站值站，供电系统故障，车站 D—车站 E 区间运营服务暂停。2078 次列车迫停于车站 D—车站 E 区间，距你站上行站台约 100 m 处，现沿上行方向向你站疏散，请立即协助司机在区间清客、疏散车站，请复诵。”
值班站长：（复诵行车调度员命令。）</td><td rowspan="4"></td></tr>
<tr><td></td></tr>
<tr><td></td></tr>
<tr><td></td></tr>
</table>

引导问题 47　根据演练任务情境，结合当地城市轨道交通运营企业岗位设置、工作责任划分、实训场地和设备，补充、完善区间清客司机行动指引（见表 B-4）。

表 B-4　区间清客司机行动指引

<table>
<tr><th>负责人/
值岗地点</th><th colspan="2">行动指引</th><th>所需设备</th></tr>
<tr><td rowspan="14">司机/列车</td><td rowspan="7">关键行动</td><td>行动 1：向行车调度员报告列车相关状况</td><td rowspan="14">车载手台</td></tr>
<tr><td></td></tr>
<tr><td></td></tr>
<tr><td></td></tr>
<tr><td></td></tr>
<tr><td></td></tr>
<tr><td></td></tr>
<tr><td rowspan="7">沟通对话</td><td>行动 1 对话：
列车司机：“2087 司机，列车迫停于车站 D—车站 E 区间，距车站 E 上行站台约 100 m 处，电池故障无法移动，车厢内乘客情绪稳定、无异常，请求车站协助清客，请回话。”
行车调度员：“行调，2087 司机，现授权你由车头上行方向疏散至车站 E，车站会派人协助，请回话。”</td></tr>
<tr><td></td></tr>
<tr><td></td></tr>
<tr><td></td></tr>
<tr><td></td></tr>
<tr><td></td></tr>
<tr><td></td></tr>
</table>

引导问题 48　根据演练任务情境，结合当地城市轨道交通运营企业岗位设置、工作责任划分、实训场地和设备，补充、完善区间清客值班站长行动指引（见表 B-5）。

表 B–5 区间清客值班站长行动指引

<table>
<tr><th>负责人/值岗地点</th><th colspan="2">行动指引</th><th>所需设备</th></tr>
<tr><td rowspan="8">值班站长/车站控制室</td><td rowspan="4">关键行动</td><td>行动 1：接收行车调度员区间清客、车站疏散指令</td><td rowspan="4">调度电话</td></tr>
<tr><td></td></tr>
<tr><td></td></tr>
<tr><td></td></tr>
<tr><td rowspan="4">沟通对话</td><td>行动 1 对话：
行车调度员：“行调，E 站值站，供电系统故障，车站 D—车站 E 区间运营服务暂停。2078 次列车迫停于车站 D—车站 E 区间，距你站上行站台约 100 m 处，现沿上行方向向你站疏散，请立即协助司机在区间清客、疏散车站，请复诵。”
值班站长：“E 站值站，因供电系统故障，车站 D—车站 E 区间运营服务暂停。上行 2078 次列车迫停于车站 D—车站 E 区间，距我站上行站台约 100 m 处，现沿上行方向我站疏散，立即协助司机在区间清客、疏散车站，通话完毕。”
行车调度员：“行调，正确，通话完毕。”</td><td rowspan="4"></td></tr>
<tr><td></td></tr>
<tr><td></td></tr>
<tr><td></td></tr>
</table>

引导问题 49 根据演练任务情境，结合当地城市轨道交通运营企业岗位设置、工作责任划分、实训场地和设备，补充、完善区间清客行车值班员行动指引（见表 B–6）。

表 B–6 区间清客行车值班员行动指引

<table>
<tr><th>负责人/值岗地点</th><th colspan="2">行动指引</th><th>所需设备</th></tr>
<tr><td rowspan="8">行车值班员/车站控制室</td><td rowspan="4">关键行动</td><td></td><td rowspan="4"></td></tr>
<tr><td></td></tr>
<tr><td></td></tr>
<tr><td></td></tr>
<tr><td rowspan="4">沟通对话</td><td></td><td rowspan="4"></td></tr>
<tr><td></td></tr>
<tr><td></td></tr>
<tr><td></td></tr>
</table>

引导问题 50 根据演练任务情境，结合当地城市轨道交通运营企业岗位设置、工作责任划分、实训场地和设备，补充、完善区间清客站务员（站厅、站台、客服中心）行动指引（见表 B–7）。

表 B-7　区间清客站务员行动指引

<table>
<tr><th>负责人/
值岗地点</th><th colspan="2">行动指引</th><th>所需设备</th></tr>
<tr><td rowspan="8"></td><td rowspan="4">关键行动</td><td></td><td rowspan="4"></td></tr>
<tr><td></td></tr>
<tr><td></td></tr>
<tr><td></td></tr>
<tr><td rowspan="4">沟通对话</td><td></td><td rowspan="4"></td></tr>
<tr><td></td></tr>
<tr><td></td></tr>
<tr><td></td></tr>
</table>

引导问题 51　根据演练任务情境，结合当地城市轨道交通运营企业岗位设置、工作责任划分、实训场地和设备，补充、完善区间清客当值事务经理/现场事故负责人行动指引（见表 B-8）。

表 B-8　区间清客当值事务经理/现场事故负责人行动指引

<table>
<tr><th>负责人/值岗地点</th><th colspan="2">行动指引</th><th>所需设备</th></tr>
<tr><td rowspan="8"></td><td rowspan="4">关键行动</td><td></td><td rowspan="4"></td></tr>
<tr><td></td></tr>
<tr><td></td></tr>
<tr><td></td></tr>
<tr><td rowspan="4">沟通对话</td><td></td><td rowspan="4"></td></tr>
<tr><td></td></tr>
<tr><td></td></tr>
<tr><td></td></tr>
</table>

引导问题 52　根据演练任务情境，结合当地城市轨道交通运营企业岗位设置、工作责任划分、实训场地和设备，补充、完善区间清客安检、安保员行动指引（见表 B-9）。

表 B-9　区间清客安检、安保员行动指引

<table>
<tr><th>负责人/值岗
地点</th><th colspan="2">行动指引</th><th>所需设备</th></tr>
<tr><td rowspan="4"></td><td rowspan="4">关键行动</td><td></td><td rowspan="4"></td></tr>
<tr><td></td></tr>
<tr><td></td></tr>
<tr><td></td></tr>
</table>

续表

负责人/值岗地点	行动指引		所需设备
	沟通对话		

引导问题 53 通过本任务的演练，是否发现演练过程中规章与程序、团队配合与自身存在有待改进的地方？应如何改进？

评价反馈

班级： 姓名： 学号： 指导教师：

考核项目	车站突发事件客流组织实施			
序号	评价标准	分值	自评得分（40%）	教师评分（60%）
1	引导问题填写字迹美观清晰，题目填写齐全，引导问题答案正确率达到90%以上	10		
2	实训演练人员分工明确，演练报告内容完整、程序正确	10		
3	行车调度员、司机岗位关键行动指引（清客授权、列车广播、列车清客等）、设备配备描述正确，无关键行动缺漏项	10		
4	值班站长、行车值班员岗位关键行动指引（车站清客疏散命令下达、设置事故控制站、车站控制室相关设备操作等）、设备配备描述正确，无关键行动缺漏项	10		

续表

序号	评价标准	分值	自评得分（40%）	教师评分（60%）
5	站务员、当值事务经理/现场事故负责人、安检/安保员岗位关键行动指引（接触轨接地保护操作、车站清客疏散、清客后轨道巡查等）、设备配备描述正确，无关键行动缺漏项	15		
6	各岗位联络过程中使用专业术语，符合通信联络规范	15		
7	实训设备性能及运行状态良好，演练人员设备操作规范、熟练	10		
8	演练人员反应迅速、行动敏捷，各岗位、各环节衔接紧密，配合流畅默契	10		
9	演练符合安全规章、设备操作规章	10		
合计		100		